COMO ENFRENTAR UM DITADOR

MARIA RESSA

Como enfrentar um ditador
A luta pelo nosso futuro

Tradução
Débora Landsberg
Denise Bottmann
Isa Mara Lando

Copyright © 2022 by Maria Ressa

Grafia atualizada segundo o Acordo Ortográfico da Língua Portuguesa de 1990, que entrou em vigor no Brasil em 2009.

Título original
How to Stand Up to a Dictator: The Fight for Our Future

Capa
Alceu Chiesorin Nunes

Preparação
Richard Sanches

Revisão
Clara Diament
Ana Maria Barbosa
Carmen T. S. Costa

Dados Internacionais de Catalogação na Publicação (CIP)
(Câmara Brasileira do Livro, SP, Brasil)

Ressa, Maria
　　Como enfrentar um ditador : A luta pelo nosso futuro / Maria Ressa ; tradução Débora Landsberg, Denise Bottmann, Isa Mara Lando. — 1ª ed. — São Paulo : Companhia das Letras, 2022.

　　Título original: How to Stand Up to a Dictactor : The Fight for Our Future.
　　ISBN 978-65-5921-358-0

　　1. Autoritarismo 2. Fascismo 3. Internet – Aspectos políticos 4. Jornalismo – Aspectos sociais 5. Política e governo 6. Política – Aspectos sociais I. Título.

22-130588 　　　　　　　　　　　　　　　　　　　CDD-320.533

Índice para catálogo sistemático:
1. Fascismo : Ciência política　320.533

Eliete Marques da Silva – Bibliotecária – CRB-8/9380

[2022]
Todos os direitos desta edição reservados à
EDITORA SCHWARCZ S.A.
Rua Bandeira Paulista, 702, cj. 32
04532-002 — São Paulo — SP
Telefone: (11) 3707-3500
www.companhiadasletras.com.br
www.blogdacompanhia.com.br
facebook.com/companhiadasletras
instagram.com/companhiadasletras
twitter.com/cialetras

Sumário

Prefácio — Amal Clooney 7
Prefácio à edição brasileira — Patrícia Campos Mello 11
Introdução — A bomba atômica invisível 15

PARTE I — A VOLTA PARA CASA:
O PODER, A IMPRENSA E AS FILIPINAS, 1963-2004

1. A regra de ouro
   Escolha aprender 27
2. O código de honra
   Trace a linha 45
3. A velocidade da confiança
   Seja vulnerável 56
4. A missão do jornalismo
   Sejamos honestos 81

PARTE II — A ASCENSÃO DO FACEBOOK, O RAPPLER
E O BURACO NEGRO DA INTERNET, 2005-2017

5. Os efeitos da rede
   Passo a passo até o ponto de virada 111

6. Criando ondas de mudança
Forme uma equipe 131
7. Como os amigos dos amigos derrubaram a democracia
Pense devagar, não pense rápido 153
8. Como o estado de direito desmoronou por dentro
Calar é ser cúmplice 185

PARTE III — MEDIDAS ENÉRGICAS: PRISÕES, ELEIÇÕES E A LUTA PELO NOSSO FUTURO, 2018-PRESENTE

9. Sobrevivendo a milhares de feridas
Acredite no bem 223
10. Não vire um monstro para lutar contra um monstro
Aceite seu medo 243
11. Defenda a linha
O que não mata fortalece 274
12. Por que o fascismo está vencendo
Colaboração. Colaboração. Colaboração. 298

Epílogo 323

Agradecimentos 327
Notas 333

Prefácio

Amal Clooney

Quando pensamos em super-heróis, dificilmente vem à nossa cabeça a imagem de uma mulher de 1,60 metro com uma caneta na mão. Mas ser uma jornalista em um país sob regime autoritário demanda superpoderes.

Atualmente jornalistas têm enfrentado ameaças diárias à sua reputação, liberdade e, em alguns lugares, à sua própria vida. E Maria Ressa é uma delas.

Dizer que Maria luta contra o impossível é eufemismo. Em uma autocracia, o oponente de um jornalista é o Estado — que faz a política, controla a polícia, contrata promotores e constrói prisões. Que tem um exército de robôs on-line para difamar e minar qualquer pessoa que seja considerada um oponente. Que tem o poder de derrubar emissoras de televisão e sites. E, mais importante: que tem a necessidade de controlar a mensagem para sobreviver. Sua existência depende de garantir que haja apenas um lado para cada história.

Como declarou certa vez um famoso filósofo, não há tirania mais cruel do que aquela que se perpetua sob o escudo da lei e em nome da justiça. Contudo, sob o regime do presidente Duterte, o governo filipino não hesitou em usar ferramentas legais para intimidar supostos oponentes. As autoridades revogaram a licença de Maria Ressa e entraram com ações civis que ameaçam levá-la à falência e colocá-la atrás das grades.

Não que ela tenha cometido algum crime. Tudo isso se deve ao fato de que os líderes de seu país não querem ser criticados. Maria tinha apenas duas alternativas: ou seguia o que seu governo autoritário ordenava, para permanecer em segurança, ou arriscaria tudo para fazer seu trabalho. Ela não hesitou em escolher a segunda opção.

Ao longo da história, algumas das vozes mais importantes da sociedade foram perseguidas. Gandhi, Mandela e Martin Luther King Jr. foram processados porque criticaram seu governo. Em seu julgamento, Gandhi disse ao juiz que não queria misericórdia por enfrentar um governo que estava atropelando os direitos humanos. "Estou aqui para me submeter, com alegria, à mais alta penalidade que pode ser infligida a mim", porque "a não cooperação com o mal é um dever tanto quanto a cooperação com o bem". Com suas palavras, ele passou dois anos na prisão, mas fez da Índia uma sociedade mais justa. Mandela foi preso quando suas opiniões desagradaram ao governo: a acusação era de alta traição, e ele passou 27 anos na prisão por isso. Mas ele derrotou o mal do apartheid.

A luta de Maria é aquela que define nossos tempos. Os dados coletados nos últimos anos mostram mais jornalistas em todo o mundo sendo presos e mortos do que em qualquer momento desde o início dos registros. E há, hoje, mais autocracias no mundo do que democracias.

É por isso que Maria se recusa a sair das Filipinas, e está determinada a se defender das acusações. Ela sabe que uma voz independente como a dela é sempre valiosa, mas se torna essencial quando os outros se calam. Ela está segurando as pontas, assim qualquer outra pessoa poderá se atrever a falar. Porque se Maria, uma cidadã americana e ganhadora do Nobel, pode ser presa por fazer seu trabalho, que chance há para os outros?

É irônico que os líderes autoritários sejam frequentemente chamados de "homens fortes" quando, na verdade, não podem tolerar a dissidência ou mesmo permitir igualdade de condições. São aqueles que os enfrentam cuja força deve ser celebrada — e alguns deles têm apenas 1,60 metro.

Elie Wiesel, sobrevivente do Holocausto, nos advertiu que pode haver momentos em que somos impotentes contra a injustiça, mas nunca devemos deixar de protestar. O legado de Maria será sentido por gerações — porque ela nunca deixou de protestar, de tentar dobrar o arco da história em direção à justiça. E quando os jovens filipinos estudarem história, descobrirão que a primeira pessoa de seu país a receber o Nobel da Paz foi uma jornalista corajosa e determinada a dizer a verdade. Espero que, para o bem das gerações futuras, se inspirem no seu exemplo.

Prefácio à edição brasileira

Patrícia Campos Mello

O que você estaria disposto a sacrificar em prol da verdade? Maria Ressa sacrificou a própria liberdade. Foi presa duas vezes e teve de pagar fiança em dez ocasiões. Viu sua reputação ser destruída por campanhas de desinformação nas redes sociais. Proibida de viajar, não tinha autorização nem para visitar os pais idosos nos Estados Unidos. Não pode mais andar tranquila nas ruas de seu país, as Filipinas. É obrigada a usar um colete antibalas para garantir a própria segurança. Mesmo assim, Maria não esmoreceu em sua busca pela verdade neste mundo onde os fatos submergem sob um turbilhão de mentiras. Graças ao altruísmo e à coragem de Maria Ressa, conseguimos enxergar como líderes populistas transformam a internet em arma e corroem a democracia por dentro.

Ela é uma visionária. A jornalista filipina começou a soar o alarme em 2016, muito antes de virem à tona o escândalo da Cambridge Analytica, a atuação dos russos na eleição do ex-presidente americano Donald Trump, a manipulação da opinião pública no Brexit e a avalanche de fake news no pleito brasileiro que elegeu Jair Bolsonaro em 2018.

O Rappler, veículo de mídia que Maria fundou ao lado de outras jornalistas filipinas, começou a publicar uma série de reportagens investigativas sobre os abusos da guerra às drogas do então presidente Rodrigo Duterte e os efeitos nefastos do Facebook e da manipulação do debate público por meio da internet.

Pouco tempo depois do início da publicação, a jornalista se tornou o principal alvo das milícias digitais filipinas. Maria chegava a receber noventa mensagens de ódio por hora na sua conta do Facebook, incluindo ameaças de morte e estupro.

A jornalista revelou a máquina de ódio de Duterte. Ela mostrou como o então presidente filipino usava redes de contas falsas, militantes ou funcionários contratados para fazer, além de elogios ao governo, ataques on-line coordenados contra jornalistas, políticos de oposição e ativistas de direitos humanos.

Para o líder emplacar sua visão alternativa da realidade e manipular a opinião pública, era preciso deslegitimar jornalistas e opositores. Depois do assassinato de reputação, vinha o assédio judicial. E, aos poucos, os freios e contrapesos da democracia iam sendo neutralizados.

Lembra alguém? Esse manual do autocrata digital é adotado mundo afora — na Índia, no trumpismo dos Estados Unidos, na Hungria, na Polônia, na Nicarágua, em El Salvador, na Rússia e no Brasil.

Eu não compreendia muito bem esse cenário global até conhecer Maria Ressa em dezembro de 2018. No Brasil, começávamos a nos dar conta do poder da desinformação. Havíamos iniciado a publicação de reportagens sobre uso de disparos em massa pelo WhatsApp e disseminação massiva de fake news pelo aplicativo durante as eleições daquele mesmo ano.

Eu também havia me tornado um alvo da máquina de desinformação. Estava em choque, tentando entender o que acontecia com as pessoas, cheias de ódio, acreditando em mentiras inverossímeis. Estava perplexa com a ascensão da extrema direita, em vias de ser normalizada no Brasil e em outros países. Nós, jornalistas, estávamos atônitos com as intimidações, ainda sem perceber que eram parte da estratégia de comunicação dos populistas digitais.

Naquele ano, Maria me falou sobre as técnicas de Duterte* para manipular os eleitores usando as redes sociais e sobre as campanhas de assassinato de reputação de jornalistas. E fez um alerta: "Eles usam o mesmo roteiro, Bolsonaro e Duterte. É importante continuar investigando. É preciso rastrear e responsabilizar essas pessoas". Na época, achei que fosse exagero. Bolsonaro tinha acabado de ser eleito. Mas Ressa, mais uma vez, se provaria profética.

Neste *Como enfrentar um ditador*, ela mostra qual é o desfecho inexorável dessa escalada de mentiras — a autocracia. "Tem dias em que me sinto uma mistura de Sísifo com Cassandra, tentando reiteradamente alertar o mundo sobre a destruição que as redes sociais causam", escreve a jornalista. "Não se pode ter integridade eleitoral sem integridade factual."

Os populistas digitais se valem das redes sociais para moldar a realidade. As plataformas de internet não se importam. Para elas, o que importa é o "engajamento" que aumenta os lucros — tanto faz se o conteúdo que gera cliques são vídeos de gatinhos, teorias da conspiração sobre pedofilia ou mentiras sobre o processo eleitoral. Uma vez democraticamente eleitos com ajuda da desinformação, eles conseguem roer os alicerces da democracia.

Nas Filipinas, Ferdinand "Bong Bong" Marcos Junior reescreveu a história da ditadura do país. Seu pai, Ferdinand Marcos, roubou mais de 10 bilhões de dólares dos cofres das Filipinas em seus vinte anos de governo. O regime de Marcos prendeu 70 mil pessoas, torturou 34 mil e matou 3 240. Mas anos de uma campanha

---

* "Presidente das Filipinas desiste de candidatura e abre caminho para filha disputar eleições". *Folha de S.Paulo*, 2 out. 2021. Disponível em: <https://www1.folha.uol.com.br/mundo/2021/10/presidente-das-filipinas-desiste-de-candidatura-e-abre-caminho-para-filha-disputar-eleicoes.shtml>.

incessante de fake news higienizaram o legado do cleptoditador Marcos e o alçaram a herói. Permitiram a vitória esmagadora de seu filho Bong Bong na eleição presidencial de maio de 2022. Mentiras viralizam. Checagem de informações, não.

Mas quem achava que a vencedora do prêmio Nobel da Paz iria desanimar após a eleição do segundo autocrata digital em seu país se enganou. Maria Ressa abraçou com mais urgência o combate à desinformação. A regulação dos gigantes da internet, que pode fazer com que as pessoas voltem a compartilhar a mesma realidade e não tenham seus ódios instrumentalizados, vai demorar. Mas, no curto prazo, Maria propõe uma mobilização cívica para deter autocratas digitais. Checadores e jornalistas fazem a verificação das informações. Mas a verificação de fatos não consegue ter o mesmo alcance que as mentiras, certo? Então, ensina a jornalista, usem as ferramentas da internet para fortalecer uns aos outros. Cada organização noticiosa compartilha nas mídias sociais o conteúdo da outra, porque esses são sinais direcionados ao Google. As organizações da sociedade civil — ONGS, grupos ambientais e de direitos humanos, a igreja, empresas — compartilham "com emoção" as checagens de fatos, o que trabalha o algoritmo das plataformas e aumenta o alcance do conteúdo. "Nós, jornalistas, não podemos fazer isso, porque contraria nossos manuais de padrões e ética. Então a sociedade civil faz", ela me disse em entrevista recente. Além disso, acadêmicos que pesquisam desinformação divulgam relatórios periódicos, mostrando às pessoas como elas estão sendo manipuladas, quais os alvos, quais as artimanhas. E, por fim, advogados se unem à mobilização, com litigância estratégica contra abusos de poder dos autocratas digitais.

Nas Filipinas, a estratégia de mobilização cívica foi adotada tarde demais e não impediu a vitória de Bong Bong. Mas ainda há tempo para outros países impedirem a ascensão de autocratas digitais. Ler este livro é um bom jeito de embarcar nessa luta em defesa da verdade.

Introdução
A bomba atômica invisível
Viver no (presente) momento (do passado)

Desde que se iniciou o lockdown da pandemia de covid-19, em março de 2020, ando muito mais emotiva do que jamais me permiti ser. Sinto a raiva acumulada contra a injustiça que só me resta aceitar. Foi esse o resultado de seis anos de ataques ao governo.

Posso ser presa. Pelo resto da vida — ou, como diz meu advogado, por mais de cem anos. Por acusações que nem deveriam ser levadas a tribunal. A derrocada do estado de direito é um fato global, mas, no meu caso, se tornou pessoal. Em menos de dois anos, o governo filipino emitiu dez ordens de prisão contra mim.

Eu também poderia ser alvo de violência. Seriam a polícia e o governo tolos o bastante para me tomar como alvo? Sim, seriam. A Comissão de Direitos Humanos das Filipinas calcula que cerca de 27 mil pessoas foram mortas nos três primeiros anos da brutal guerra às drogas encampada pelo presidente Rodrigo Duterte, entre 2016 e 2018.[1] É verdade? Quem vai saber? Essa estatística é a primeira baixa na batalha que se trava em meu país pela verdade. Em 2018, comecei a usar um colete à prova de balas quando do saía à rua.

A violência virtual é a violência do mundo real. Isso já foi demonstrado por numerosas pesquisas e ocorrências trágicas ao redor do globo. Todo dia recebo ataques on-line, assim como ocorre a milhares de outros jornalistas, ativistas, líderes de oposição e cidadãos insuspeitos aqui e no mundo todo.

Ainda assim, quando acordo e olho pela janela, me sinto revigorada. Tenho esperança. Vejo as possibilidades — apesar das trevas, este é também um momento oportuno para reconstruir nossas sociedades, a começar justamente pelo que está diante de nós: nossa área de influência.

O mundo que conhecíamos foi dizimado. Agora, cabe a nós decidir o que queremos criar.

Eu me chamo Maria Ressa. Sou jornalista há mais de 36 anos. Nasci nas Filipinas, cresci e me formei em Nova Jersey e voltei para a minha terra natal depois da faculdade, no final dos anos 1980. Fiz carreira na CNN, criando e dirigindo, nos anos 1990, dois de seus escritórios no Sudeste Asiático. Aqueles eram os tempos gloriosos da CNN e uma época instigante para jornalistas internacionais. Em meu posto no Sudeste Asiático, fui testemunha ocular de eventos dramáticos que, muitas vezes, prenunciaram o que viria a acontecer no mundo: o surgimento de movimentos democráticos em antigos domínios coloniais, a pavorosa ascensão do terrorismo islâmico bem antes do Onze de Setembro, uma nova classe de déspotas democraticamente eleitos e que converteriam seus países em semiditaduras, bem como a admirável promessa e o assombroso poder das redes sociais, que logo desempenhariam um papel crucial na destruição de tudo aquilo que prezo.

Em 2012, fui cofundadora do Rappler, um site de notícias filipino exclusivamente digital. Minha intenção era estabelecer, em meu país, um novo patamar para o jornalismo investigativo, buscando utilizar as redes sociais como plataformas para erigir comunidades engajadas por práticas de governança mais salutares e por democracias mais sólidas. Na época, eu acreditava, com toda convicção, no potencial das redes sociais para fazer o bem no mundo. Por meio do Facebook e de outras plataformas, era possível angariar fundos para cobrir notícias, encontrar fontes e pistas cruciais, mobilizar ações coletivas voltadas para a questão da mudança climática e ajudar a aumentar a participação dos eleitores em nossas eleições. Nosso sucesso foi instantâneo; porém, por volta do quinto ano de existência do Rappler, deixamos de ser louvados por nossas ideias e passamos a ser visados por nosso governo — e tudo porque seguíamos cumprindo nosso trabalho de jornalistas: dizer a verdade e exigir que o poder preste conta de suas ações.

No Rappler, expúnhamos corrupção e defraudação não só no governo, mas cada vez mais nas empresas de tecnologia que já vinham dominando nossas vidas. A partir de 2016, começamos a destacar a impunidade em duas frentes: na guerra às drogas encampada pelo presidente Rodrigo Duterte e no Facebook de Zuckerberg.

Deixe-me explicar por que o restante do mundo deve prestar atenção ao que acontece nas Filipinas. Em 2021, de todos os cidadãos do planeta, os filipinos foram, pelo sexto ano consecutivo, os que passaram mais tempo na internet e nas redes sociais.[2] Apesar da baixa velocidade das conexões, foram os filipinos que subiram e baixaram a maior quantidade de vídeos no YouTube desde 2013. Quatro anos mais tarde, 97% dos habitantes do país estavam no Facebook. Quando apresentei essas estatísticas a Mark Zuckerberg numa conferência, em 2017, ele ficou em silêncio por um instante. "Um momento, Maria", respondeu ele afinal, olhando diretamente para mim. "Então, onde é que estão os outros 3%?"

Na época, eu ri com a piada. Hoje, não vejo mais graça.

Como mostram esses números — e como admite o próprio Facebook —, as Filipinas são o marco zero[3] dos tenebrosos efeitos que as redes sociais podem produzir nas instituições de uma nação, em sua cultura e na mente de seus habitantes. Nesse âmbito, tudo o que ocorre em meu país acaba acontecendo no resto do mundo — se não hoje ou amanhã, daqui a um ou dois anos. Desde 2015, havia notícias de fazendas de cliques que, a partir das Filipinas, criavam perfis verificados nas redes sociais. Naquele mesmo ano, um relatório mostrou que a maioria das curtidas que Donald Trump conseguia no Facebook vinha de fora dos Estados Unidos, e que um em cada 27 seguidores de Trump era das Filipinas.

Tem dias em que me sinto uma mistura de Sísifo com Cassandra, tentando reiteradamente alertar o mundo sobre a destruição que as redes sociais causam em nossa realidade em comum, que é onde a democracia acontece.

Este livro é minha tentativa de mostrar que a ausência do estado de direito no mundo virtual é devastadora. Vivemos em apenas uma realidade, e a degradação global das instituições que primam pela lei é resultado da falta de uma concepção democrática para a internet no século xxi. A impunidade on-line naturalmente levou à impunidade off-line, destruindo os freios e contrapesos existentes. O que testemunhei e documentei durante a década passada foi o poder da tecnologia tornar-se quase divino ao infectar cada um de nós com o vírus da mentira, lançando-nos uns contra os outros, atiçando, e mesmo fundando, nossos medos, nossa raiva e nosso ódio, apressando, ao mesmo tempo, a ascensão de ditadores e governantes autoritários em todo o mundo. Comecei a chamar esse processo de "morte da democracia por mil cortes".*

---

* "Morte por mil cortes" era um método de execução praticado em diversos países orientais, como China, Coreia, Vietnã e Japão. Como o nome indica, a vítima era gradativamente mutilada para que sofresse o máximo possível enquanto agonizava. Por ser especialmente atroz, essa pena era reservada a crimes como traição e espionagem. (N. T.)

As próprias plataformas que divulgam as notícias que nos são necessárias são enviesadas em relação aos fatos. Já em 2018, estudos mostravam que as mentiras entremeadas de ódio e raiva se difundem muito mais rápido e muito mais além do que os fatos.[4] Sem fatos, não há como ter a verdade. Sem a verdade, não há como ter confiança. Sem fatos, sem verdade e sem confiança, não temos nenhuma realidade em comum, e a democracia, na forma como a conhecemos, deixa de existir — assim como todos os empreendimentos humanos mais significativos.

Devemos agir rápido, antes que isso aconteça. É o que proponho neste livro: um exame dos valores e princípios não só do jornalismo e da tecnologia, mas também da ação coletiva de que precisamos para vencer essa batalha pelos fatos. Essa jornada de descoberta é bastante pessoal. Por isso, cada capítulo tem um micro e um macro: uma lição pessoal e o quadro mais amplo. Você verá as ideias simples a que me atenho para tomar decisões pensadas que — com o tempo — se tornaram instintivas, acumulando experiências sobre novas experiências do presente momento do passado.

Em 2021, fui agraciada, junto com outro jornalista, com o prêmio Nobel da Paz. A última vez que um jornalista recebera esse prêmio tinha sido em 1935. O laureado, um repórter alemão chamado Carl von Ossietzky, não pôde recebê-lo porque estava definhando num campo de concentração nazista. Ao conceder essa honraria a mim e a Dmitry Muratov, da Rússia, o comitê do Nobel sinalizou que o mundo se encontrava em momento histórico semelhante, outra conjuntura crítica para a democracia. Em meu discurso de aceitação do prêmio,[5] afirmei que uma bomba atômica invisível havia explodido no meio de nosso ecossistema informacional, com as plataformas de tecnologia oferecendo aos poderes geopolíticos um instrumento para manipularem cada um de nós individualmente.

Apenas quatro meses após a cerimônia do Nobel, a Rússia invadiu a Ucrânia, valendo-se de metanarrativas que vinha semeando com propagandas[6] on-line desde 2014, quando invadiu a Crimeia, tomou-a da Ucrânia, anexou-a e nela instituiu um Estado fantoche. A tática? Suprimir a informação e substituí-la por mentiras. Por meio de implacáveis ataques aos fatos, desferidos por seu infame exército digital, os russos obliteraram a verdade e, no lugar da narrativa silenciada, inseriram aquela que eles mesmos fabricaram — a saber, que a Crimeia acedera voluntariamente ao controle russo. Criaram perfis falsos nas redes sociais, empregaram exércitos de robôs e exploraram as vulnerabilidades das plataformas para ludibriar pessoas reais. Para essas empresas norte-americanas, as novas guardiãs mundiais da informação, tais atividades geravam maior engajamento e aumentavam seu faturamento. Dessa forma, alinhavam-se os objetivos das guardiãs com aqueles dos operadores da desinformação.

Essa foi a primeira vez que tivemos conhecimento do uso de táticas da guerra de informações que não tardaria a se espalhar mundo afora. Passados oito anos, em 24 de fevereiro de 2022, Putin, empregando as mesmas técnicas e as mesmas metanarrativas de que se valera para anexar a Crimeia, invadiu a própria Ucrânia. É assim que a desinformação, de baixo para cima e de cima para baixo, é capaz de produzir uma realidade completamente nova.

Menos de três meses depois, as Filipinas caíram no abismo. Em 9 de maio de 2022, dia das eleições, meu país escolheu o sucessor de Duterte. Embora houvesse dez candidatos à presidência, apenas dois importavam: a líder da oposição e vice-presidente Leni Robredo e Ferdinando Marcos Jr., homônimo e filho único do ditador Ferdinand Marcos, que implantou a lei marcial em 1972 e permaneceu quase 21 anos no poder. O maior dos cleptocratas, Marcos, antes de ser derrubado por uma revolta popular em 1986, fora acusado de roubar 10 bilhões de dólares do povo filipino.

Naquela noite, após a votação, Marcos Jr. logo tomou a dianteira e nela se manteve até o fim.[7] Às 20h37, com 46,93% das urnas apuradas, ele tinha 15,3 milhões de votos, contra 7,3 milhões de Robredo. Às 20h53, com 53,5% das urnas apuradas, Marcos estava com 17,5 milhões de votos, e Robredo, com 8,3 milhões. Às 21 horas, com 57,76% das urnas apuradas, Marcos tinha 18,98 milhões, e Robredo, 8,98 milhões.

"Então é isso", eu disse a mim mesma naquela noite. A eleição demonstrava o impacto da desinformação e das ininterruptas operações de informação on-line levadas a cabo nas redes sociais, alterando completamente, entre 2014 e 2022, a percepção que se tinha do legado e do nome da família de Ferdinand, o qual, de pária, passou a ser visto como herói. As redes de desinformação não se localizavam apenas nas Filipinas; incluíam também aparatos globais, como a rede chinesa derrubada pelo Facebook[8] em 2020, que ajudou a mudar a história diante de nossos olhos.

Desde meu discurso de aceitação do prêmio Nobel da Paz, no final de 2021, eu vinha afirmando reiteradamente que quem quer que vencesse as eleições seria responsável por determinar não apenas nosso futuro, mas também nosso passado. Não se pode ter integridade eleitoral sem integridade factual.

Os fatos perderam. A história perdeu. Marcos venceu.

Em comparação a alguns, que se encontram em reclusão, no exílio ou na prisão, eu tenho sorte. A única defesa de um jornalista é lançar luz sobre a verdade, é revelar a mentira — e isso eu ainda posso fazer. Inúmeros outros perseguidos, que não gozam de exposição nem de apoio, passaram à obscuridade em regimes que dobram a aposta na impunidade. Esses governos têm como cúmplice a tecnologia, a silenciosa hecatombe nuclear que dizima nosso ecossistema informacional. Devemos encarar seu rescaldo da forma como o fez o mundo após a Segunda Guerra: criando novas instituições e firmando novos acordos, à semelhança de Bretton Woods, da Otan, da onu e da Declaração Universal dos Direitos Humanos. Hoje, carecemos de novas instituições globais e da reiteração de valores que nos são caros.

Atualmente, nos encontramos em meio aos escombros de um mundo que se foi, e precisamos de uma visão que antecipe o futuro e de coragem para imaginar e recriar o mundo como ele deveria ser: mais compassivo, mais igualitário, mais sustentável. Um mundo livre de fascistas e tiranos.

Estas páginas resumem minha jornada em busca desse objetivo. Mas elas também dizem respeito a você, caro leitor.

A democracia é frágil. É necessário lutar por cada ponto, cada lei, cada salvaguarda, cada instituição, cada história. Você mesmo deve saber o perigo que até o menor dos cortes pode oferecer. É por isso que digo a todos nós: temos de nos manter firmes.

E é isso o que muitos ocidentais, para quem a democracia parece uma estrutura consolidada, precisam aprender conosco. Este livro, voltado para todos os que possam tomar a democracia como algo líquido e certo, foi escrito por alguém que nunca a tomou como tal.

Nossas ações importam neste presente momento do passado, em que a memória pode ser alterada com tamanha facilidade. Peço a você que faça a si mesmo uma pergunta que minha equipe e eu nos fazemos todos os dias: o que *você* estaria disposto a sacrificar em prol da verdade?

COMO ENFRENTAR UM DITADOR

PARTE I

A VOLTA PARA CASA:
O PODER, A IMPRENSA
E AS FILIPINAS

1963-2004

1. A regra de ouro
Escolha aprender

Foto da época de escola. St. Scholastica College, terceiro ano, 1973.

Não sabemos quem somos até o momento em que temos de lutar pelo que somos.

Então, como decidir por que lutar? Às vezes, a escolha não é nossa. Encontramos a razão de nossa luta em decorrência de todas as escolhas que fizemos até aquele ponto. Com sorte, não demoramos a entender que cada decisão que tomamos responde à pergunta com a qual todos nos defrontamos: como dar sentido à nossa vida? Um propósito não é algo que se encontre a cada esquina ou que se peça de presente. Nós o construímos por meio das escolhas que fazemos, dos compromissos que assumimos, das pessoas que amamos, dos valores que prezamos.

Pessoalmente, vejo minha vida em blocos de decênios. Quando eu tinha dez anos, minha vida passou por uma mudança drástica; a década seguinte foi de explorações e descobertas. A casa dos vinte foi repleta de escolhas: o que fazer depois da faculdade, onde morar, para quem trabalhar, quem e como amar. A dos trinta foi dedicada ao aperfeiçoamento profissional necessário para realizar o que seria minha vocação — o jornalismo — e para empreender a busca por justiça, que é a missão implícita desse ofício. A dedicação ao trabalho era um tema constante, a única coisa sobre a qual eu sabia que tinha controle.

Então veio a casa dos quarenta, minha fase de "mestre do universo" e o prazo final que eu havia estipulado para definir onde viveria, quando enfim decidi me comprometer com as Filipinas. Agora, na faixa dos cinquenta anos, o momento é de me reinventar e me engajar: expressar as posições que sustento com mais afinco. Acredito que seja possível afirmar que esta última década representou, para mim, uma "saída do armário" — saiu do armário meu repúdio aos assassinatos, aos despudorados abusos de poder, ao lado espúrio da tecnologia, assim como saíram do armário minhas concepções políticas e minha sexualidade.

Nasci em 2 de outubro de 1963, numa casa de madeira na cidade de Pasay, região da Grande Manila, nas Filipinas — um extenso arquipélago, com diversas línguas e culturas, unificado pela Igreja católica. O país era uma sociedade feudal dominada por oligarcas, que tinham recebido suas terras ao longo dos séculos de administração colonial espanhola. Ao fim da Guerra Hispano-Americana, em 1898, a Espanha cedeu as Filipinas aos Estados Unidos, pelos termos do Tratado de Paris. Um ano depois, como dizem os filipinos, teve início a Guerra Filipino-Americana, uma mera nota de rodapé nos livros de história norte-americana, que se referiam a ela como "a insurreição".[1]

À época, ainda prevalecia nos Estados Unidos a tese do "destino manifesto".* Rudyard Kipling publicou seu famoso poema imperialista, "The White Man's Burden" ["O fardo do homem branco"], que buscava encorajar os americanos, em 1899, a governarem o arquipélago. E eles de fato o fizeram até 1935, quando as Filipinas se tornaram um Estado independente. Sua Constituição, que precisou ser aprovada pelo presidente dos Estados Unidos, Franklin D. Roosevelt, era praticamente uma reprodução da carta magna daquele país.

Em 1964, meu pai, Manuel Phil Aycardo, então com vinte anos, morreu num acidente de carro: eu tinha completado um ano e minha mãe, Hermelina, estava grávida de minha irmã, Mary Jane.

Minha mãe nos tirou da família de meu pai e fomos morar numa casa ainda inacabada, junto com minha bisavó, que exalava álcool, mas cuidava de nós. Éramos tão pobres que escovávamos os dentes com sal e vivíamos preocupadas em como conseguiríamos a próxima refeição. Nossa maior alegria era quando mamãe, vestindo seu uniforme amarelo de funcionária do Ministério do Trabalho, voltava para casa, no dia do pagamento, com uma porção de frango a passarinho do KFC.

Quando eu tinha cinco anos, uma antiga briga familiar veio outra vez à tona, e minha mãe se mudou para os Estados Unidos para ficar com minha avó materna, que se mudara para Nova York havia pouco tempo. Minha mãe tinha 25 anos quando desembarcou em San Francisco, em 28 de abril de 1969.

Minha irmã e eu fomos morar com meus avós paternos na rua Times, na cidade de Quezon, região metropolitana de Manila.

---

* Doutrina difundida ao longo do século XIX, nos Estados Unidos, que defendia o "dever moral" dos colonos norte-americanos de expandir seu domínio territorial com vistas a "civilizar" outros povos. (N. T.)

Era um bairro de classe média, modesto e tranquilo, com as casas recuadas em relação à rua.

A mãe de meu pai, minha avó Rosario Sunico, era profundamente religiosa e ajudou a moldar meus valores. Ela me contava histórias sobre meu pai: jovem, inteligente, um talentoso pianista em uma família de músicos. Ela também me ensinou a ser aplicada na escola e me incutiu um espírito de satisfação em longo prazo: as moedas que eu economizava do benefício estudantil eram depositadas numa garrafa, que ia ficando cada vez mais cheia bem diante de nossos olhos. Minha avó tentou, inclusive, moldar minhas lembranças, dizendo que minha mãe não prestava e que tinha ido para os Estados Unidos para ser prostituta.

Para uma filha, era uma coisa difícil de processar, especialmente durante as visitas periódicas de minha mãe. Ela vinha às Filipinas ao menos uma vez por ano para ficar conosco, e isso virava a casa de ponta-cabeça. Mesmo muito jovem, eu sentia a tensão que havia entre minha mãe e minha avó, algo como uma competição, que com frequência me forçava a escolher um lado.

Faíscam em minha mente flashes de lembranças em preto e branco dessas visitas: com sete ou oito anos, sentada na cama com minha mãe e minha irmã. Mamãe era exuberante: miúda, linda, sempre rindo de algo. Uma vez, ela estava falando com minha irmã e lembrei que eu queria lhe mostrar uma palavra nova que eu tinha aprendido. Esperei o momento certo e disparei:

"Esplêndido!"

Houve um instante de silêncio e, em seguida, minha mãe caiu na gargalhada. E então me abraçou.

Comecei meus estudos no St. Scholastica College, uma instituição católica apenas para meninas. Fundada e dirigida por freiras missionárias alemãs da ordem beneditina, a escola me colocou num programa piloto de ensino intensivo; minhas colegas de turma e eu havíamos passado num exame e fomos consideradas "mais inteligentes" do que as outras meninas. Esse argumento serviu ao menos para que minha colega Twink Macaraig e eu déssemos boas risadas.

Tudo isso acabou no dia em que minha mãe nos raptou, a mim e a minha irmã, na escola.

Quando cheguei à sala de aula, aquele parecia um dia normal, igual a qualquer outro, com os raios de sol entrando pelas janelas. Pus minha pasta no chão e levantei o tampo de minha carteira de madeira. Então ouvi uma voz me chamar:

"Mary Ann!"

Só minha família me chamava assim, pela contração de meus dois nomes, Maria Angelita. Eu me virei e, com algum espanto, vi minha mãe acompanhada da diretora da escola, a Irmã Gracia, na frente da sala. Elas se aproximaram de minha carteira e me ajudaram a guardar tudo de volta na pasta. Enquanto saíamos da sala, olhei para trás e vi todas as minhas amigas me fitando.

Fomos até a sala de aula de minha irmã. Ela estava esperando do lado de fora, com a irmã de minha mãe, minha tia Mencie Millonado, e outra freira professora. Mary Jane, ao ver nossa mãe, veio correndo abraçá-la. Naquele momento, estávamos apenas nós três no corredor. Mary Jane e mamãe choravam. Então ouvi minha mãe murmurando que ia nos levar para os Estados Unidos.

Lembro que, naquele momento, percorri com o olhar o corredor da escola, instintivamente certa de que nunca mais as coisas seriam as mesmas. Em momentos assim, buscamos pontos de apoio. O meu foi o livro da biblioteca em minha pasta, que eu deveria devolver no dia seguinte.

Enquanto seguíamos rumo ao portão, mencionei o livro para mamãe. Ela respondeu que o devolveríamos num outro dia.

Havia um carro estacionado junto à calçada. Embarcamos nele e, quando nos acomodamos, mamãe nos apresentou ao homem no banco do passageiro.

"Mary Ann, Mary Jane", disse mamãe, "este é o novo pai de vocês."

Tudo pode mudar de repente.
Nunca voltei para a casa de meus avós, nem para aquela escola. Num dia, eles eram meu mundo; no dia seguinte, não eram mais. A porta para aquele mundo tinha se fechado para sempre, enquanto outra, para uma nova realidade, tinha se aberto. Eu estava então com dez anos.
Cerca de duas semanas depois, estávamos num voo da Northwest Airlines, numa parada no Alasca para reabastecer o avião. Era dia 5 de dezembro de 1973. Eu olhava pela janela do avião e recomendei a mim mesma que não esquecesse aquela data. Eu não sabia o que aconteceria em seguida, mas sabia que aquela era a primeira vez que Mary Jane e eu víamos neve.
Quando pousamos no Aeroporto Internacional John F. Kennedy, em Nova York, estava escuro e fazia um frio terrível — um frio como eu nunca tinha sentido antes. Meu padrasto pegou nossas malas. Eu ainda decidia mentalmente sobre a forma como iria chamá-lo, ainda que minha mãe tivesse me falado para chamá-lo de papai e que minha tia Mencie tivesse sugerido: "Tente 'papai Ressa'". Quando ainda estávamos em Manila, alguém pediu para tirar uma foto com ele. Mamãe cochichou: "Eles acham que é o Elvis Presley".
Então nós nos amontoamos num fusca azul-escuro no estacionamento do aeroporto. Enquanto seguíamos num trajeto de uma hora e meia para o sul, minha irmã e eu sentimos pela primeira vez o calorzinho de um aquecedor de carro. Após uma viagem que tinha começado mais de 24 horas antes, no outro lado do mundo, chegamos a nosso destino: uma casa suburbana em uma área recém-loteada de Toms River, em Nova Jersey. Descarregamos a bagagem. Deixei uma pegada perfeita na neve macia que tinha se

acumulado na frente da garagem. Então, minha irmã e eu entramos em nossa nova casa. Mamãe e meu novo papai explicaram, em seguida, que ele daria entrada em um requerimento para nos adotar, mudando legalmente nosso sobrenome para Ressa.

Eu tinha deixado um país em turbilhão. Um ano e pouco antes, em 21 de setembro de 1972, o presidente Ferdinando Marcos tinha instaurado a lei marcial, fechando a maior estação de TV, a ABS-CBN, que sempre fora um ponto central do poder da mídia. O governo autocrático de Marcos marcaria uma nova era para as Filipinas, que até então tinham sido moldadas pelos Estados Unidos em nível avassalador. "A conquista territorial começou e terminou nas Filipinas", escreveu meu amigo Stanley Karnov em seu épico *In Our Image: America's Empire in the Philippines* [À nossa imagem: o império americano nas Filipinas]. "Os americanos não se deram ao trabalho de montar uma administração eficiente e imparcial [...] e assim os filipinos, em busca de algum auxílio, recorriam não à burocracia, mas aos políticos — uma prática que fomentou o apadrinhamento e a corrupção."[2]

O apadrinhamento feudal e a corrupção endêmica nunca desapareceram nas Filipinas. Marcos, que foi eleito para seu mandato inaugural em 1965, em meio a graves problemas econômicos, tornou-se o primeiro e único presidente filipino a ser reeleito para um novo mandato consecutivo. Sua campanha era calcada na identidade nacional e na independência em relação aos Estados Unidos.

Depois que Marcos instaurou a lei marcial, o Congresso ratificou a Constituição de 1973, ainda moldada na carta magna norte-americana, mas, agora, com alterações que asseguravam o poder a Marcos. O texto, posteriormente, foi aprovado pela Suprema Corte, permitindo a Marcos que consolidasse e detivesse "legalmente" o poder ao longo dos catorze anos seguintes, período que passei imersa em minha nova realidade nos Estados Unidos.

* * *

Nossa família acreditava nos Estados Unidos: você trabalhava com afinco, pagava seus impostos e tinha o que merecia. O mundo é justo — era isso o que o contrato social estabelecia implicitamente. Nas décadas que se seguiram, meus pais viveram a erosão desse contrato. Sei como isso impacta as pessoas, como o medo e a incerteza aumentam, como as pessoas que dão duro e seguem as regras se sentem enganadas quando as promessas não são cumpridas. E, se acrescentarmos a essa equação as redes sociais e as operações de desinformação, essas mesmas pessoas se tornam alvos facilmente suscetíveis — elas acreditam nas mentiras.

Peter Ames Ressa nasceu na cidade de Nova York e era a segunda geração de uma família ítalo-americana. Ele tinha abandonado os estudos aos dezesseis anos para ajudar no sustento da casa. Começou a trabalhar abastecendo a base de dados do banco de investimentos Brown Brothers Harriman & Co., onde, dedicando-se com muito afinco, ascendeu na hierarquia. Quando deixou a empresa, ele era o gerente de TI encarregado dos mainframes, então foi trabalhar na IBM. Peter era movido pela dedicação ao trabalho e por um notável talento para lembrar detalhes miúdos.

Ele e minha mãe se conheceram ao se esbarrarem (literalmente) nas ruas de Nova York. Namoraram cerca de dois anos antes de se casarem, em 1972; no ano seguinte, nasceu minha irmã Michelle. Uma semana depois, meus pais pediram à tia Annie que cuidasse do bebê, enquanto eles embarcariam num avião rumo a Manila para buscar Mary Jane e eu. Para mamãe, aquela foi uma jornada ao mesmo tempo difícil e vitoriosa.

Peter e Hermelina formavam um casal admirável, algo de que todos os seus filhos se davam conta, como se o tempo todo houvesse um holofote sobre eles. Naqueles anos, eu enxergava os Estados Unidos basicamente pelos olhos dessas figuras batalhadoras e fascinantes, que saíam de casa antes do amanhecer, enfrentavam

Peter Ressa com Hermelina Delfin na Estátua da Liberdade, 1971.

as duas horas de deslocamento até seus respectivos empregos em Nova York, retornavam à noite e trabalhavam o tempo todo.

    A certa altura, para economizar, mamãe começou a costurar nossas roupas em casa, mas aí percebeu que o tempo que levava não compensava o valor que ela conseguia poupar. Depois que ela deu à luz meu irmão, Peter Ames Jr., e à caçula, Nicole, nos meses de agosto era eu quem guiava as excursões das compras de volta às aulas, empurrando o carrinho atrás dela, na Grand Union, na Sears e em outras lojas com liquidações. Eu sabia escolher as roupas e os sapatos mais baratos.

    Naquela época, a empresa de meu pai bancava a formação dele, o que lhe permitiu concluir o ensino médio. Quando eu estava no ensino médio, ele fazia faculdade à noite. Só mais tarde é que percebi o quanto meus pais se sacrificaram para dar alguma chance aos filhos. Queriam que tivéssemos uma vida boa e que frequentássemos boas escolas — e conseguiram.

* * *

Quando entrei em minha classe no terceiro ano do fundamental, na Silver Bay Elementary School, um edifício espraiado de tijolos aparentes, eu era, com meu 1,27 metro de altura, a mais baixinha da turma — e a única parda. Embora entendesse e falasse inglês, minha primeira língua, em casa, era o tagalog, ou o filipino. Fiquei admirada com a desenvoltura e a gritaria dos colegas, e chocada com a forma desrespeitosa com que tratavam nossa professora.

Eu estava feliz em ver que a escola, tal qual a St. Scholastica nas Filipinas, usava o SRA Reading Lab,* um dos primeiros programas de aprendizagem personalizada de leitura, redação e interpretação de textos que permitia ao aluno seguir seu próprio ritmo. Eu gostava de competir — comigo mesma e com meus colegas — e já tinha avançado bastante ainda na St. Scholastica. Quando fui até o fundo da sala de aula para pegar meu cartão SRA de compreensão de textos, no qual era registrado nosso progresso, um dos garotos mais altos e espalhafatosos anunciou ao resto da turma que estavam abrindo para mim a caixa de livros de uma seção inteiramente nova, uma que nenhum outro aluno tinha usado ainda. Naquele momento, todos souberam que eu estava em um nível avançado.

Sou tímida e introvertida por natureza. A transição para o modo de vida norte-americano foi tão penosa para mim que meus professores recordavam que parei de falar durante quase um ano. Lembro-me de meu silêncio como um aprendizado, uma conti-

---

* Método de ensino desenvolvido pela Science Research Associates (SRA) — editora de materiais didáticos originalmente estabelecida em Chicago — com vistas a desenvolver a autonomia na leitura a partir do aprimoramento de habilidades como fluência e independência, de acordo com um sistema estruturado em níveis de proficiência. (N. T.)

nuação da mentalidade "fale apenas quando falarem com você" que eu tinha aprendido nas Filipinas, em casa e na escola. Eu era como uma esponja, absorvendo meu novo mundo.

De certa forma, os professores da Silver Bay Elementary School entendiam as raízes de meu silêncio e me ajudaram na adaptação. Uma delas, a sra. Rarick, toda semana me dava aulas gratuitas de piano, o que me rendeu uma boa base musical. Minha avó sempre tinha enfatizado que meu pai tocava piano, que a família era patrona[3] das artes e que meu tio era pianista de concertos.[4] De alguma maneira, acabamos adotando os sonhos que pairam ao nosso redor.

O piano me conectava com o passado e me dava uma sensação de liberdade: eu não precisava falar ou aprender uma língua nova. Só precisava praticar até que eu pudesse tocar e compor. Logo entendi que, para ser uma boa pianista de verdade, seria necessário passar horas e horas praticando, para que, na hora de tocar, a coisa fluísse sem demandar grandes esforços. Quando o mundo ficava insuportável, eu canalizava minhas energias para o piano, praticando horas a fio.

Mas, claro, eu também queria ser como todo mundo. Parava na frente do espelho, tentando pronunciar direito as palavras em inglês, desejando ter pele mais clara e cabelo loiro. Quando não sabemos quem somos e nosso mundo vira de cabeça para baixo, nos esforçamos para passar despercebidos.

Aquele ano da mudança para os Estados Unidos me deixou três lições. Volta e meia elas reaparecem em minha vida, mesmo quando o contexto é outro. E a cada vez essas lições adquirem um novo significado.

A primeira é sempre escolher aprender. Isso significava aceitar as mudanças e ter coragem de falhar; o êxito e o fracasso são os dois lados da mesma moeda. Não é possível ter êxito sem ter falhado em algum momento. Percebi que a maioria das pessoas, em vez disso, escolhia o conforto, permanecendo no que lhe era familiar: velhos amigos, velhos hábitos, velhas rotinas.

A mudança para os Estados Unidos pôs à prova quem eu era. O que levo comigo? O que deixo para trás? Quem sou eu? Até meu nome era outro: antes de deixar aquela sala de aula em Manila, eu tinha sido Angelita Aycardo; agora, eu era Maria Ressa. Eu havia ingressado num mundo totalmente novo, com uma nova língua, novos costumes, novos indicadores culturais que todo mundo entendia, menos eu. Foi uma coisa tão avassaladora que, naquele primeiro ano, houve um momento em que eu não queria mais sair de casa.

Assim, me concentrei naquilo que eu conseguia mensurar: meu progresso no SRA Reading Lab; a rapidez com que cumpria os exercícios de piano do método Hanon. Aprendi muitas coisas nos livros, inclusive a jogar basquete. Nos finais de semana, ia com um livro para a quadra de basquete da escola, punha-o no chão e seguia passo a passo as instruções para driblar e fazer arremessos livres. Eu concretizava tudo o que aprendia. A única coisa que precisava fazer era pôr o conhecimento em prática.

Alguns meses depois de me assentar, a professora que eu idolatrava, a srta. Ugland,[5] perguntou se eu gostaria de mudar de turma: a escola queria que eu avançasse um ano. Eu estava começando a me sentir à vontade, e aquela possível mudança me deixou assustada. Foi então que ela disse: "Maria, não tenha medo. Sempre se esforce para conhecer coisas novas; você não tem mais nada a aprender em minha classe".

Então, ao fim do semestre, passei do terceiro para o quarto ano e comecei tudo de novo. E aprendi minha segunda lição: aceitar meus medos.

O que motivou essa perspectiva? Eu não sabia o que era uma *"pajama party"* ["festa do pijama"]. Não tínhamos isso em Manila, ou pelo menos o nome não era esse. Mas Sharon Rokozny, a garota mais legal de minha turma do terceiro ano, me convidou para uma "*pajama party*" e, quando perguntei à mamãe que espécie de festa era essa, ela respondeu: "É uma festa a que você vai de pijama!". Fazia sentido. E eu ainda mal conseguia acreditar que Sharon tinha me convidado.

No dia combinado, vesti meu pijama e entrei no carro com papai e mamãe. Quando viramos a esquina da rua sem saída, vi meus colegas jogando bola no gramado da casa de Sharon. Ninguém estava de pijama.

Virei-me em pânico para mamãe, que, constrangida, admitiu que na verdade ela tampouco sabia o que era uma "*pajama party*". Àquela altura, os colegas já tinham visto nosso carro; não tinha como dar meia-volta e ir embora. Quando o carro parou, olhei para meus pais antes de abrir a porta. Então desci do carro.

Meus colegas pararam de jogar e olharam na minha direção.

Eu não sabia o que fazer. Aí a Sharon veio até o carro e disse: "Oh, você está de pijama".

"Achei que era para vir assim", balbuciei, beirando as lágrimas. Precisei reunir toda a coragem de que dispunha para conseguir sair do carro, e agora ela havia se esgotado.

Então Sharon me tomou pela mão, pegou minha bolsa e me levou até a casa.

"Pode entrar e se trocar", disse ela enquanto eu enxugava os olhos e acenava para meus pais. Ainda bem que eu tinha uma muda a mais de roupa.

Quando assumimos um risco, precisamos acreditar que alguém virá em nosso auxílio; e, quando for a nossa vez, estaremos prontos para ajudar outra pessoa. É melhor encarar nosso medo do que fugir dele, porque fugir não vai fazer o medo desaparecer. Quando a gente encara o medo, tem a chance de vencê-lo. Foi assim que comecei a definir a coragem.

Minha terceira lição foi a de começar a enfrentar os valentões, e ela estava ligada a uma série de coisas: medo, aceitação, integração num grupo, popularidade. Como tudo era estranho para mim, geralmente eu não tinha escolha a não ser permanecer em silêncio, observar e aprender. Uma vez que eu já era muito diferente dos outros, minha necessidade de me encaixar era muito menor, e eu podia me dar ao luxo de observar e entender o pessoal sem participar do grupo.

Naquele ano, eu tive uma colega de classe que, aqui, vou chamar de Debbie — uma menina simples e quieta que era ridicularizada porque usava calças de poliéster. Todos debochavam dela, e eu não entendia muito bem por quê. Claro que eu não ia me manifestar e perguntar — vai que eles começavam a zombar de mim...

Hoje, tenho uma frase para essa situação: silêncio é cumplicidade.

Eu tocava violino, Debby tocava viola clássica, e certo dia, depois de nosso ensaio de música na escola, vi Debbie chorando num canto da sala de orquestra. Meu instinto foi o de ir embora, pois, se eu parasse e perguntasse qual era o problema, as pessoas poderiam perceber e me tomar também como alvo. Ninguém falava com Debbie, a não ser para troçar dela. Então me lembrei da regra de ouro da Bíblia: "Como quereis que os outros vos façam, fazei também a eles".

Tomei uma decisão. Saí da sala de ensaio, fui até o banheiro, do outro lado do corredor, peguei um lenço de papel, levei para Debbie e lhe perguntei qual era o problema. Ela me contou que seu pai estava no hospital fazia meses.

Falar com ela me deu a coragem de continuar conversando. A certa altura, convidei-a para dormir em casa. Aí eu soube que Debbie usava calças de poliéster porque a família estava passando por dificuldades financeiras, e as calças de poliéster saíam mais em conta.

Bom, depois disso, comecei a defender Debbie. Uma vez, quando seu pior perseguidor estava pegando no pé dela na orquestra, mandei que ele parasse. Bem na hora que achei que ele viria para cima de mim, algumas amigas minhas vieram em nosso auxílio. Basta que uma pessoa se erga e lute, pois um valentão não gosta de ser desafiado publicamente.

Essa foi uma das primeiras lições que tive sobre como reagir à truculência da mentalidade de rebanho. O que aprendi a respeito da popularidade foi isto: as pessoas gostam de nós quando lhes damos o que querem. A questão é: é isso o que *nós* queremos?

O sistema de ensino público da Toms River me ofereceu gratuitamente aulas de música, de programação de computadores e cursos avançados, de nível universitário, que me permitiam concorrer a uma vaga em universidades da Ivy League — um futuro que anunciava que poderíamos realizar qualquer coisa, desde que nos esforçássemos o suficiente. Quando concluí o ensino médio, eu tinha sido presidente da turma durante três anos e fui eleita "A Mais Promissora".

Como meus pais estavam sempre trabalhando, eu passava muito tempo com meus professores. E um dos que me ajudaram a me tornar quem sou foi Donald Spaulding, coordenador do Programa de Verão para Instrumentos de Cordas das Escolas de Toms River, um homem corpulento, mas ágil, com um rosto barbudo que sempre se desmanchava num sorriso. O sr. Spaulding não só era regente da orquestra e meu professor de violino, como também foi ele quem me ajudou a aprender a tocar oito instrumentos diferentes. Ele incentivava a mim e a outros como eu: crianças à procura de um lugar no mundo. Ele ia me buscar no outro lado da cidade para que eu pudesse tocar em apresentações de verdade e fazer algum dinheiro. Tocávamos em brunches dominicais, no Ground Round, com suas cascas de amendoim pelo chão, em nosso shopping local, em Ocean County, e no parque temático Six Flags Great Adventure.[6]

Ele me incentivou a melhorar como musicista e como pessoa. Para ele, nenhuma ideia minha era inviável.

"Sr. Spaulding, e se a gente tocar 'The Devil Went Down to Georgia'?", perguntei, depois de ouvir um riff que eu queria aprender. Ele parou, pensou, apanhou seu violino, pegou uma pauta e começou a escrever as notas para que eu pudesse acompanhar.

Ele sempre respondia: "Claro, por que não?". Sempre escolha aprender.

Mas teve mais uma lição que a gente aprendeu enquanto estava na órbita de Don Spaulding: ninguém é capaz de fazer algo significativo sozinho. Foi o que a orquestra me ensinou, e também o time de basquete e o de softball, as produções de teatro e o grêmio estudantil. Ainda assim, nossa qualidade como integrante de uma equipe depende de nossas próprias habilidades, de nossa motivação, de nossa resistência.

Eu adorava estar no burburinho da música, uma parte de mim ouvindo e flutuando, outra parte contando as batidas, observando o movimento de nossos arcos, uma parte sempre concentrada no regente, pronta para fazer o acompanhamento, e, como primeiro violino, pronta para conduzir. A magia surgia quando todo o trabalho se dissipava ao fundo e passávamos a habitar o interior da música, interpretando as notas e criando melodias juntos. Para chegar a esse ponto, eram necessárias horas e horas de prática.

Mais tarde, vim a considerar a orquestra como metáfora perfeita para uma democracia sadia: a música nos dava as notas, os sistemas, mas a forma como tocamos, sentimos e acompanhamos — e como a conduzimos — depende apenas de nós mesmos.

Continuei também nos esportes, tentando fugir do rótulo de nerd. Mas eu era uma tremenda nerd. Afinal, eram os livros que me explicavam tudo o que as pessoas não conseguiam explicar

— ou que respondiam a perguntas que eu não conseguia formular. Eu adorava os romances da editora Harlequin, bem como as histórias de ficção científica, que me ajudavam a imaginar outros mundos, como os criados por Isaac Asimov. Mas, acima de tudo, eu era uma *treckie*, uma fã de *Jornada nas estrelas*.

Li todos os volumes da série *Star Trek*, de James Blish, e tinha uma prateleira em casa só para essa coleção. Os livros me ajudavam a entender minha cabeça. Às vezes, eu era o Capitão Kirk, o líder que ouvia suas emoções e seguia seus instintos; em outras, eu era Spock, o vulcano lógico que desconstruía os problemas. Só muito mais tarde vim a entender que eles representavam os dois lados do cérebro e da natureza humana — pensar rápido e pensar devagar, como depois diria Daniel Kahneman. Até hoje, quando me perguntam quais são meus heróis, aponto essa mescla de Capitão Kirk e Spock, análise lógica racional temperada com empatia, instinto e emoções.

Uma coisa que só fui perceber mais tarde foi que eu também estava sublimando as emoções negativas, como a raiva. Nunca conseguia afastar a sensação de estar do lado de fora, observando externamente, tentando entender o que se passava para poder me entrosar. Provavelmente, era por isso que, de certa forma, eu escolhia atividades extracurriculares que tivessem alguma ligação com as Filipinas. Jogava basquete (o esporte mais popular em meu país de origem) e entrei na equipe de xadrez porque, em algum lugar de minha memória, eram partes importantes de um passado que não voltaria mais e que eu ainda precisava entender plenamente.

Alguns desses sentimentos afloraram no momento de me candidatar nas faculdades. Em meu simulado para o exame de admissão, eu lamentava que muitas de minhas realizações, grande parte dessa pessoa em que eu me tornara, eram reflexos do que outras pessoas — pais, professores — queriam que eu fosse. Eu havia tirado as melhores notas quando era importante, mas, em todo esse processo, eu tinha a impressão de ter um diabinho no ombro me instigando a continuar fazendo mais e melhor, a continuar acumulando conquistas e superlativos, porque, do contrário, eu não me integraria.

Eu me inscrevi em treze faculdades, inclusive em programas de medicina de seis anos, academias militares e várias instituições da Ivy League. Meus pais queriam que eu fosse médica. Eu achava que precisava de disciplina. No fundo, eu não sabia realmente quem eu era, mas sentia que precisava realizar alguma coisa. Qualquer coisa.

Eu sabia que a motivação vinha de uma situação de insegurança. Mas eu era pragmática. Mesmo que não entendesse o diabinho no ombro, eu sabia que aprender — e aprender para além dos livros escolares — só iria me ajudar.

Entendi que não tem como errar quando a gente escolhe aprender.

2. O código de honra
Trace a linha

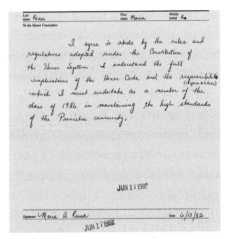

Nos formulários de inscrição de Princeton há um espaço em que o pleiteante declara se comprometer a seguir o código de honra da instituição.

Foi na faculdade que comecei a explorar e a pensar por mim mesma. Minha educação em Manila enfatizava duas coisas: a repetição e a memorização — seguir as regras e falar quando falam com a gente. Nos Estados Unidos, eu tinha feito o mesmo. Até ir para a faculdade.

Escolhi a Universidade de Princeton. Gostava da ideia de que os estudantes podiam se inscrever em minicursos temáticos (pequenos grupos de estudo) com professores de renome mundial, inclusive um prêmio Nobel. E ficava a menos de três horas de carro de Toms River — portanto, eu não estaria muito longe de casa. Eu passava horas andando por aquele campus maravilhoso, com edifícios que irradiavam história, e observando as folhas mudando ao longo das estações. Ou ficava sentada na capela, o que acalmava meu espírito. Às vezes, quando não havia ninguém por perto, eu parava na frente do imponente Blair Arch para encontrar o ponto no meio dele de onde meu sussurro reverberava em todas as paredes. Tarde da noite, voltando da Firestone Library, eu parava no Arco de 1899 para ouvir as apresentações improvisadas de nossos corais, e então voltava para meu dormitório, cantando a última canção.

Eu havia sido colocada num quarto de oito metros quadrados, onde cabiam apenas uma cama, uma cômoda e uma mesa. Mamãe me trouxe uma estátua enorme da Virgem Maria e colocou-a em cima da cômoda, olhando para a cama. Eu nem notava como aquilo era estranho — embora desse pano para muita conversa com meus namorados momentos antes de cairmos no sono.

A religião era, para mim, uma questão de enorme importância e bastante espinhosa. A profunda devoção da minha avó tinha incutido, em mim e na minha irmã, a religião organizada. Ela nos fazia rezar o terço duas vezes por dia, de manhã e à noite, e ir quase todos os dias à missa. Em meu ano de caloura, estudei as cinco principais religiões do mundo: o cristianismo, o budismo, o islamismo, o judaísmo e o hinduísmo. Eu queria definir minhas crenças em termos lógicos, mas é claro que as religiões não têm nada a ver com a lógica. Durante algum tempo, pensei em me tornar budista, mas aí o cotidiano se impôs e minhas crenças se entremearam com o que eu estudava.

Ingressei em Princeton para cursar os estágios preparatórios da formação em medicina e, nos primeiros dois anos, cumpri todos os requisitos para o curso. Vi como as regras da ciência, da física, eram filosóficas, tal qual as leis da termodinâmica: entropia, caos, a necessidade de energia para manter a ordem. Ou as leis de movimento de Newton, dentre as quais minha favorita era a terceira: para toda ação, havia uma reação igual e contrária. Ou o princípio de incerteza de Heisenberg, que usei como epígrafe em meu primeiro livro: o próprio ato de observar muda aquilo que estamos observando, e quanto mais nos aprofundamos no objeto de nosso estudo, mais incognoscível ele se torna. Quem disse que a religião e a ciência não andavam de mãos dadas?

Mas o que mais me moldou e me infundiu valores durante a faculdade foi o Código de Honra. Em todos os trabalhos e em todas as provas, os estudantes em Princeton devem escrever: "Dou minha palavra de que não transgredi o Código de Honra durante este exame".

Quando escrevemos isso, garantimos não só nosso comportamento, mas também o de todos em nosso entorno. O professor entrega a folha de exame e depois sai da sala. O que está implícito nessa declaração é que, se virmos alguma outra pessoa colando ou trapaceando, avisaremos, porque, caso contrário, isso ferirá nossa própria honra. Somos responsáveis não só por nós mesmos, mas também pelo mundo à nossa volta, em nossa esfera de influência.

Adoro essa ideia. Embora não pensasse muito sobre o Código de Honra quando estava na faculdade, eu já vivia de acordo com seus termos. Só mais tarde percebi que eu apenas supunha que todos faziam o mesmo: assumir responsabilidade pelo mundo ao nosso redor. Alguns parentes e amigos viriam a criticar esse traço do meu caráter como dogmático e elitista, e pode ser irritante, imagino eu. Mas o código estrito de honra simplificava o mundo para mim e me ajudava a tomar decisões rápidas.

Esse Código de Honra me ajudou a definir meus valores bem cedo e de forma bem clara — antes que eu pudesse me sentir tentada, por um dilema moral qualquer, a racionalizar o mau comportamento, o comportamento egoísta. Ajudou-me a evitar a ética situacional em períodos posteriores da minha vida. Era simples. Trace a linha: de um lado dela você é uma boa pessoa; do outro, uma má.

Em Princeton ficou claro que minha paixão eram as artes, não as ciências. Assumi uma carga horária enorme, de modo que consegui incluir em minha grade todos os meus interesses: literatura comparada, Shakespeare, teatro, encenação, criação de peças, psicologia, história. Essas disciplinas me ensinaram a lidar com as pressões do dia a dia e a compreender minha história e minha identidade. Permitiram-me entender a que ponto eu compensara o fato de ser uma outsider, sempre em busca da perfeição para preencher a falta de pertencimento a um grupo. E fomentaram minha tendência de inquirir, de questionar por que estávamos neste planeta e o que me cabia fazer aqui.

Dentre todas essas disciplinas, foi com o teatro que aprendi mais, até mesmo coisas simples, como respirar: deitar, respirar fundo, visualizar o ar e a energia entrando e saindo, concentrar-se naquele instante. Deixar o corpo e a mente trabalharem juntos para estar absolutamente presente. Outro exercício no teatro eram os espelhos, em que um líder e um seguidor encontram a linha que separa os atos de liderar, seguir e criar. Esses exercícios podem parecer simples, mas se revelaram incrivelmente úteis em alguns dos piores momentos da minha vida.

Foi numa dessas aulas de teatro, também, que questionei o que me parecia ser um comportamento injusto e acabei solidificando um dos relacionamentos mais importantes para mim.

Leslie Tucker, uma afro-americana de pele parda, foi uma das primeiras pessoas que conheci em Princeton. Alta, bonita, charmosa, parecia o oposto de mim. Ela era engraçada, com talento nato para contar histórias, uma pessoa que, sem qualquer esforço, atraía os holofotes. Era também brutalmente franca, às vezes até maldosa, o que, em vez de ofender as pessoas, fazia com que rissem junto com ela.

Toda semana, no curso de criação de peças de teatro, apresentávamos cenas para a turma avaliar e criticar. Leslie sempre fazia comentários perspicazes, e seu melhor amigo era um rapaz bonitão, Andrew Jarecki. Juntos, os dois estavam sempre rindo entre si e, imaginava eu, gozando dos outros. Chegou então uma época em que Leslie deixou de fazer as tarefas e de entregar suas cenas, mas continuava participando das críticas. Um dia eu me fartei.

Estávamos sentados em círculo e Leslie fazia suas habituais críticas pesadas que, mesmo assim, sempre fascinavam nossos professores.

"Com licença", interrompi. "Ainda não lemos nenhuma cena sua, Leslie."

Houve um silêncio atônito, inclusive de minha parte. Eu tinha de fato me pronunciado em alto e bom som. E, dirigindo-me à turma, prossegui:

"Vocês não acham que Leslie devia entregar a cena dela?"

Leslie me olhou com ar intrigado e respondeu:

"Não entendi muito bem aonde Maria quer chegar."

Interrompi outra vez, com o coração na boca, e perguntei:

"Isso vem acontecendo faz algumas semanas. Vocês acham justo?"

Nosso professor foi obrigado a abordar a questão, e tive uma leve sensação de justiça.

Depois da aula, Leslie me perguntou por que eu a havia questionado, e isso nos levou a uma série de conversas. Eu ficava assustada com o riso fácil, o ar informal com que ela soltava críticas pesadas. Mas sua agudeza e sua sinceridade brutal me ensinaram outra coisa: que, para ter uma visão clara do mundo, precisamos nos fazer as perguntas mais duras. Leslie sempre atacava na jugular, mas sua perspicácia me inspirava à introspecção.

Aquele dia, na classe, não apenas fiz o mesmo com ela, como também aprendi que traçar a linha, questionar a injustiça e ser sincera, embora fosse desconfortável, muitas vezes significava dar movimento à vida, trazendo-lhe algo novo.

Ao questionar Leslie e entender seu código pessoal de honestidade, não só teve início uma de minhas amizades mais importantes, mas também minha própria maneira de estar no mundo se transformou. O silêncio ou a aceitação não mudavam nada. A manifestação era um ato de criação.

Nas aulas de criação de peças de teatro, também aprendi a ser criativa de modo mais consciente, a ficar à vontade com a incerteza e a continuar explorando. Minha tendência sempre tinha sido a de evitar emoções negativas, como a raiva, mas meu professor de atuação me fez mergulhar na emoção. Um dia, no meio de uma cena em classe, finalmente senti uma explosão liberadora, e toda a raiva que eu havia sublimado aflorou de uma só vez. Passei as duas semanas seguintes de meu terceiro ano sem conseguir controlar minha fúria, que continuava irrompendo em surtos estranhos.

A tentativa de entender as razões por trás da minha ira me levou de volta ao passado. Meu namorado recomendou que eu lesse *O drama da criança bem-dotada: Como os pais podem formar (e deformar) a vida emocional dos filhos*, de Alice Miller,[1] que me forneceu uma percepção fundamental: há pessoas de sucesso que, devido a suas experiências de infância, aprendem a suprimir as emoções uma vez que tenham realizações na vida. "Saem-se bem, até otimamente, em tudo o que fazem; são admiradas e invejadas; têm sucesso sempre que tentam", escreve Miller. "Mas, por trás de tudo isso, espreita a depressão, um senso de vazio e afastamento de si mesmo, e uma sensação de que sua vida não tem sentido."

E então li algo que me fez lembrar o diabinho em meu ombro, sempre me instigando a fazer melhor: "Mas o acesso [dessas pessoas] ao mundo emocional de sua infância é prejudicado — caracterizado por uma falta de respeito, uma compulsão de controlar e manipular, uma exigência de realizações".[2]

Vim a perceber que eu talvez tivesse suprimido muitas experiências de minha infância — a saída abrupta de minha terra natal, o terror de ser estrangeira em Nova Jersey — como forma de sobreviver e me tornar uma pessoa bem-sucedida, talvez até poderosa. E para mim seria fundamental nunca ser manipuladora nem abusar desse poder. Eu queria um equilíbrio entre minhas aspirações e a regra de ouro — fazer aos outros o que queremos que eles nos façam.

Outro texto essencial para mim naquela época foi "Tradição e talento individual", de T.S. Eliot. Ele defendia que a maneira como lemos Shakespeare é afetada pelo último romance que lemos, e o último romance que lemos é afetado pelo fato de termos lido Shakespeare. Essa noção acaba com o tempo, o espaço e a tradição, porque o passado e o presente coexistem para se alterarem mutuamente e criarem o futuro. "A emoção da arte é impessoal", escreveu ele. "E o poeta não consegue alcançar essa impessoalidade sem se render integralmente à obra a ser feita. E é improvável que ele saiba o que há a ser feito, a menos que viva naquilo que não é meramente o presente, mas sim o presente momento do passado, a menos que esteja consciente, não do que está morto, mas do que já está vivendo."

O presente momento do passado.

Comecei a entender que a obra de arte que estamos criando é nossa vida. Que a pessoa que somos hoje é engendrada por todos os nossos eus passados (como a pessoa que éramos aos dez anos), mas que nossas ações no presente alteram de fato aquelas nossas versões anteriores. Eu não precisava continuar a ser aquela criança voltada para as realizações, afastada de mim mesma, de meu passado e de minhas emoções. A pessoa que sou é um ato de criação; posso me apoderar do passado, transformar tudo o que aprendi e converter em algo novo. Controlo quem sou e quem quero ser.

Sempre pragmática, eu agora estava ciente de um problema. Então decidi resolvê-lo da maneira mais construtiva possível — uma combinação de Capitão Kirk e Spock.

Coloquei-me um duplo desafio: como entender o mundo e meu lugar nele, e como criar autoconfiança, controlando, ao mesmo tempo, meu ego. Queria alcançar um "espelho vazio",[3] conceito que tirei de um livro sobre um mosteiro budista: ficar diante de um espelho e enxergar o mundo sem minha imagem obstruindo a visão. Queria conhecer a mim mesma a tal ponto que, abordando o mundo a meu redor e reagindo a ele, eu poderia me retirar da equação. Isso é abnegação.

Naquela época, eu não tinha nenhum interesse pela política ou pelos eventos mundiais. Quando, no campus, passei por um grupo de estudantes que protestava contra o apartheid na África do Sul, não parei para ratificar o abaixo-assinado.[4] Não sabia do que se tratava e estava correndo para a aula. As Filipinas existiam para mim como uma lembrança vaga e intrigante.

Contudo, para meu trabalho de conclusão de curso, comecei a pesquisar para uma peça chamada *Sagittarius*, que seria uma tentativa de lidar com meus demônios pessoais — uma alegoria política que propusesse uma reflexão sobre a conjuntura nas Filipinas, bem como sobre minha história familiar.

Durante meus anos de faculdade, Ferdinando Marcos ainda era o presidente das Filipinas. Àquela altura, já era também um ditador que manipulava as eleições, usava as forças armadas para impor seu poder e montara uma cleptocracia que lhe permitiu roubar 10 bilhões de dólares de seu país. Sua esposa, Imelda Marcos, com sua infame coleção de sapatos, comprava perfumes caros não em frasquinhos, mas aos litros. A ostentação de ambos era escabrosa, humilhava o povo.

Em 21 de agosto de 1983, Benigno "Ninoy" Aquino Jr., líder exilado da oposição e adversário de Marcos de longa data, retornou às Filipinas. Ele estava ciente dos riscos de voltar para Manila; chegou a dizer à mídia que usaria um colete à prova de balas. Ao descer do avião, Aquino foi atingido na pista do aeroporto por tiros disparados pelas forças de segurança que trabalhavam para Marcos.[5] Foi um dos momentos mais chocantes da história filipina.

A viúva de Benigno, Corazón, conhecida como Cory, se tornou líder da oposição. Contra todas as expectativas, em 1986 a viúva se levantou contra o ditador. No ano em que me formei em Princeton, o presidente Marcos, que estava no poder por mais de vinte anos, anunciou eleições antecipadas. E Cory concorreu como adversária dele. Era Davi contra Golias, o bem contra o mal.

Marcos declarou sua vitória, mas Aquino e os apoiadores dela se recusaram a aceitar o resultado. Centenas de milhares e, depois, milhões de pessoas afluíram para uma das mais importantes vias de Manila, EDSA, uma avenida movimentada, de várias pistas, ladeada por acácias luxuriantes e prédios altos e que separava os quartéis da polícia e das forças armadas. Os manifestantes também se aglomeraram no Palácio Malacañang, a casa de Marcos, o equivalente filipino da Casa Branca. Muitos imaginavam que os militares abririam fogo contra a multidão. Mas os soldados desafiaram a ordem de Marcos de atirar contra seu próprio povo.

Os protestos foram chamados de Poder do Povo e permanecem na memória coletiva dos filipinos como um dos momentos democráticos mais heroicos de nossa história, uma prova do que o povo filipino é capaz de fazer diante das piores repressões.

O levante pacífico derrubou um ditador que estava no poder havia quase 21 anos[6] e foi um estopim para levantes em defesa da democracia em todo o mundo — na Coreia do Sul, em 1987; em Mianmar, em 1988; na China e na Europa Oriental, em 1989, quando o ex-dissidente e presidente tcheco Václav Havel agradeceu aos filipinos por inspirarem sua revolução democrática.[7]

Em minha peça teatral, imaginei uma avó, uma representação de Marcos, disputando com uma mãe, uma representação de Cory Aquino, a guarda e o amor de uma criança: o povo filipino. Ao escrever essa peça, dando um enquadramento brechtiano à minha busca pessoal pela verdade em minha própria família, encontrei o caminho para o que considero o micro e o macro da vida. O que se revelou em minha peça — embora já soubesse conscientemente — foi uma percepção mais profunda de que o pessoal é político. Tomada por conflitos de lealdade aos diversos personagens da peça, também descobri um senso maior de empatia no interior da política e dos atores políticos. Aquele foi meu exorcismo pessoal, uma maneira de fazer perguntas que minha família tentara evitar ao máximo.

Minha família compareceu à noite de estreia da peça no Theater Intime, o teatro estudantil do campus. Quando as luzes se acenderam e fomos chamados ao palco, vi meus pais chorando na plateia. Eu também chorava. Alguns meses depois, estreamos minha peça no Festival Fringe, em Edimburgo, na Escócia.

Aquele "presente momento do passado" foi um período de intensa exploração intelectual, mas mesmo então eu sabia que o intelecto é falho quando desprovido de emoção — e que alguns dos maiores discernimentos a que chegamos só podem vir à tona quando nos soltamos, coisa que eu ainda relutava fazer. Meu lado Spock ditou muito do que fiz naqueles anos iniciais. Estava aprendendo a tomar decisões, mas, com medo de errar, às vezes demorava demasiadamente para decidir. Eu sentia como se houvesse coisas demais em jogo antes de me formar.

Apesar disso, sempre que estava desorientada ou que precisava tomar uma decisão rápida, comecei a desenvolver uma fórmula: encaro aquilo que me dá medo, minimizo meu ego e então sigo a regra de ouro e o Código de Honra.

Sempre funciona.

Todos nós queremos pertencer a algum lugar.

Nunca havia me sentido totalmente norte-americana. Sabia que faltava alguma coisa, e decidi procurar. Se não sou estadunidense, pensei, então devo ser filipina. (Tenho saudades da simplicidade daqueles dias.) No ano em que me formei, depois de fazer tudo o que tinha de fazer, deixei de lado as propostas de trabalho nas empresas, a escola de medicina, a faculdade de direito, e me inscrevi para uma bolsa Fulbright. Prosseguindo na jornada que se iniciara quando escrevi a peça, eu voltaria para as Filipinas — procurando minha avó, procurando minhas raízes, procurando um lar.

Lar. Um local seguro. Um santuário. A palavra toca em algo visceral. Significa segurança; o que fazemos não importa, somos aceitos pelo que somos. Aos dez anos, dentro do carro, ao deixar St. Scholastica com minha mãe e meu novo pai, lembro que me perguntava se devia sair correndo. Se devia voltar para a casa da minha avó. Quando um professor perguntava onde era meu lar, eu me esquivava à pergunta existencial e respondia com o lado esquerdo do cérebro: dava meu endereço.

O lar é uma questão de raízes emocionais: a cultura, a comida, os valores implícitos, o calor da familiaridade. Você pertence àquele lugar. O lar tem rituais próprios que marcam o decurso do tempo e lhe conferem sentido.

Acabei me sentindo à vontade como alguém de fora olhando para dentro, querendo ser dali, mas satisfeita em observar. Aprendi a ouvir e a aprender, a realizar e a me destacar, mas só depois de concluir a faculdade é que encontrei a coragem de explorar.

3. A velocidade da confiança
Seja vulnerável

Exercícios de treinamento na selva, final dos anos 1980.

Portas corrediças. Sempre tinha me perguntado como eu seria, que vida estaria levando se meus pais tivessem me deixado nas Filipinas. O que me atingiu quando saí do aeroporto de Manila foi uma rajada de umidade, calor e barulho. Era a primeira vez que eu voltava, depois de treze anos.

Fui a Quezon visitar minha avó paterna, tão grande e imponente em meu espírito infantil. O passado e o presente colidiram quando me dei conta de que morávamos a poucas casas de distância da residência de Cory Aquino na Times Street, agora, depois que se tornara presidente, cercada de seguranças. Enquanto esperava na sala de estar, olhei para o piso de mármore e para o quintal descuidado, que em minha memória se estendiam interminavelmente. Agora, tudo parecia pequeno.

Minha avó saiu do quarto, passou em frente ao altar no corredor, onde antes todos nós rezávamos juntos. Continuei sentada enquanto ela se sentava à minha frente. Era muito menor do que eu lembrava, um pouco encurvada, de forma alguma imponente. Ela começou a falar, e tinha sotaque carregado. Aquilo destoava. Em minha cabeça, de certo modo eu achava que ela falava inglês americano. Olhei o mato crescido no quintal e me lembrei do caminho para as dependências de empregada nos fundos. Ou inventei aquilo? Havia um ar de decadência, e tudo me relembrava a srta. Havisham em *Grandes expectativas*, de Charles Dickens.

Tudo se ajustou no momento presente do passado.

Eu estava ali, em parte, para agradecer à minha avó por me fornecer os valores que ajudaram a fazer de mim quem eu era, mas a vida real é muito mais complicada. As lembranças são enganosas. Ela então se lançou a uma crítica indireta de minha criação, ainda tentando fazer com que eu me voltasse contra minha mãe. Ao ouvi-la, comecei mentalmente a formular comentários incessantes, enquanto abanava a cabeça concordando com ela. Sentia-me perdida, em parte porque era tão americana e minha avó tão filipina. Creio que a desapontei tanto quanto ela me desapontou. De certa forma, eu achava que, ao voltar, teria respostas instantâneas sobre minha identidade.

Preferi me concentrar em meu projeto da Fulbright. Antes de voltar para Manila, eu tinha terminado uma produção da peça *Sagittarius* de meu TCC no Festival Fringe de Edimburgo, na Escócia. Para o cartaz da peça, eu tinha usado a última capa da *Philippines Free Press*, uma revista filipina de notícias publicada em inglês. Um dia antes de Ferdinando Marcos instaurar a lei marcial, a charge editorial da primeira página perguntava: "Você quer viver sob um ditador?". Meu projeto para a Fulbright era explorar o papel do teatro político em promover mudanças na política.

Assim, entrei na Philippine Educational Theater Association (Peta), que tinha dezenove anos de existência, um polo do teatro *agit-prop*, que havia desempenhado um papel importante no Poder do Povo, levando gente para as ruas a fim de derrubar Marcos. Durante algum tempo, reinou o júbilo no país, os filipinos orgulhosos de sua coragem e esperançosos sobre o futuro.

Minha mãe me contou que, quando nos tirou da escola, em novembro de 1973, para nos levar para os Estados Unidos, eu tinha perguntado: "E a Twink?".

Muriel "Twink" Macaraig e eu nos conhecíamos desde que tínhamos, respectivamente, quatro e cinco anos. Diminutivos estranhos são normais nas Filipinas — homens adultos chamados de Boy e funcionários do governo chamados de Joker. Eu me lembrava de Twink como uma das meninas mais altas do terceiro ano, bagunceira, sempre correndo de um lado para o outro, com uma listra fina de suor acima do lábio superior. Mas não nos víamos desde o dia em que eu tinha saído daquela sala de aula, treze anos antes. Ela soube por minha prima que eu estava voltando para as Filipinas. Mais tarde, ela me contou o tumulto que nosso "sequestro" criara em 1973, e que tinha sido por isso que ela estava tão curiosa em ver o que havia acontecido comigo.

Twink tinha se tornado uma moça esbelta, bonita, segura, que, como muitos outros, decidira, depois do Poder do Povo, fazer um teste para a função de âncora no canal do governo, a People's Television 4, ou PTV 4. Ela vinha de uma família de advogados e jornalistas, e adorava contar histórias: anedotas engraçadas e envolventes que me ensinaram muito sobre as Filipinas dela.

Ela me procurou e reiniciou nossa amizade, introduzindo-me em seu mundo. Uma vez, ela me levou à estação de TV do governo para sua transmissão no começo da noite. Quando entramos na sala de notícias, vi o pessoal batendo à máquina nas mesas diante da bancada de telas de TV, todas em volume alto, sintonizadas em canais diferentes. Na direita da sala, o teletipo estava literalmente cuspindo notícias. Havia um leve cheiro de fumaça de cigarro no ar.

Segui Twink até o estúdio, atravessando corredores totalmente escuros. Depois que os edifícios tinham sido ocupados após o Poder do Povo, pouco se gastou para consertar as telhas quebradas ou as lâmpadas queimadas. O fedor de urina permeava os corredores escuros onde espreitavam gatos de rua.

Mas não havia nada que se comparasse à euforia de um programa de notícias ao vivo! Eu adorava como os diversos elementos — desde os redatores na sala de redação aos condutores dos roteiros e aos técnicos e câmeras — se juntavam para levar um programa ao vivo até a casa das pessoas. Os roteiros às vezes eram escritos poucos minutos antes e até mesmo durante o programa. Eu ficava fascinada quando arrancavam a folha dos roteiros e a passavam para os âncoras alguns segundos antes de lê-los no ar, enquanto o pessoal da gravação chegava com VTRs — fitas de ¾ de polegada — bem na hora de colocá-las nos gravadores U-matic, segundos antes que o diretor gritasse: "Rodando!".

Tal como a orquestra estudantil da minha juventude, era um grupo de gente fazendo música juntos, com a exceção de que aqui se tratava da primeira página da história sendo escrita, criando tremendo impacto. Os sistemas, que precisavam se adaptar à transmissão das últimas notícias, dependiam apenas dos pontos fortes e dos pontos fracos dos integrantes da equipe.

Twink me apresentou à sua colega Betsy Enriquez, a âncora mais experiente da estação com quem ela dividia a transmissão. A terceira âncora era Judith Torres, ex-cantora cujo inglês, sem sotaque, como eu veria depois, se traduzia num texto claro e incisivo. Mal sabia eu como nossas vidas e carreiras iriam se entrelaçar.

Como Twink também transmitia o jornal do começo da noite, tornou-se um ritual quase diário jantarmos entre os noticiários. O diretor do programa das dez da noite era um veterano grisalho de quem todos gostavam, mas que vivia caindo no sono na sala de controle. Eu ficava espantada em ver como a equipe do estúdio conseguia seguir adiante. E, mesmo nunca tendo dirigido um noticiário, eu imaginava que me sairia melhor do que alguém dormindo no ponto. Dali a algumas semanas, eu tinha convencido os gerentes da PTV4 a me deixarem dirigir o último noticiário noturno.

Os problemas do setor de comunicação das Filipinas espelhavam os problemas da cultura política e corporativa do país. Isso se aplica a qualquer democracia, que é definida por suas instituições, mas especialmente a uma democracia emergindo de uma ditadura, lutando para criar uma cultura democrática. Como a força, a transparência e a fidedignidade dos meios de comunicação estavam associadas à sobrevivência das Filipinas como democracia, logo percebi o que estava de fato em jogo — que eu poderia contribuir mais para a evolução e a saúde do país no jornalismo do que em qualquer outra atividade. Hoje, isso se perdeu de vista — e as plataformas e as redes sociais têm feito o máximo para destruir esses valores antes universais —, mas, nos anos 1980, outro fato de concordância geral, e que constituía um dos fundamentos de nossa realidade em comum, era que sem um bom jornalismo, sem a sólida apuração de fatos e de informações, não haveria democracia. O jornalismo era uma vocação.

A corrupção era um dos principais problemas das Filipinas. Ela estava presente no governo, no setor de comunicação e na vida cotidiana. Os políticos e a polícia abusavam impunemente do poder que detinham, os canais de televisão se autocensuravam para ter maior audiência, os funcionários públicos exigiam pequenas propinas dos cidadãos comuns. O que acontecera nos meios de comunicação estava acontecendo também em todos os setores econômicos das Filipinas; as pessoas preservavam as relações, a despeito dos fatos. Mesmo a presidente Cory Aquino afirmava, como parte de sua filosofia, que os filipinos deviam privilegiar a reconciliação mútua em vez de cobranças e punições pelos anos do governo Marcos. Na época, essa posição fazia um certo sentido: o país precisava se recuperar após superar uma ditadura.

A mídia tinha não só uma longa história de controle estatal sob Marcos, mas também uma tradição de corrupção, o que então chamávamos de "jornalismo de envelopamento", em referência aos envelopes de dinheiro que eram frequentemente distribuídos aos jornalistas pelos organizadores das coletivas de imprensa. Os bons profissionais não aceitavam os envelopes, mas silenciavam a respeito daqueles que o faziam. Na época, a maioria dos jornalistas na ativa reconhecia, em privado, que existia corrupção em nossas fileiras, mas desviava o olhar. O raciocínio era que, no fim das contas, aquela pessoa tinha uma família para sustentar. Os jornalistas que expunham a corrupção eram, muitas vezes, os primeiros a serem atacados. Isso não mudou.

Mesmo os estúdios e as instalações de transmissão da PTV4 em Quezon constituíam um ponto central da história filipina contemporânea, e um símbolo da transição democrática. Construídos originalmente pelo canal de notícias ABS-CBN em 1968, esses estúdios recém-inaugurados foram fechados e tomados pelo governo quando Ferdinando Marcos instaurou a lei marcial, em 1972. Os comparsas de Marcos tomaram as instalações de seus proprietários, a família Lopez, e as transformaram na Maharlika Broadcasting System (MBS). Quando o Poder do Povo derrubou Marcos, a MBS se tornou a PTV4.

Havia uma desconexão entre o pessoal novo, como Twink, Judith e eu, e a velha guarda, da época em que a estação ainda era a MBS, sob Marcos. A velha guarda tinha aprendido a fazer o mínimo possível, pois fazer mais não trazia retorno e muitas vezes acarretava punições.

Aqueles âncoras, importantes na época de Marcos, não tinham lugar no novo mundo. Todos os que tinham aparecido antes no ar, os âncoras estabelecidos do governo Marcos, ficaram manchados e foram demitidos. Após o Poder do Povo, Twink e Judith tinham resolvido, como muitos outros, fazer testes para as funções de âncora no canal do governo, a PTV4. Ao longo de vários dias, a audiência votou em seus favoritos, e então a direção do canal escolheu os novos âncoras para representar o novo país. Esse grupo novo, que tinha feito os testes publicamente, se tornou um símbolo das novas Filipinas, tanto quanto os manifestantes tomando o Palácio Malacañang. Twink e Judith se opunham ao estereótipo das mulheres filipinas. Confiantes e inteligentes, elas eram arrojadas, denunciavam a hipocrisia e ressaltavam a diferença entre branco e preto, principalmente depois de Marcos.

A PTV4 tinha várias razões para me contratar: não pedi salário, pois tinha uma bolsa Fulbright, e, com Twink e Judith, eu já dispunha de uma equipe pronta. Em poucos meses, fomos autorizadas a redigir, editar, supervisionar, dirigir e produzir um programa diário de notícias ao vivo — só nós.

Foi nisso que utilizei meu Fulbright: como palco da vida real, escolhi o jornalismo.

Eu passava o período das sete da manhã até a meia-noite na redação e nos estúdios. O que logo aprendi foi a relação direta que há entre a qualidade dos programas e a base oferecida por uma organização de mídia livre. Além dos elementos básicos da produção, trabalhei para criar padrões e programações melhores. O chefe dos noticiários só abanava a cabeça e desconsiderava me enxergando como estrangeira, mas Twink e Judith eram filipinas que queriam melhorias. Quanto mais fazíamos, mais queríamos fazer.

Comecei a entender o conceito de "fluxo de trabalho": um processo padronizado, passo a passo, para produzir excelentes matérias. Cada passo exigia um rigoroso controle de qualidade. Nas Filipinas, havia um custo pessoal em apontar um erro ou exigir mais numa cultura de trabalho; o prioritário era, desde muito tempo, as RITS, "relações interpessoais tranquilas". Assim, criamos nossa própria equipe, infundindo-lhe energia com a visão do tipo de noticiário que desejávamos desenvolver.

Queríamos a mais rigorosa edição dos vídeos, numa sequência adequada para narrar uma história, em vez de imagens de cobertura ociosas e sem significado. Escrevíamos nosso texto usando os verbos no presente: frases curtas, sólidas, ativas e afirmativas, em vez das frases longas e complicadas que tinham se tornado costumeiras. Exigia tomadas de câmera mais fechadas, o que significava que os câmeras do estúdio — e sim, eram todos homens — não podiam ficar sentados na cadeira durante um programa ao vivo.

Também comecei a entender a autocensura de outra maneira. É difícil eliminar velhos hábitos formados sob uma ditadura. Sempre era fácil detectar a autocensura na leitura de um âncora, porque o fraseado mostrava um viés para agradar ao chefe ou, no mínimo, para não desagradar ao poder. Na primeira vez em que apontei um caso de autocensura, realmente eu não tinha entendido por que o roteiro estava escrito daquela maneira tão sinuosa. Na sala de redação, parecia entranhado o hábito de desviar a responsabilidade do governo. Twink pegou imediatamente a caneta e reescreveu a passagem que eu havia questionado; por causa disso, foi chamada à sala do chefe de notícias, para explicar sua decisão.

Em quatro meses, eu havia desenvolvido e comandava o primeiro programa de atualidades da rede, o *Foursight*,[1] com uma equipe de criação jovem e cheia de energia. Ainda o considero um modelo para todas as minhas iniciativas futuras. Havia um senso de missão incrível — era como se estivéssemos escrevendo o presente e reescrevendo a história, corrigindo os erros passados. Era uma época em que os jornalistas, guardiões da esfera pública, assumíamos de verdade as nossas responsabilidades. Todos examinávamos nossos programas linha a linha — primeiro o repórter, então o produtor, o produtor executivo e depois o departamento jurídico. Considerávamo-nos responsáveis por cada palavra de cada frase.

Eu reiterava os pedidos de mais verbas para a PTV4. Perguntava se podíamos limpar os corredores, trocar as lâmpadas queimadas, nos livrar dos gatos de rua e do fedor. Ouvia em resposta longos sermões sobre as verbas e orçamentos do governo, e o volume de trabalho e de dinheiro demandado só para manter tudo funcionando. Em minha cabeça, essa era a mentalidade da mediocridade, quando a gente aceita o que tem em vez de pressionar por mais.

A transição da ditadura para uma democracia foi turbulenta. No ano em que voltei, a presidente Cory Aquino enfrentou seis tentativas de golpe de Estado. É isso o que acontece quando os militares derrubam um governante que permaneceu tanto tempo no cargo, como Marcos, e percebem que têm o poder de voltar a fazê-lo. Os militares que haviam derrubado Marcos, que se denominavam Movimento de Reforma das Forças Armadas, continuaram tentando derrubar Aquino, insatisfeitos com uma líder mulher que julgavam fraca. As primeiras cinco tentativas de golpe foram descobertas com antecedência e sufocadas de modo relativamente rápido e com pouca violência.

Estávamos inevitavelmente implicados nas tentativas de golpe, porque, durante uma tomada militar do poder, como logo aprendi, uma das primeiras coisas que os militares rebeldes fazem é tomar a estação oficial de rádio ou de televisão para ter controle sobre as informações. A mídia é sempre crucial para a manutenção do poder político; as ondas sonoras são a primeira coisa que qualquer ditador tem a necessidade de controlar. Na verdade, o estopim para a revolução do Poder do Povo tinha sido a rádio, quando Jaime Cardinal Sin, arcebispo de Manila, incentivou o povo a tomar as ruas. Foi aí que percebi a importância da mídia noticiosa, o peso fundamental de sua sobrevivência e integridade para uma democracia.

A sexta tentativa de golpe, e a mais violenta, contra Aquino começou nas primeiras horas do dia 28 de agosto de 1987. Soldados rebeldes ocuparam nossos estúdios de transmissão, junto com o Palácio de Malacañang, a Base Aérea de Villamor e outros locais estratégicos. Eu havia passado a noite anterior editando no subsolo do nosso escritório. Quando me dei conta do que estava acontecendo, escapei para o Hotel Camelot, ali vizinho, onde meu namorado da faculdade estava hospedado. Lá ficamos assistindo pela televisão a um breve tiroteio entre os soldados rebeldes e a polícia, ao fim do qual o governo retomou o controle dos locais. Mais de cinquenta pessoas morreram nesse atentado. A relação entre mídia e política se gravou em mim desde cedo, sobretudo porque, nas Filipinas, parecia que nosso passado político estava sempre voltando para nos assombrar.

Por volta dessa época, recebi uma ligação de Cheche Lazaro, então diretora do departamento de Relações Públicas da poderosa ABS-CBN e âncora do *Probe*, seu respeitado programa de documentários noticiosos. O governo Aquino tinha devolvido as instalações de transmissão de Quezon, outrora porta-voz de Ferdinando Marcos, para a ABS-CBN, que concordou em dividi-las, durante algum tempo, com a PTV4. À diferença dos noticiários existentes que iam ao ar em inglês, o jornal do horário nobre da ABS-CBN empregava a língua filipina e dominava os índices de audiência. Quando Cheche me convidou para trabalhar com ela, aceitei. Assim, além de dirigir os noticiários na PTV4, também dirigia, produzia e editava, com Cheche, os documentários do *Probe*.

Estava lotada de trabalho, e exercia um poder que ninguém com a minha idade jamais tinha tido e aproveitava avidamente a experiência. Mas o prazo da bolsa Fulbright estava chegando ao fim. Meu namorado da faculdade tinha vindo me visitar, em parte para assegurar que eu voltaria para os Estados Unidos.

Então Cheche decidiu criar uma empresa própria e me convidou para acompanhá-la. Ela tinha o projeto de criar um programa de atualidades de verdadeiro jornalismo investigativo, e seu entusiasmo me contagiou. Queríamos provar que os filipinos mereciam uma programação melhor, e não havia melhor momento para tentar do que aquele, após o Poder do Povo, quando se devia atender à exigência popular de uma liderança melhor com uma boa governança.

Mas havia um problema: eu tinha de pagar os empréstimos estudantis, que eram caros, e o *Probe* não tinha condições de me pagar nem sequer um salário que desse para alugar um apartamento. Cheche propôs uma solução: além de trabalhar para ela, eu moraria com a sua família. Não pensei duas vezes.

Meus pais acharam que eu tinha enlouquecido; disseram que eu estava jogando fora minha educação em Princeton. Em vez de voltar à minha vida nos Estados Unidos depois da bolsa Fulbright, fui me despedir da família e dos amigos e voltei para Manila, com a passagem de ida e volta que Cheche havia comprado para mim. Era uma decisão que mudava tudo — e foi uma das melhores que tomei na vida.

Escolhi aprender, mas era mais do que isso — aprendi a confiar, a baixar a guarda e ficar vulnerável. Desde então, raramente me desapontei. Isso, para mim, é força, e é por isso que acredito na bondade da natureza humana. Quando estamos vulneráveis, criamos os vínculos mais fortes e as possibilidades mais inspiradoras.

Grande parte do que sou hoje como jornalista e líder se formou no *Probe*, onde montei sistemas e desenvolvi nossos formatos de programa, fazendo pessoalmente cada tarefa: como roteirista, diretora, produtora, editora de vídeo e produtora executiva. Aos vinte e poucos anos, aprendi a criar e a formar uma equipe que era mais forte do que a soma de suas partes. O *Probe* me forneceu o treinamento mais rigoroso no setor de comunicação — provavelmente melhor do que teria se trabalhasse numa rede de TV nos Estados Unidos. Eu não estava apenas aprendendo a fazer: estava aprendendo a liderar. Assumíamos projetos e prazos que alguém de mais idade teria deixado de lado, adotando um ritmo frenético de trabalho. É o que acontece quando deixamos que jovens sonhadores malucos montem um sistema.

Morei por mais de dois anos com Cheche e sua família, no bairro nobre de Dasmariñas Village. A essa altura, Cheche era jornalista famosa e um nome muito conhecido, e seu marido Delfin, ou Del, Lazaro[2] era o ministro de Energia das Filipinas; em outras palavras, duas jornalistas almoçavam e jantavam diariamente com um alto servidor público. Estabelecemos limites jornalísticos, criando regras para nós mesmas, por exemplo: "Nunca fazer perguntas à mesa de refeições". Por mais que eu olhasse, não via nenhuma corrupção, nenhuma ganância ou egoísmo em Cheche e Del. Eram figuras públicas, mas levavam uma vida discreta, evitando ostentação.

Del e Cheche eram muito diferentes dos Marcos do mundo. Davam um novo significado a termos filipinos tão mal utilizados, como *delicadeza*, proceder corretamente no poder, e *utang na loob*, literalmente "a dívida consigo mesmo". Del e Cheche encarnavam esses valores em sua forma mais pura: a *delicadeza* que mostrava profissionalismo e orgulho, e *utang na loob* que nunca degenerava em apadrinhamento e corrupção.

Seus valores provinham, em parte, da linhagem familiar de Cheche. Seu avô, general Vicente Lim, foi o primeiro filipino formado em West Point. Ela me contou que ele havia liderado uma resistência clandestina contra os japoneses na Segunda Guerra Mundial, até ser capturado e depois decapitado. Era uma história de convicção, coragem e crença fervorosa na luta do povo pela liberdade.

Aquele período da minha vida me mostrou que era possível vivermos nossos ideais — cobrirmos as distâncias entre nossas escolhas de vida e as realidades de uma sociedade filipina feudalista, estratificada, classista. Cheche e Del me ensinaram que podemos conseguir sem abrir mão de nossos ideais. Era uma escolha. Então escolhemos melhorar.

A energia de Cheche motivava a todos nós: sempre justa, sempre transparente, disposta a fazer o que fosse preciso para cumprirmos nossos prazos malucos. Ela também me ensinou a aceitar e a amar os filipinos, com suas imperfeições. Como a maioria deles, a vida de Cheche girava em torno da família, mas sua herança transformava esse amor pela família em amor pela nação. Aquele amor pelo país era um valor central do *Probe*, e, como éramos jovens, dávamos tudo o que tínhamos.

Enquanto eu aprendia a formular juízos sobre questões complicadas e espinhosas, sempre voltava, depois do debate racional, à regra de ouro e a meus valores: onde traçar a linha divisória entre o bem e o mal?

Em 1988, a Associação Filipina de Exportadores de Peixes Tropicais entrou com uma ação na justiça contra uma matéria do *Probe* sobre a pesca com cianeto, alegando que era difamação. Eu tinha escrito, dirigido e produzido aquela matéria de vinte minutos. Nossos advogados imediatamente colocaram meu nome na lista das testemunhas de defesa. Era a primeira vez que eu lidava com uma coisa dessas, e fiquei assustada.

Cheche interveio e falou que ela deporia em meu lugar. Entrou na briga por mim, e o juiz decidiu em favor do *Probe*, invocando a Carta de Direitos das Filipinas, que fora elaborada nos moldes da norte-americana.

Guardo comigo até hoje o que ela disse na época, e que ainda influencia meu modo de defender nosso jornalismo.

> O que está em jogo aqui é nossa integridade e nossa credibilidade. Então, se vem alguém e diz que não podemos levar uma matéria ao ar ou que quer ver previamente uma matéria, isso para nós equivale a amordaçar nossa liberdade de imprensa. [...] E nunca, nunca, nunca aceitaremos ser intimidados por quem quer que seja.

As palavras de Cheche naquele ano não envelheceram aos meus olhos, e ganham ainda mais sentido no presente momento do passado.

Nunca, nunca, nunca aceitemos ser intimidados por quem quer que seja.

Apesar das tensões quanto ao Oriente e ao Ocidente, canalizamos o poder dos dois mundos para ajudar o *Probe* a decolar. Logo depois, o *Probe* ganhou um grande impulso: um acordo comercial com a CNN, em 1988.

Gary Strieker, chefe do escritório da CNN em Nairóbi, estava procurando um repórter em Manila e convidou Cheche para uma entrevista e um teste de câmera. Naquela época, a CNN tinha sete anos de existência, não estava entre as três grandes redes norte-

-americanas, mas começava a criar nome. Cheche me convidou para ir junto com ela; fui, e depois Gary sugeriu que eu também me candidatasse. Objetei, explicando que não tinha nenhuma experiência de câmera, mas Cheche me convenceu a fazer o teste. Então me pôs sentada e me orientou. Fiquei com a vaga.

Aparecer na TV é a maneira menos natural de ser natural. Quando analisei a situação, ela parecia exigir uma fachada de arrogância; a cadência exigida na transmissão era muito diferente da minha cadência normal. Mas, sem ela, parecia faltar energia e autoridade nas minhas matérias. Na primeira vez em que fiz uma reportagem ao vivo, meu chefe me ligou de Atlanta e disse que eu parecia nova demais e que minha voz era muito aguda. Solução dele: pôr um terninho, usar maquiagem e tomar conhaque para deixar a voz mais grave. Nas primeiras vezes acho que fiquei bêbada antes de terminar a reportagem.

No começo, eu era horrível, e tinha certeza de que a CNN só havia me contratado porque eu tinha pronúncia americana e custava pouco. Quando comecei como repórter freelancer para eles, continuei fazendo o *Probe*, o que era bom para ambas as partes e um verdadeiro ciclone de aprendizado para mim.

Mas foi mais do que isso. O que escolhemos fazer molda quem seremos. Nada moldou tanto minha personalidade — ou minha capacidade de resistir a ameaças — do que me tornar jornalista de TV transmitindo as últimas notícias, aprendendo a manter a compostura ao vivo e mesmo literalmente sob armas de fogo. Esse se tornou meu superpoder. Nas transmissões das notícias de última hora, se entramos em pânico, não conseguimos filmar o vídeo e, quando se está ao vivo, um segundo parece uma vida inteira. Mais tarde, muitas vezes eu recorria a essas habilidades: controlar as emoções, manter a calma, resumir o momento em três pontos centrais. Tal como a memória muscular, essa habilidade me ajuda a sobreviver a crises e mais crises.

Na CNN, também aprendi que é mais difícil viver segundo os ideais quando precisamos realmente terminar tudo a tempo. Uma vez, para a CNN, recebi uma remessa de fitas de vídeo U-matic para seis meses de gravação. Quando fui pegar o despacho, um dos funcionários da alfândega quis propina para liberar. Recusei. Mas, conforme as semanas se passavam e se transformavam em meses, o problema das fitas começou a pesar muito em meu desempenho. A CNN queria que eu fizesse o que fosse preciso para pegar as fitas, mas nunca dariam uma autorização oficial para pagar propina — pela Lei de Práticas Corruptas no Exterior, a FCPA, era ilegal que uma empresa norte-americana pagasse propina a funcionários estrangeiros. Normalmente, as empresas americanas, como fui descobrir mais tarde, contratavam um agente para lidar com essas questões.

Eu continuava me recusando a pagar. Minha teimosia chega a esse ponto. Não queria tampar os olhos: afinal era uma questão de princípio, não era?

Assim, as fitas ficaram na alfândega. Levou quase um ano e meio e foi necessária a intervenção de Cheche até conseguirmos finalmente retirar as fitas sem pagar por fora. Foi a primeira vez que pensei: de que adianta ter uma lei se a pessoa não vai se ater a ela? Para que uma democracia sobrevivesse — para que uma organização da mídia sobrevivesse — às manobras insidiosas da corrupção, significava que era preciso todas as vezes traçar uma linha divisória, todas as vezes resistir a uma investida contra a verdade?

Em dezembro de 1989, os militares tentaram seu sétimo golpe contra a presidente Cory Aquino. As tentativas anteriores já tinham revelado uma funesta aliança entre soldados leais a Marcos e os que antes haviam ajudado a depô-lo. Agora, poucos anos depois, os militares que antes estavam em lados opostos juntaram forças e recrutaram mais milhares de combatentes, inclusive militares navais e patrulheiros de elite. Acusaram Aquino de incompetência e corrupção — alegações na maioria infundadas.

Eu estava com 26 anos. Àquela altura, tinha cerca de dois anos de experiência em reportagem. Com a dupla jornada, para o *Probe* e para a CNN, isso significava que agora eu era uma boa produtora, mas ainda uma péssima repórter de TV. Apesar disso, o fato de ter dois trabalhos dobrava meu número de fontes, o que aprendi que constitui o verdadeiro critério para medir a habilidade de um repórter. A base da obtenção dos fatos é a confiança. Antes das redes sociais, tudo isso dependia do histórico de desempenho que se tinha e da integridade da empresa de notícias a que se pertencia. Cheche e o *Probe*, profundamente enraizado em nossa sociedade, expandiam minha área de confiança; o alcance mundial da CNN me ajudava a amplificar as matérias importantes. Logo pude ter uma visão própria, ao mesmo tempo local e global.

Quando o golpe começou, saí a campo a fim de cobri-lo para a CNN. Senti a adrenalina de cobrir um conflito e de transmitir notícias urgentes. Quando se é repórter em zona de guerra durante algum tempo, torna-se um vício, mas que não se percebe de início. O torvelinho de atividades exige clareza constante do jornalista: ao mesmo tempo ouvir a rádio, contatar (ou, naquela época, visitar) fontes para saber o que estão vivenciando e repassar rapidamente para a CNN em Atlanta, para poderem transmitir as notícias. Tudo isso enquanto corremos de um lado e outro tentando antecipar eventos, para estarmos milagrosamente no local na hora da ocorrência e captarmos as imagens em vídeo.

Rene Santiago, meu câmera alto e taciturno, foi meu mestre na cobertura de notícias urgentes. Era homem de poucas palavras, mas ensinava pelo exemplo e pela repetição. Aprendi a ficar sempre junto enquanto ele avançava até a frente da multidão. Pouco se importava se as pessoas se irritavam: ele conseguia o vídeo.

Logo soubemos que os rebeldes haviam tomado o Hotel Inter-Continental, entre outros edifícios no centro financeiro. Um pouco antes de amanhecer, fomos dirigindo com muito cuidado até a "terra de ninguém". No dia anterior, disparos e morteiros tinham cruzado a área; ninguém sabia direito de onde vinha o fogo, e assim a maioria dos jornalistas mantinha distância. Mas eu queria chegar aos soldados rebeldes que tomavam as decisões. Levamos um lençol branco até o carro e o prendemos num pedestal de microfone. Enquanto Rene entrava na área, desligamos o ar-
-condicionado e abrimos as janelas do carro.

Estava tudo tão quieto que dava para ouvir os passarinhos. Prendi a respiração. Entramos na avenida Ayala, larga, deserta, de seis pistas, que era a artéria principal do centro financeiro. Ladeada por arranha-céus, foi lá que, em 1983, o corpo de Ninoy Aquino havia desfilado em meio à fúria do povo. Foi também ali que, três anos depois, o fim do regime de Marcos fora anunciado com desfiles cheios de confetes.

"Posso sentar na beirada da janela, Rene?", perguntei. Achei que, se acenasse a haste do microfone com o lençol branco amarrado nela, os atiradores veriam que eu não era um soldado.

Ele começou a apontar os edifícios em torno, onde achava que estavam os atiradores.

Sentei na beirada da janela para poder acenar a bandeira branca. Seguimos bem devagar. Foram minutos torturantes.

Nunca fiquei tão feliz em saltar de um carro. Desamarrei a bandeira branca do pedestal, e Rene e eu entramos depressa no saguão do Hotel InterContinental. O coronel Rafael Galvez, comandante das forças rebeldes, nos concedeu uma entrevista — a primeira para uma audiência estrangeira. Então nos designou uma escolta de rebeldes para irmos ao Hotel Peninsula e a outros edifícios próximos, em Makati, para falar com os soldados rebeldes e os poucos cidadãos que se arriscavam nas ruas desertas. Conseguimos nossa matéria.

Rene e eu desenvolvemos muito daquela confiança durante a tentativa de golpe em 1989. Desenvolvemos a confiança como equipe, o que era o primeiro passo para criar um bom jornalismo. Nossa parceria veio a durar vinte anos.

O golpe se estendeu por nove dias. Foi o mais sangrento de todos: morreram 99 pessoas, entre elas cinquenta civis, e houve 570 feridos. A presidência de Cory Aquino sobreviveu, mas seu governo nunca se recuperou. Ela tentara criar uma liderança democrática após uma ditadura, mas nunca conseguiu eliminar a dissidência militar que se forjara durante o Poder do Povo.

Em 1992, as Filipinas teriam um novo governante, o presidente Fidel Ramos, ungido por Cory Aquino. Depois de ter ajudado a depor seu primo, Ferdinando Marcos, ele comandara os militares sob o governo dela. Sob a liderança de Ramos, as Filipinas estavam prontas para prosperar, para se tornar o que, na época, era tido como o ideal para a região: um "tigre asiático". Apesar de todos os conflitos com os militares, Aquino preparara as Filipinas para a estabilidade e prosperidade — durante algum tempo.

Foram anos de trabalho e autodescoberta. Eu continuava em jornada dupla, dirigindo e produzindo o *Probe* e trabalhando como repórter e chefe de escritório para a CNN de Manila. Dirigia as tomadas de Cheche, me apresentava depois dela, escrevia e editava sua matéria de vinte minutos, então escrevia e acompanhava minha reportagem na CNN. O trabalho começava às oito da manhã e, em geral, lá pelas nove da noite ia jantar e caía na noite pelo menos até as duas da madrugada. Dormir? Quem precisa disso? Eu estendia ao máximo as 24 horas do dia. Era a gloriosa casa dos vinte anos — não queria desperdiçar nem um instante.

Eu sentia falta do teatro e da música; assim, além de tudo, comecei a dirigir musicais. Um dos maiores que regi foi no Music Museum de Manila com os principais cantores da época: Janet Basco, José Mari Chan e Ariel Rivera. Foi lá que comecei a explorar minha sexualidade. Mesmo isso eu tinha de encaixar em meu cronograma.

Chegando perto dos trinta, entrou em pauta a questão do casamento — nas Filipinas, quem não se casa antes do trinta vira solteirona. Com a CNN, eu tinha o melhor dos dois mundos, e todo ano eu podia tirar licença para passar uma semana na sede em Atlanta e um mês nos Estados Unidos. Numa dessas viagens, reencontrei meu namorado da faculdade e retomamos o namoro. Ele veio para Manila e morou comigo durante alguns meses. Mas, quando me pediu em casamento, não dei mais conta.

Eu sabia que havia algum problema, mas aquele pedido de casamento, minha idade e as expectativas da sociedade sobre as mulheres pesavam muito. O mais fácil teria sido aceitar: meu namorado estava disposto a se mudar para Manila, e tínhamos um bom relacionamento. Mas percebi que eu tinha separado sexo e amor. Eu não o amava. Não sabia o que significava a palavra amor.

Talvez porque, até aquele momento, eu gastara todas as minhas energias evitando a loucura do amor. Escreve-se demais sobre seu poder e seu impacto irracional. Via amigos e amigas se perderem de amor, e me parecia perigoso e volátil demais. Evitava chegar perto. Então escolhia relacionamentos que pudesse controlar, o que vai contra a perda de controle que o amor parece exigir. Mas no mínimo eu sabia que precisava experimentá-lo, e também sabia que, se me casasse, não poderia mais explorar as perguntas sem resposta que eu guardava num quarto trancado.

Twink e eu sempre nos ajudávamos em nossas carreiras e relações, e ela me ajudou nessa encruzilhada.

"Você o ama?", ela me perguntou.

"Não sei."

"A resposta deveria ser fácil", disse ela. "Se não é, então você não o ama. Não deixe ninguém pressioná-la a fazer algo que você não quer fazer."

A decisão mais importante que fazemos é a pessoa com quem escolhemos passar a vida juntos. Os valores e as preferências dessa pessoa influem em nós quando estamos nos construindo, quando tomamos as decisões mais importantes sobre nossa identidade.

Então não aceitei o pedido de casamento, e foi doloroso. Perdi um amigo de muitos anos. Se não tivesse me pedido em casamento, poderíamos ter ficado juntos por mais tempo, mas o pedido foi um estopim. Àquela altura, eu tinha namorado muitos caras, mas nunca havia me apaixonado. Só me apaixonei quando tive minha primeira namorada, aos trinta anos. Talvez porque, até então, eu me recusava a ser vulnerável. Ou talvez porque eu seja gay.

Quando finalmente comecei a namorar uma mulher, meu mundo mudou. Era uma cantora bonita, sexy, com leves covinhas, formada em ciência da computação. Nenhuma de nós duas tinha estado com uma mulher antes, mas, juntas, nos envolvemos.

Primeiro, havia umas perguntas básicas que eu precisava fazer. Como a gente se veste para um encontro? Um terno, ou vestido e meias compridas? Ou camiseta e jeans? Com ou sem batom? O que a gente faz com os papéis de gênero? Era como se eu voltasse à adolescência. A comunidade lésbica de Manila era como os anos 1950 nos Estados Unidos, organizada em larga medida em torno das noções de sapatão e sandalinha. Como eu não me identificava com nenhuma delas, isso levantava um monte de outras perguntas. Sapatão-sandalinha parecia simplesmente adotar os estereótipos de gênero e identidade dos relacionamentos heterossexuais.

É complicado quando a gente abandona indicadores de gênero incutidos desde o nascimento. Eles são muito mais básicos do que os critérios culturais; entranham-se em nossa identidade, afetando a maneira como nos apresentamos ao mundo — como nos vestimos, como falamos, como agimos. Eu teria de mudar?

Ao perguntar, não tive resposta, e assim aprendi a ser paciente. Encontrei resistência de pessoas em quem confiava, e de pessoas que não conhecia; percebia os olhares de censura. Estando acostumada, com meu desempenho acima da média, a ser elogiada pelas pessoas, aquilo era uma novidade.

Mas me apaixonei. Ficamos juntas cinco anos, inclusive num relacionamento a longa distância quando nós duas mudamos das Filipinas e tínhamos de pegar um voo de dezessete horas para nos encontrarmos.

No fundo, creio que nós duas não conseguimos romper inteiramente com os padrões da sociedade. Em algum nível, ainda nos preocupávamos com as convenções. Nos últimos meses da nossa relação, ela usava muito uma frase que prenunciava o fim: "Se pelo menos você fosse homem". Não sou, e não queria que ela fosse diferente do que era. Meus amigos a chamavam de *femme fatale* e achavam que ela me traía. Meus pais imploravam para eu simplesmente seguir em frente. Os tentáculos da sociedade são invisíveis, mas podem ser cordas de aço nos segurando.

Nessa época, também aprendi muito sobre a beleza — minha relação com ela, meu fascínio por ela. Fui criada numa família que valorizava a beleza. Para minha mãe e minhas irmãs Mary Jane e Michelle, a beleza e a feminilidade faziam parte intrínseca de suas identidades, como viam e como se moviam no mundo. As pessoas bonitas, mulheres e homens, contam com uma vantagem no mundo em que vivemos. Obtêm muito mais com muito menos esforço, principalmente se são envolventes. Algumas pessoas nascem com vantagens, e isso pode explicar em parte por que eu trabalho com tanto afinco. Não queria viver num mundo onde a única moeda corrente fosse a beleza física.

As expressões de beleza estão inevitavelmente ligadas a uma pele mais clara (sou morena), se cozinhamos bem (não sei cozinhar), se somos obedientes (oi?). Eu me rebelava contra tudo isso. Todos nós estamos num espectro sexual. E era atraída pela paixão e pelo intelecto, pela energia e pela empatia; fosse homem ou mulher, eu gostava de me ligar a pessoas num nível mais profundo, para partilhar essa centelha inspiradora. Em algum momento, parei de olhar pelas lentes binárias de hétero ou gay, e apenas aceitei as coisas como são.

Depois que meu relacionamento terminou, namorei por algum tempo um homem de mais idade. O relacionamento seguinte foi com uma mulher poderosa, que na época estava no setor de investimentos bancários. Tínhamos muito em comum — por exemplo, ambas fomos criadas em duas culturas — e tínhamos valores e ambições semelhantes. Ela era explicitamente gay e me ajudou a aceitar o que isso significava.

O amor é poderoso e irracional. E tudo bem. Talvez eu o tratasse como se tocasse um instrumento: dedicar-se aos exercícios técnicos para poder se soltar e deixar a música realmente fluir. Eu não confiava em mim mesma para me soltar enquanto não me sentisse com força suficiente. Tal como na maioria das formas em que construo meu mundo, isso começa em minha mente e faço uma escolha.

Aconteceram duas coisas quando escolhi uma mulher como companheira: meus pais não permitiram que ela fosse comigo para casa, e senti que Cheche — minha mentora, minha amiga, a pessoa que, em larga medida, fez de mim uma jornalista — se afastava.

Nossas escolhas sempre têm repercussões. Meu ex-namorado, que me pediu em casamento, ficou tão furioso depois que lhe contei da minha atração por mulheres que fiquei pensando se devia ter sido tão sincera. Mas eu estava aprendendo que a sinceridade era fundamental para uma vida boa.

Como ser honesta sem destruir tudo? A que ponto a gente é honesta ao romper? Ou ao lidar com uma companheira que nos engana? Ou quando enganamos a nós mesmas? A que ponto somos honestos ao dispensar alguém? Ou ao admitir que o que está acontecendo à nossa volta, em nosso país ou em nossa empresa ameaça nosso futuro coletivo — quando nós mesmos podemos ser cúmplices dessa deterioração? Antes de sequer chegarmos a essas perguntas, temos de enfrentar a mais difícil de todas: a que ponto somos honestos conosco mesmos?

Muitas vezes nos livramos do impasse, negando-nos a encarar nossas próprias verdades difíceis ou desagradáveis. Racionalizamos nosso comportamento, mas o mundo não nos protegerá contra essas mentiras. Então: aceitemos nossos medos. Para aprender a ser honestos, temos de começar com nossas próprias verdades: autoavaliação, autopercepção, empatia pelos outros.

A única coisa que podemos controlar no mundo somos nós mesmos.

Depois de um ano, meus pais nos convidaram — a nós duas — a ficar com eles. Conversei com Cheche, que afirmou que não lhe criávamos desconforto e nos acolheu bem.

Eu sabia que não queria ser definida por minha sexualidade; é apenas uma parte de tudo o que sou. Além disso, eu estava trabalhando para a CNN em vários países onde ser gay era ilegal — ou, no mínimo, desconfortável.

Em setembro de 1998, eu estava numa coletiva de imprensa na Malásia. O primeiro-ministro Mahathir Mohamad tinha exonerado o vice-primeiro-ministro Anwar Ibrahim, embora antes tivesse tratado Anwar como filho e até o preparasse como seu sucessor. A razão da exoneração foi que Anwar teria alegadamente mantido relações sexuais com um homem, o motorista da família. Havia um vídeo do chefe do setor de inteligência da Malásia tirando de casa um colchão sujo, que supostamente trazia manchas de sêmen daquele ato desprezível.

Na coletiva, Mahathir disse que Anwar não era "adequado" para ser líder e parecia prestes a chorar. Éramos poucos os ali convidados; eu estava presente porque conquistara a confiança de Mahathir, porque era da CNN e porque era uma asiático-americana (sim, isso realmente fazia diferença). E também — no plano privado — tinha um relacionamento com uma mulher. Levantei a mão com o coração aos pulos.

"Primeiro-ministro Mahathir, o senhor está dizendo que não se pode ser gay na Malásia?", perguntei.

Ele me olhou e explicou que, ao contrário do Ocidente, os malásios tinham "valores tradicionais". Ele estava pouco à vontade. Eu estava pouco à vontade. Prossegui perguntando sobre as comunidades gays e lésbicas na Malásia, mas ele se esquivou à pergunta — em certo momento, olhando diretamente para a câmera da CNN atrás de mim, para se dirigir à nossa audiência global. Mahathir, primeiro-ministro desde 1981, era um comunicador habilidoso e agressivo, e frequentemente atacava a superioridade ocidental. Anwar seria preso por até nove anos por sodomia e corrupção, com acusações que, afirma ele, faziam parte de uma conspiração no nível mais alto do governo.

Não falei naquele momento que eu era gay. Eu tinha traçado uma linha divisória entre o pessoal e o profissional. No começo, não foi difícil porque eu morava no outro lado do mundo da matriz da CNN, mas, com o passar dos anos, deixou de ser segredo. Eu não escondia, mas tampouco alardeava.

Não faz parte da minha natureza esbravejar contra o mundo; aceitei, não deixei que isso me detivesse e continuei fazendo o que precisava fazer. Estava mais concentrada em contar as histórias de outras pessoas, em fazer pequenos ajustes para melhorar o ofício do jornalismo.

4. A missão do jornalismo
Sejamos honestos

Numa área remota, a caminho de uma entrevista clandestina com os guerrilheiros da Falintil em Timor-Leste, início de 1999. Há uma antena de satélite despontando acima da cabine telefônica, e eu estava usando a bússola para encontrar uma linha de visão para transmitir e informar Atlanta de que nosso veículo tinha quebrado ao atravessarmos um rio.

Depois de alguns anos nessa vida frenética, numa de minhas viagens a Atlanta, meu chefe na CNN, Eason Jordan, me chamou a seu escritório. Eason conhecia e entendia a Ásia; era sob sua supervisão que se contratavam mulheres asiático-americanas para chefiar as sucursais, a começar por mim. Ele falou que sua intenção era que o rosto de quem transmitia matérias do exterior refletisse o país da reportagem. Devo muito do que sou hoje, a jornalista que me tornei, às oportunidades que Eason me ofereceu.

Mas, naquele dia, ele tinha outra coisa para dizer — deu-me um ultimato. "Maria, me disseram que você demora demais para preparar as matérias", disse ele. "Vou lhe dar seis meses e, se isso não melhorar, teremos de rever seu contrato."

Foi um choque. Quando voltei para Manila, reorganizei minha vida e passei a me concentrar menos no *Probe* e mais na CNN. Em parte devido a essa conversa com Eason, dali a um ano Manila se tornou a mais prolífica dentre as sucursais da CNN de mesmo porte.

Uma das razões de minha paciência com os erros do Facebook, no começo, era que eu estava com a CNN quando ela era chamada de "Chicken Noodle News" e era motivo de gozação dos veteranos. Faltavam ainda alguns anos até que nos tornássemos a líder mundial na transmissão de notícias internacionais, apuradas no calor do momento e de alta confiabilidade. Então sei bem o que um crescimento rápido causa a uma organização; todo mundo tem seus erros e acertos. Se a equipe é boa e os procedimentos são bons, a gente mais acerta do que erra. Mas o fundamental é a união em torno de uma missão estabelecida por uma forte liderança.

Eason creditava nosso sucesso a nosso chefe, Ted Turner.[1] "A posição de Ted nunca foi a de 'precisamos faturar o máximo possível'", disse Eason. "Ele realmente se importava com o mundo e via o noticiário como a coisa ética a se fazer pelo planeta." Ted decidiu que nenhum lugar do mundo seria "estrangeiro" e, assim, impôs uma multa de um dólar a quem usasse o termo.

Além disso, naqueles primeiros tempos, a vida contemporânea era regida por um padrão alto de noticiário, com base nos fatos e foco na reportagem. De 1980, quando foi criada a CNN, até 1996, quando surgiram nos Estados Unidos a Fox News e a MSNBC — redes mais voltadas para a difusão de opiniões —, a CNN não tinha concorrentes entre os outros canais de cobertura jornalística 24 horas, menos ainda daqueles que operavam com padrões de reportagem totalmente diferentes. A CNN era séria e cobria o mundo todo.

Cerca de vinte dias depois da reunião com Eason, a CNN me ofereceu minha primeira matéria fora das Filipinas — em Cingapura. Foi uma experiência reveladora. Eu adorava fazer perguntas que precisavam ser respondidas, as pessoas que eu conhecia, as culturas e os sistemas com os quais eu estava tendo contato. Depois que nossa equipe começou a viajar, nossa cobertura passou a incluir também a Malásia, Brunei e a Indonésia. Eu nunca recusava uma tarefa. Recebia telefonemas às duas da manhã me dizendo para ir a Nova Délhi; de imediato obtínhamos os vistos nos passaportes e estávamos prontos para pegar um avião ao amanhecer. Quando surgia uma notícia na Ásia, o procedimento-padrão era pedir vistos para minha equipe para o Paquistão, a China, a Coreia do Sul, o Japão e muitos outros.

A certa altura de 1994, Eason me falou para pesquisar o que seria preciso para abrir uma sucursal em Jacarta. Em termos numéricos, as nações mais populosas do mundo, em 1994, eram a China, a Índia, os Estados Unidos e a Indonésia. "Por que raios a gente não tem uma sucursal na nação muçulmana mais populosa do mundo?", questionou Eason.

Naquela época, duas coisas tinham se tornado importantes para mim: lançar uma ponte entre os mundos e dar destaque a culturas não ocidentais. Eu me via como um veículo; ao fazer matérias em países do hemisfério Sul, mas que eram voltadas para o Ocidente, eu desejava que ambas as culturas se reconhecessem nas reportagens, tanto as pessoas das matérias quanto o público espectador (muitas vezes há uma distância enorme entre eles). Não me cabia julgar as pessoas, os eventos ou os costumes; seria arrogância. Apenas conhecendo o contexto e observando uma sociedade ou as ações dos povos ao longo do tempo é que era possível avaliar o que se passava.

A mídia internacional tinha sido dominada por uma perspectiva claramente ocidental. Afinal, os países ocidentais eram aqueles que possuíam os recursos e as redes que tornavam a apuração de notícias globais uma prioridade fundamental — ao menos naquela época. Isso significava que eram empresas como a CNN e a BBC que determinavam o que seria notícia, filtrando os fatos através de suas lentes culturais.

Até aquele momento, os países asiáticos e muitos outros não ocidentais não dispunham de tais recursos financeiros, e tampouco tivéramos a oportunidade de desenvolver as habilidades necessárias para implantar nossas ideias. Não havíamos tido motivos para procurar um palco mundial. Mas agora precisávamos de um. E, para alcançá-lo, eu achava que deveríamos ajustar o grau de elaboração de nossa mensagem e expandir nossa visão de mundo.

Quando inauguramos a sucursal da CNN em Jacarta, a Indonésia tinha cinco estações de TV, a maioria delas ligada ao ditador Suharto, que estava no poder havia já bastante tempo. O setor televisivo comercial do país, relativamente subdesenvolvido — isto é, pouco qualificado —, fazia parte do argumento que utilizei ao defender a transferência da equipe de Manila para a Indonésia, o que fizemos em 1995.

Comemoramos o lançamento no Hotel Shangri-La Jakarta, com a presença de um dos maiores astros da CNN, Peter Arnett, que se tornara um dos rostos mais conhecidos da televisão durante a Guerra do Golfo, em 1991. Em 1966, ele recebera o prêmio Pulitzer de Reportagem Internacional por seu trabalho na Associated Press durante a guerra do Vietnã, de 1962 a 1965. Antes de ser enviado para o Vietnã, Arnett trabalhara em Jacarta — de onde fora expulso.

Levei Peter para almoçar em meu restaurante indonésio preferido e o crivei de perguntas. Com 61 anos, ele tinha quase o dobro da minha idade. Expus a ele minha visão sobre o papel do jornalismo nas Filipinas e nos países em que fazia minhas reportagens.

"Precisamos saber e entender o papel do jornalismo em nossa democracia", disse ele, "saber que se trata de um trabalho importante ao ponto de arriscarmos tudo para conseguir a matéria."

Durante a Guerra do Golfo, a CNN era a única rede que tinha quatro linhas — dois pares de linhas telefônicas diretas (um par para cada lado) —, que atravessavam o deserto iraquiano e se conectavam a uma antena de transmissão por micro-ondas em Amã, na Jordânia. Ela passava os sinais telefônicos por satélite diretamente à matriz da CNN, em Atlanta, e ao mesmo tempo permitia que os produtores falassem com o pessoal que estava no ar, ao vivo, em Bagdá. O mundo estava ligado à CNN, e especialmente a Peter.

Isso também significava que ele arcava com o peso dos ataques do governo e dos militares norte-americanos. Esses ataques começaram quando Peter divulgou as baixas civis ocorridas, conforme lhe disseram os iraquianos, numa fábrica de leite infantil. Na ocasião, a CNN também declarou explicitamente que Peter tinha feito a reportagem durante "visitas guiadas" com o governo iraquiano, e que sua matéria tinha sido "autorizada pela censura iraquiana", para garantir que os espectadores entendessem as limitações dos noticiários.

Isso não impediu que o general Colin Powell, então à frente do colegiado dos Chefes de Estado-Maior, declarasse que a "fábrica de leite infantil" servia de fachada para um laboratório secreto que produzia agentes biológicos, como toxinas, bactérias e vírus, para serem usados como armas de destruição em massa. O secretário de Imprensa da Casa Branca, Marlin Fitzwater, começou a chamar Peter de "veículo de desinformação iraquiana".

Os ocupantes do poder sempre tentam controlar a narrativa, sobretudo durante a guerra. Isso já existia antes mesmo das redes sociais. Mais tarde, Peter cometeria erros (inclusive "atirar sua equipe aos leões", como disse um dos integrantes), mas a lição que ele me deu naquele dia era a de sempre cobrar responsabilidade do poder, mesmo que isso praticamente afundasse nossa carreira. Manter-se firme: esse é o dever dos jornalistas.

Ao mesmo tempo, algo vinha mudando na maneira de coletar e divulgar as notícias: a tecnologia. Quando montei a sucursal em Manila, em 1988, levava duas semanas para remeter uma fita para Atlanta. Quando abrimos uma sucursal em Hong Kong, em 1989, a entrega era da noite para o dia. Então recebi um celular que era enorme, volumoso e pesado como um tijolo. Tinha de pendurar a tiracolo e muitas vezes, quando eu corria, ele batia no chão.

Quando nos mudamos para Jacarta, nos tornamos um dos centros de testes da CNN para outra tecnologia recém-desenvolvida: telefones via satélite de primeira geração, que nos permitiam ligar para Atlanta com matérias que eram transmitidas com a voz ao vivo. Também recebemos uma enorme Toko Box branca, que compactava o vídeo e o transmitia por uma linha telefônica digital por via terrestre (ISDN) para outra Toko Box no estúdio. Numa matéria, eu passava horas transmitindo vídeos de baixa qualidade, e aí esperava ainda mais até terminar a transmissão do áudio.

Eram os primeiros anos da transmissão "ao vivo por videofone". Era divertido, relativamente fácil e barato. Podíamos enfim filmar ao vivo em qualquer lugar, mesmo nas partes mais distantes do mundo. Criou-se, assim, o que então era chamado de "efeito CNN"[2] — embora a expressão abarcasse todos os noticiários televisivos sobre eventos mundiais com cobertura 24 horas por dia e pudesse ser atribuído ao rápido crescimento e à difusão via satélite dos programas jornalísticos.

Todos esses avanços tecnológicos tiveram um grande impacto, sobretudo no debate, muitas vezes conflituoso, sobre a influência dos meios de comunicação de massa sobre as linhas de ação políticas. A nova tecnologia nos permitia fornecer informações ao público mais rápido do que a capacidade de qualquer governo em obter informações por conta própria. Isso significava que os membros do governo tinham menos tempo para pensar antes de apresentar suas posições e para deliberar antes de agir. E os governos logo aprenderiam a moldar a opinião pública por meio desses avanços tecnológicos.

Significava também que um repórter como eu tinha menos tempo para aprender, e isso diminuía nosso prazo para explorar e encontrar matérias. O que era emocionante, mais rápido, mais fácil também parecia reduzir a profundidade de nossas coberturas; de certa forma, a tecnologia nos poupava e, igualmente, nos roubava tempo.

As demandas de uma rede de notícias 24 horas exigiam que eu fizesse todo o trabalho prévio antes mesmo de chegar ao local. A concorrência até podia tentar ler tudo o que fora escrito sobre um país antes de cobrir a região, mas eu ainda levava uma vantagem: fazia décadas que cobria as mesmas nações. Muitas vezes, eu aterrissava e, uma hora depois de deixar o aeroporto, já estava ao vivo.

Era uma época incrível, fabulosa para nossa equipe de notícias em Jacarta, bem no período em que houve uma mudança drástica na Indonésia. Desde 1965, o país era governado por Suharto, que veio a ser o presidente que se manteve por mais tempo no poder. A Transparência Internacional o considerava o líder mais corrupto da história moderna (logo atrás dele vinha Ferdinando Marcos). O trabalho na CNN me ajudou não só a estudar a liderança, tanto de países quanto de empresas da mídia, mas também a entender o fluxo e refluxo do povo liderado. Às vezes, passavam-se gerações até que o equilíbrio alcançado entre estabilidade e mudança — que se criava pelas expectativas semeadas pelos líderes — rendesse frutos.

Depois de abrirmos a sucursal em 1995, a cada ano surgia alguma novidade: em 1996, as revoltas de Megawati em Jacarta, desencadeadas pela oposição política de uma mulher a Suharto; em 1997, a crise financeira asiática e os incêndios florestais na Indonésia, que ocasionaram recorrentes nevoeiros no Sudeste Asiático, um substancial evento político e ambiental. E então, em 1998, após quase 32 anos no poder, Suharto enfim caiu, o que suscitou uma profunda mudança social e motivou um tipo de violência que eu nunca vira até então.

As entrevistas com os líderes me mostraram como seus pontos fracos estavam entranhados na cultura dos povos que lideravam. Na CNN, apresentamos várias sociedades em transição, conforme emergiam de um governo despótico e passavam a reivindicar e desenvolver suas próprias democracias — desde as Filipinas de Marcos à Cingapura de Lee Kuan Yew, à Indonésia de Suharto e à Malásia de Mahathir.

Marcos e Suharto deixaram atrás de si problemas semelhantes logo abaixo da superfície. Nas Filipinas, era a política do clientelismo e do apadrinhamento. Na Indonésia, era o chamado KKN, sigla em inglês para corrupção, colusão e nepotismo. Esse sistema político, opressivo e controlador, que operava de cima para baixo, cobrou seu preço ao povo. O maior pecado de seus líderes era não terem educado o povo.

Fiquei frustrada com a falta de iniciativa e criatividade na força de trabalho das duas nações — mas, afinal, por que o povo haveria de ter esses valores? Sob Marcos e Suharto, seria arriscado se destacar. Melhor se recolher e se acomodar. E os valores culturais do país reforçavam esse tipo de posição.

Quando dava aulas na Universidade das Filipinas, nos anos em que estava no *Probe*, eu queria entender o que — e como — os estudantes estavam aprendendo. Quais eram seus valores? O que eu via ser recompensado era o respeito à autoridade — manter-se em seu devido lugar, o aprendizado mecânico, a capacidade de memorizar e repetir respostas decoradas, o asseio e a pontualidade, e acima de tudo a submissão aos professores e às suas concepções. Era raro que os alunos expusessem o que realmente pensavam.

Na Indonésia, a falta de criatividade e de independência de pensamento era ainda mais acentuada. Para montar a sucursal da CNN, tive de fazer sete viagens procurando indonésios que pudesse contratar. Nenhum dos entrevistados tinha a qualificação, a experiência e a ética do trabalho que eram necessárias.

Nas ruas, a falta de instrução assumia uma feição violenta num país que deu origem à palavra "*amok*". Mesmo assim, eu tinha dificuldade em entender a disjunção entre a violência que estava cobrindo para a TV e as pessoas gentis e respeitosas que encontrava nas ruas. Foi aí que comecei a perceber a diferença entre entender o comportamento de um grupo grande e tratar e compreender as pessoas tomadas individualmente.

O que eu estava aprendendo na Indonésia era o chamado "comportamento emergente", ou seja, que não é possível prever o comportamento de um sistema a partir do que se sabe sobre suas partes individuais. Com efeito, o sistema como um todo exerce pressão sobre os indivíduos, uma espécie de pressão dos iguais exercida pela dinâmica de grupo, que muitas vezes leva as pessoas a fazerem coisas que não fariam se estivessem sozinhas.

Quando isso faz um grupo se tornar uma turba — no mundo real ou no virtual —, o comportamento emergente é imprevisível e perigoso. Até então, nos países onde eu fizera reportagens, inclusive a Coreia do Sul e a China, nunca tinha visto uma violência tão mutável. Comecei a classificar o que estava vivenciando: havia não apenas a violência política, mas também a violência econômica, a violência religiosa, a violência separatista e a violência étnica.

No final dos anos 1990, a cada semana eu ia a uma das 27 províncias da Indonésia para produzir matérias sobre o fenômeno da violência de turba. Ela começou em 1996, nos maiores motins de Jacarta em mais de vinte anos. Começaram de modo bastante inocente: uma de minhas fontes me avisou, num telefonema de madrugada, que se empreenderia uma ação contra os apoiadores da líder de oposição Megawati Sukarnoputri, filha de Sukarno, o primeiro presidente da Indonésia, que liderava o Partido Democrático Indonésio (PDI), o menor dos três partidos políticos reconhecidos. O governo acabara de maquinar uma tomada do partido, por obra de um ex-general chamado Suryadi. Megawati e seus apoiadores não aceitaram sua liderança e a contestaram judicialmente.

Foi a primeira vez que pude observar a forma como Suharto consolidava e mantinha seu controle. Era também uma tática que eu voltaria a ver inúmeras vezes em outros países — quando as forças militares e paramilitares se infiltram, distorcem um movimento pela democracia e fomentam a violência.

Liguei para Rene e acordei minhas irmãs Michelle e Nicole, que tinham vindo me visitar pela primeira vez em Jacarta. Eu prometera a elas que íamos visitar os pontos turísticos naquele final de semana e, assim, falei para nos acompanharem na cobertura. Podiam ajudar com os equipamentos e ver como operava uma equipe de apuração de notícias.

Estávamos entre os primeiros a chegar à sede do PDI, onde os apoiadores de Megawati estavam acampados. Vi uns caminhões chegando e um grupo de homens corpulentos numa rua secundária trocando de roupa e vestindo camisetas vermelhas do partido. Quando lhes perguntei quem eram eles, disseram-se apoiadores de Suryadi, supostamente filiados ao PDI. Contudo, usavam botas militares. Informei isso no ar, mas não fui além.

Vimos os apoiadores de Suryadi atirando pedras no cartaz do PDI. Enquanto isso, várias tropas policiais erguiam barricadas para impedir que outros apoiadores de Megawati entrassem na área de conflito. Por volta das oito da manhã, a polícia invadiu o edifício, levou os apoiadores de Suryadi para dentro e prendeu os apoiadores de Megawati. Às onze, os apoiadores de Megawati romperam os bloqueios militares, e ocorreram algumas batalhas esporádicas com as forças de segurança. O incêndio dos edifícios começou às três e pouco da tarde, na Jalan Kramat Raya, uma das principais ruas da cidade.

Ao crepúsculo, havia cerca de 10 mil pessoas correndo pelas ruas e ateando fogo aos edifícios próximos. Enquanto corríamos na frente da turba, minhas irmãs e eu nos separamos de Rene e Ikbal, nosso motorista técnico de som. Empurrei minhas irmãs para um quintal, a fim de se esconderem, e fiz me prometerem que não contariam a nossos pais que estavam comigo. Creio que não se deram conta do grau de perigo a que a situação chegara. Estavam perplexas com os acontecimentos, mas empolgadas com a profissão da irmã mais velha.

Os analistas na época atribuíram a violência à opressão política, à raiva reprimida do povo. Naquele sábado, morreram cinco pessoas, 149 ficaram feridas e 136 foram presas. Foi minha primeira aula aprendendo por que Suharto era chamado de "mestre titereiro", um *dalang* que, no teatro de fantoches da Indonésia, manipula, no escuro, as marionetes que aparecem na tela, enquanto o público vê apenas as sombras projetadas. Quando havia alguma contestação ao poder, o líder procurava moldar a narrativa controlando a imprensa.

Quando Suharto deixou o poder em 1998, 1,4 mil pessoas tinham sido mortas em tumultos em Jacarta. E, após sua renúncia, a violência apenas aumentou, aparentemente escapando ao controle dos militares. O alvo, como nos anos 1960, eram os chineses, porque a crise financeira asiática havia desencadeado uma luta encarniçada pela sobrevivência e institucionalizado a difusão do racismo. Em Jacarta e em outras partes do país, a violência de massas

Entrada ao vivo para a CNN no telhado do Hotel Sari Pan Pacific, em Jacarta, em maio de 1998. Cobertura ininterrupta com no máximo três a quatro horas de sono por noite.

se tornou a norma. Rivalidades entre vizinhos se converteram em guerra urbana: homens com machadinhas se esquartejando nas ruas de Jacarta. Presenciei cenas de decapitações e assassinatos absurdos que me fizeram entender como a opressão de Suharto tinha funcionado à maneira de uma panela de pressão, como o acobertamento da violência havia levado apenas a mais violência.

Em Kalimantan Ocidental, a violência étnica entre os daiaques e os madureses matou centenas de pessoas. Os daiaques foram outrora conhecidos como os caçadores de escalpos de Bornéu. Acreditavam que, cortando a cabeça do inimigo e comendo seu fígado, adquiririam a força dele. Essas antigas crenças tradicionais e animistas vicejavam — nunca professadas explicitamente porque, sob Suharto, era proibido falar de questões raciais, religiosas ou étnicas. Era "emocional" demais, conflituoso demais, e, numa sociedade em que a ordem era basicamente imposta pelas forças armadas, era "desnecessário" discutir e debater temas recorrentes, pois isso apenas piorava as coisas.

Num final de semana, vi oito pessoas serem decapitadas por grupos turbulentos e festivos de homens com faixas coloridas na cabeça, indicando sua origem étnica. Num determinado momento, fui a um campo onde havia uma turma de meninos jogando futebol. Pareciam se divertir imensamente. Então percebi que a bola que estavam chutando era a cabeça de um velho.

Na Ambon islâmico-cristã, a violência religiosa matou mais de 4 mil pessoas em pouco mais de um ano. Em 2002, o número de mortos passou de 10 mil. Lembro que, em certo momento, perguntei às pessoas que viviam em enclaves divididos por postos de controle muçulmanos ou cristãos, e que estavam exaustas de tantas lutas, como a violência havia começado, pois pensei que chegar à raiz do problema ajudaria a acabar com a violência comunal. Todas as respostas que recebi eram sempre as mesmas: tinha sido "gente de fora; não fomos nós".

Quando explodia a violência, a resposta era sempre essa. A força da turba destruía o controle individual, dando às pessoas a liberdade de dar vazão ao que havia de pior nelas. O que eu via na Indonésia era algo que tinha visto nas Filipinas e que depois veria em vários países ao redor do mundo, onde o poder da desinformação começava a devastar as mentes e a alterar o comportamento das pessoas, em especial dos grupos menos instruídos ou menos familiarizados com a internet. A educação determinava a qualidade da governança. O investimento em educação leva uma geração para render frutos. Da mesma forma, os países sentem nas gerações seguintes o impacto do descaso com a educação. Isso determina a produtividade, a qualidade da mão de obra, os investimentos e, por fim, o produto interno bruto (PIB).

Destinar para a educação uma parte do orçamento nacional significa investir em seu povo.

A capacidade de discernir e questionar — fundamental para o jornalismo e a democracia — também é determinada pela educação. Os jornalistas e as empresas de notícias são um reflexo do poder do povo de cobrar responsabilidade de seus líderes. Isso significa que, em última análise, é possível observar a qualidade de uma democracia também a partir da qualidade de seus jornalistas.

Minha experiência em jornalismo era a norma entre os jornalistas de minha geração porque eu havia me formado na idade de ouro de nossa profissão, quando as empresas de notícias ofereciam a suas equipes proteção e recursos suficientes para fazer nosso trabalho.

Eu adorava fazer reportagens. Ser repórter me deu, na casa dos vinte e dos trinta anos, uma tremenda carga de adrenalina na busca de sentido, e era uma escola movida a prazos curtos, ensinando o que era o mundo. Tive o privilégio de percorrer e de gravar alguns dos momentos mais sensíveis da vida de muita gente: a tragédia e a alegria sem máscaras. A vivência desses momentos em conjunto, se eu a tratasse como o privilégio que de fato era, criava ligações realmente genuínas. Eu entrava em todas as situações pronta a ouvir e aprender; a manter a mente aberta; a ser vulnerável, pois o bom jornalismo começa pela confiança. As pessoas que são objeto de nossas matérias devem confiar em nós, e nossas matérias têm de fomentar, com o tempo, a confiança de nosso público.

Eu me sentia testada em todos os níveis: físico, intelectual, social e espiritual. Intelectualmente, desenvolvi a habilidade de seguir as histórias ao longo do tempo e de passar da política para a economia, a governança, a segurança, o clima, o desenvolvimento sustentável e muitos mais.

Em termos de sociabilidade, formei uma rede de fontes até conseguir colher informações internas sobre o modo e o motivo das decisões que eram tomadas. A qualidade de um repórter depende da qualidade de suas fontes: essa é a diferença entre as coletivas de imprensa e as investigações independentes. A honestidade, a clareza em traçar as linhas, o pedido de autorização para o que se pretende revelar publicamente são fundamentais para cultivar fontes. Nunca transmiti uma matéria sensível sem que todas as fontes soubessem, para que elas pudessem se proteger de líderes autocráticos ou vingativos. Quando construímos nossa rede de fontes e a elaboração de nossas matérias, construímos a confiança pública. Com o tempo, nós e nossas fontes aprendemos mutuamente nossos valores, e podemos até travar juntos as batalhas pela integridade e pela justiça.

As circunstâncias e os prazos também eram puxados para mim, fisicamente falando. A cobertura de desastres e em zonas de guerra exigia um planejamento meticuloso e muita adaptabilidade. Significava passar semanas à base de macarrão instantâneo e de comida enlatada (quando tínhamos um veículo extra) ou tirando apenas uns cochilos rápidos, no máximo de duas ou três horas durante os ciclos de notícias urgentes. Significava suportar situações extremas — de frio, de calor, de fome, de sede. E significava encarar os medos, inclusive permanecendo imóvel numa casa escura, escondida debaixo de uma cama, enquanto uma milícia armada perseguia nossa equipe.

Em 1991, dirigimos horas incontáveis depois que uma inundação súbita em Ormoc, Leyte, Filipinas, no meio da noite, varreu para o mar várias partes da cidade. Seria uma matéria sobre os desflorestamentos, a mudança climática, a capacidade do governo local em lidar com calamidades e as consequências de destruirmos nosso meio ambiente. O número de mortos se situava entre 4 mil e 10 mil pessoas. (Essa diferença entre os números estimados de mortos se devia aos interesses dos que queriam manter uma baixa contagem das vítimas.) Ao entrarmos na cidade, o cheiro da morte dominava tudo. Atravessamos a ponte de entrada e paramos o carro para filmar o vídeo da paisagem atingida. Desci do carro meio adormecida de sono e pisei em algo esponjoso. Olhei e quase engasguei ao notar que se tratava de uma mão humana.

Quando presenciamos mortes, violências e crueldades absurdas, somos obrigados a questionar a existência de Deus. Vi mais de seiscentas pessoas enterradas juntas numa vala coletiva em Ormoc, ouvi os gemidos das famílias, estive cercada pelo fedor de carne putrefata.

Foi aí que escolhi acreditar em Deus. Uma parte dentro de mim estava furiosa que uma inundação instantânea pudesse matar tanta gente dormindo — algum Deus teria permitido uma coisa dessas? Outra parte dentro de mim pensou no Deus da arca de Noé, ministrando uma lição mortal à humanidade. Não podíamos ser tão facilmente descartáveis. A despeito de mim mesma, rezei pela alma deles. Eu precisava que houvesse algo mais. Momentos como aquele me ensinavam que a fé — quer Deus fosse Buda, Alá, Javé, Jeová ou El Shaddai — era mais do que mera religião.

Ser jornalista me ensinou a ter fé em mim mesma e em nossa humanidade comum.

Em 2000, eu era um rosto conhecido da CNN no Sudeste Asiático. E fui para as Filipinas em julho para dar uma palestra, no Rotary Club de Manila, sobre educação, jornalismo e democracia. Esse discurso foi uma das primeiras vezes em que apresentei minha visão sobre nosso futuro jornalístico.

Não contei histórias de guerra; em vez disso, falei sobre algo mais conceitual: o mito do "jornalista objetivo". Fiz uma distinção entre essa ideia e os princípios do jornalismo que, por meio de um sistema de freios e contrapesos, criavam uma meta de objetividade no processo de reportagem. Mas jornalistas objetivos não existem; quem diz o contrário está mentindo.

Era importante definir o que as pessoas entendiam por "objetividade", porque é a palavra usada para atacar jornalistas por serem de algum modo desonestos ou tendenciosos. É por isso que reajo contra ela com tanto fervor. Para descrever um jornalista, sempre substituo "objetivo" por "bom".

Um bom jornalista não busca o equilíbrio — como quando, digamos, um líder mundial comete um crime de guerra ou mente descaradamente para os cidadãos de seu país —, pois seria criar uma falsa equivalência. Quando um jornalista enfrenta os poderosos, é mais fácil e mais seguro escrever a matéria de uma maneira "equilibrada". Mas essa é a saída do covarde. Um bom jornalista, por exemplo, não concederia o mesmo tempo e o mesmo espaço para notórios negacionistas climáticos e para cientistas que estudam a mudança climática.

Os bons jornalistas se apoiam em provas, em fatos incontroversos. O bom jornalismo é uma disciplina e um discernimento profissionais exercidos por toda a sala de redação operando sob as diretrizes de um manual de ética e padrões sólidos. Significa ter a coragem de fazer a reportagem de acordo com as evidências, mesmo que isso acarrete problemas com quaisquer poderes que sejam. As palavras "imparcialidade" e "equilíbrio" são perigosas quando usadas fora desse contexto, muitas vezes sequestradas por grupos de interesse.

Hoje, olho com saudades para aquela época. Mesmo no começo dos anos 2000, os meios noticiosos ainda eram os guardiães, quando a audiência contava com as habilidades do repórter e o histórico da empresa de notícias, quando os profissionais de toda uma equipe editorial formulavam juízos seguindo o mesmo manual. A missão era proteger a esfera pública; nossos valores e princípios tinham sido laboriosamente trabalhados em inúmeras reuniões e postos no papel. Segundo um desses princípios, os jornalistas ouviam os diversos lados de uma questão e consolidavam o que sabiam para ajudar o público a tomar suas próprias decisões fundamentadas em informações. O pacto parecia sagrado.

Havia também um equilíbrio entre as forças de mercado e a responsabilidade. Os jornalistas e as empresas de notícias eram legalmente responsáveis por tudo o que transmitíamos e publicávamos — tanto a elaboração das notícias quanto, fundamentalmente, sua distribuição: quais eram os índices de audiência, que chamadas eram usadas, o grau de sensacionalismo das imagens ou das fontes tipográficas utilizadas, a imparcialidade da linguagem empregada. E havia um muro que separava os administradores das empresas e os jornalistas, com vistas a impedir que aqueles que, nas empresas, tinham interesses financeiros influíssem nas notícias.

O que se via era o que todos víamos. Todos liam o mesmo artigo, assistiam aos mesmos noticiários. Embora o veículo visual fosse mais emocional do que o impresso, havia limites éticos ao que podíamos fazer, ao contrário do design e dos algoritmos das redes sociais de hoje.

O objetivo não era vencer uma discussão ou um concurso de popularidade, mas, sim, criar uma forma de cidadania mais bem informada, necessária para o funcionamento de uma democracia. Os jornalistas faziam parte de uma cultura comum de democracia: ouvir, debater e chegar a um meio-termo. Além de responsabilidade legal, havia também um senso de responsabilidade moral: ajudar a criar um futuro melhor.

A compreensão do modo de operação do poder também parecia mais concreta. Sabíamos que todos os governos tentavam cooptar quem dizia a verdade e controlar as narrativas. Na maioria das democracias, os jornalistas eram o quarto Estado, derivando seu poder da vontade das pessoas, do desejo de se informarem antes para então formularem opiniões a respeito de suas vidas, de seu país, de seus líderes. Em troca desse acesso ao pensamento e às emoções das pessoas, o Estado dava acesso aos jornalistas. No melhor dos casos, a relação é um sistema de freios e contrapesos. No pior deles, o acesso se torna contingente, caso o jornalista conte as histórias que o Estado quer.

Na maioria das empresas do setor de notícias, havia uma batalha interna entre os encarregados do negócio, que precisam estar no lado certo do poder, e a hierarquia editorial independente, que precisava responder ao público. Esse era um outro elemento de freio e contrapeso.

Agora, elimine tudo isso e substitua as organizações noticiosas por empresas tecnológicas, que abdicaram em larga medida do papel de guardiãs que protegem os fatos, a verdade e a confiança. Essas empresas veem com bons olhos uma aliança com o poder, o que lhes garante acesso ao mercado e crescimento, porque seu sistema de incentivo se alicerça no poder e no dinheiro. No passado, a informação a que todos tínhamos acesso era salvaguardada dos grupos de interesse ou, nos casos de algumas mídias corporativas, apenas levemente afetada por eles. Agora, com as empresas de tecnologia, a informação que recebemos é determinada diretamente pela busca por lucro.

Essa é a transição pela qual estamos passando.

Em 20 de janeiro de 2001, Gloria Macapagal-Arroyo, economista com formação americana, assumiu como 14º presidente das Filipinas.

Cada presidente tinha sido uma reação ao anterior — uma celebridade e então as forças armadas, o laissez-faire e então o controle: a Cory Aquino, a dona de casa humilde e viúva de um herói, seguiu-se Fidel Ramos, o ex-general que derrubara Marcos e então ajudou Aquino a lidar com as tentativas de golpe, como chefe militar e então ministro da Defesa de seu governo. A Ramos se seguiu Joseph Estrada, astro de cinema.

Quando Estrada foi acusado de corrupção, o povo filipino tomou as ruas para derrubá-lo, o que alguns viram como um segundo Poder do Povo. Mas Estrada não era um ditador como Marcos: fora eleito democraticamente e sobrevivera a um processo de impeachment. Os protestos violavam o império da lei? Onde estava a linha divisória entre a sensatez da multidão e o domínio da turba?

Os militares, que agora constituíam uma força politizada, pondo e depondo governantes, abandonaram Estrada e deram respaldo à vice-presidente Gloria Arroyo para ocupar a presidência. Esses protestos catapultaram Arroyo a um governo problemático, mas tais eventos começavam a mudar o legado do Poder do Povo. Numa transmissão ao vivo, descrevi o processo como "uma bastardização do Poder do Povo". Arroyo cumpriu o restante do mandato de Estrada e então obteve mandato próprio, o que resultou em quase uma década no cargo, mas o país ficou abalado por acusações recorrentes de corrupção contra ela. O povo sabia que os velhos problemas não haviam sido de forma alguma eliminados.

Oito meses depois, o Onze de Setembro chocou o mundo. Foi um dia em que se tornaram explícitas as vulnerabilidades de um paradigma de segurança global ancorado em princípios da Guerra Fria que não se aplicavam mais a uma época de guerras assimétricas. Os poderes do Estado nacional estavam sendo substituídos por outro tipo de movimento de poder, pautado pela paixão e por um senso de missão. Descobrir os elos da al-Qaeda virou minha obsessão. E abriu meus olhos para um fenômeno novo: como uma ideologia virulenta é capaz de radicalizar as redes e de dar forma a algo que, àquela altura, eu já conhecia muito bem — o comportamento emergente.

O Onze de Setembro arrancou uma máscara: a mentira coletiva que havíamos construído a respeito da paz pós-Guerra Fria.[3]

O que muita gente não entendeu na época — e o que eu estava decidida a cobrir de maneira mais abrangente — era como o Sudeste Asiático tinha servido de sementeira inicial para a al--Qaeda.[4] Em 11 de setembro, ela já operava na região havia bastante tempo. Desde 1988, quando Mohammed Jamal Khalifa, cunhado de Osama bin Laden, tinha ido às Filipinas para criar entidades beneficentes islâmicas, que divulgavam o wahabismo e ideias radicais. De 1991 a 1994, as ações terroristas nas Filipinas aumentaram quase 150%.[5]

No Onze de Setembro, saí correndo da academia e fui para casa, para revirar meus arquivos e documentos do setor de inteligência (única maneira de um repórter, naquela época, manter registro dos acontecimentos e contatos), e peguei um relatório de 1995 do departamento de inteligência filipina, com o interrogatório de Abdul Hakim Murad, um piloto comercial registrado que se formara em escolas de aviação nos Estados Unidos. Pode ter sido o primeiro piloto recrutado pela al-Qaeda. Foi detido em Manila em 1995 e entregue aos Estados Unidos; na época dos ataques de Onze de Setembro, estava na prisão de segurança máxima em Florence, no Colorado.[6]

Depois de reler o relatório com o interrogatório de Murad, pedi que Atlanta me enviasse para as Filipinas, a fim de entrevistar o chefe de polícia de Manila em 1995 sobre a conspiração da al--Qaeda. Os nomes que levantei primeiramente nas Filipinas agora são conhecidos por todos.[7] Ramzi Yousef e Khalid Sheikh Mohammed tinham estado nas Filipinas em 1995, conspirando o assassinato do papa João Paulo II e do presidente americano Bill Clinton.[8] O complô que todos nós noticiamos era o Oplan Bojinka

— um plano de bombardear aviões americanos em voos vindos da Ásia. O que então ignorávamos — pois parecia mirabolante demais — era outro plano, de sequestrar aviões comerciais e arremetê-los contra os edifícios: o World Trade Center de Nova York, o Pentágono, o Sears Building em Chicago e o TransAmerica Pyramid em San Francisco.[9] Quanto mais eu avançava em minhas reportagens, mais claramente via que todos os principais complôs da al-Qaeda de 1993 a 2003 tinham algum elo com as Filipinas, ex-colônia estadunidense:[10] desde o ataque ao World Trade Center, em 1993, aos bombardeios de embaixadas norte-americanas na África Oriental, em 1998, ao ataque ao Hotel JW Marriott em Jacarta, em 2003.

Isso significa que as duas maiores matérias da minha carreira tinham a ver com as Filipinas como campo de teste para dois perigos ameaçando os Estados Unidos e o mundo no século XXI: o terrorismo islâmico e a guerra de informação nas redes sociais.

Depois do Onze de Setembro, fiquei obcecada em rastrear essa rede terrorista global, em identificar as ligações entre seus integrantes e, talvez, descobrir complôs semelhantes.[11] Procurei contatos que eu tinha desde longa data — investigadores que haviam subido na hierarquia nas Filipinas, Indonésia, Cingapura e Malásia, e que estavam todos correndo para canalizar seus recursos e reunir informações. Mostraram-se mais do que dispostos a me repassar relatórios antigos sobre personagens da al-Qaeda produzidos pelo serviço de inteligência, em troca da análise do significado que podiam ter. Àquela altura, eu dispunha de mais informações do que eles, pois não havia nenhuma base de dados centralizada e nenhum programa formal de compartilhamento de informações do setor de inteligência no Sudeste Asiático. Comecei a montar minha própria base de dados com os relatórios confidenciais dos serviços de inteligência que eles me passaram.[12] Muitas vezes, para contornar burocracias ineficientes, os investigadores pegavam o telefone e me ligavam para ver se eu conhecia um nome que acabavam de descobrir ou para trocarmos ideias sobre o possível significado daquela nova informação. Foi assim que dei na CNN furos exclusivos, um depois do outro, na década que se seguiu ao Onze de Setembro.

Ao estudar os terroristas e a difusão da ideologia virulenta que adotava a violência, passei também a examinar a mudança de comportamento das pessoas quando passam a integrar algum grupo — conceito que eu já presenciara na Indonésia. Para investigar a radicalização, comecei com o conceito de pensamento de grupo e os experimentos do psicólogo Solomon Asch nos anos 1950, que demonstravam que, diante de perguntas simples realizadas em doze testes críticos, 75% dos participantes, em vez de se aterem a suas conclusões pessoais, cediam à pressão do grupo.[13] Esses experimentos mostravam o poder da pressão dos pares e como todos nós mudamos ao fazer parte de qualquer grupo. Para entender a reação dos terroristas à autoridade, recorri aos famosos experimentos de Stanley Milgram (lembram-se dos "seis graus de separação?") e do experimento prisional de Philip Zimbardo. Milgram descobriu que a maioria das pessoas segue instruções, mesmo quando consistem em aplicar choques potencialmente letais a outras pessoas.[14] O estudo de Zimbardo tem sido contestado, mas ele sustenta suas descobertas: as pessoas perdem sua individualidade e assumem as características dos papéis que lhes são designados.[15] Em outras palavras, a autoridade pode nos dar a liberdade de agir conforme o que há de pior em nós. Voltei a pensar nesses experimentos mais tarde, no contexto das redes sociais: como era fácil açular uma turba contra um alvo.

Eu também estava aprendendo como o extremismo e a radicalização podiam se difundir pelas redes sociais — como um vírus. A teoria da rede social oferecia a Regra dos Três Graus de Influência, uma teoria postulada inicialmente por Nicholas

Christakis e James Fowler em 2007.[16] O trabalho deles mostrava que tudo o que dizemos ou fazemos repercute em nossa rede social, criando um impacto em nossos amigos (um grau), nos amigos de nossos amigos (dois graus) e mesmo nos amigos dos amigos de nossos amigos (três graus).[17] Por exemplo, se nos sentimos sozinhos (caso em que se deve supor que o espalhamento seja menor), há uma chance de 54% de que nosso amigo venha a se sentir sozinho; uma chance de 25% de que o amigo de nosso amigo venha a se sentir sozinho; e uma chance de 15% de que o amigo do amigo de nosso amigo venha a se sentir sozinho.[18] Emoções como a felicidade e a esperança, à maneira do tabagismo, das doenças sexualmente transmissíveis e mesmo da obesidade, podem ser traçadas e difundidas por meio de redes sociais.[19]

Primeiramente aprendi[20] o mapeamento das redes sociais usando técnicas que refinamos ao trabalho no Core Lab na Naval Postgraduate School, em Monterey, na Califórnia.[21] Ao rastrear terroristas, vimos que a al-Qaeda e a Jemaah Islamiyah (JI) operavam na Austrália e no Sudeste Asiático da mesma maneira como viriam a operar as redes de desinformação: pegavam grupos díspares que então treinavam, financiavam e infectavam com a ideologia jihadista, tomando como alvos tanto "o inimigo próximo", seus respectivos governos, quanto "o inimigo distante", os Estados Unidos.

Tanto a JI quanto a al-Qaeda viram a derrocada de suas estruturas de comando centralizado nos anos pós-Onze de Setembro. Mas as velhas redes continuaram a espalhar o vírus jihadista. As células executavam ataques sem uma liderança central. Os campos de treinamento eram menores e operavam de maneira mais improvisada.

A ameaça se tornou mais dispersa e mais difícil de rastrear.

Desde então, repito de muitas maneiras variadas essa frase sobre o impacto das operações do contraterrorismo sobre as redes terroristas.[22]

Transponha-se tudo isso para a radicalização política vinte anos depois: os especialistas de segurança cibernética e inteligência, incluindo ex-funcionários do Conselho de Segurança Nacional dos Estados Unidos, chegariam à mesma conclusão sobre como as redes de desinformação on-line que se espalham por meio do Facebook se regeneraram após anos de desmontes: "A ameaça se tornou mais dispersa e mais difícil de rastrear".[23]

Em 2003, fazia dezessete anos que eu era jornalista, e minha curva de aprendizagem atingira um platô. Agora podia transmitir notícias urgentes de olhos fechados, e começava a ver sempre os mesmos temas ressurgindo em todas as matérias que fazia. O fluxo de trabalho de minha equipe em Jacarta era o melhor possível; rendíamos mais do que todas as outras sucursais de mesmo porte. Mas eu tinha parado de aprender. Agora eu realmente queria algo mais.

Estava chegando aos quarenta anos, mas ainda morava como uma estudante sem qualquer noção de equilíbrio entre trabalho e vida. Meu trabalho era minha vida, e minha vida era meu trabalho. Estava ciente dos sacrifícios: inevitavelmente, uma grande matéria podia significar o fim de um relacionamento romântico; não fui ao casamento de meu irmão porque não podia deixar de fazer uma cobertura urgente numa zona de conflito; decidira, depois de alguns meses de reflexão, que optaria pelo jornalismo em vez de ter um filho. Tentava me manter consciente dessas decisões porque queria uma vida sem arrependimentos; apesar do que estou vivendo agora, fico feliz por ter escolhido a vida que escolhi.

Por volta daquela época, o proprietário e presidente da ABS-CBN que uma vez fora preso por Marcos, Eugenio Lopez III — conhecido como Gabby —, me propôs encabeçar a maior empresa de notícias das Filipinas. Eu sabia que, algum dia, iria querer me aposentar nas Filipinas. De alguma maneira, o país, falho e imperfeito como era, havia se tornado visceralmente meu lar. Assim, era apenas um passo até a conclusão: se eu iria me aposentar em Manila, por que então não contribuir para torná-la um lugar melhor para se viver? Já tinha idade suficiente para ser realmente experiente, mas ainda com idade suficiente para querer trabalhar com empenho por um ideal e ter energia para isso. Ademais, tinha passado minha carreira escrevendo sobre o que os outros faziam, sobre o tipo de instituições que os governos e empresas estavam construindo. Agora eu queria a experiência de pôr em prática as lições que eu havia aprendido com eles.

O empurrão final foi o desafio que Gabby me apresentou: "Você consegue transformar a ABS-CBN numa empresa de notícias de categoria mundial?". Vi também uma pesquisa feita após as eleições de maio de 2004, que indicava que quase 90% dos filipinos se informavam pela televisão, não pelos jornais, como sempre tinha sido. A televisão agora era o veículo de comunicação mais poderoso, o que significava que seria uma ferramenta incrível para a construção nacional.

Não tive como recusar.

Empacotei minhas coisas no apartamento de Jacarta, fui a Atlanta para me despedir do pessoal que me ensinara e orientara, e voltei a Manila no começo de dezembro de 2004 — meu segundo e último retorno ao lar. Eu estava escalada para começar na ABS-CBN em 1º de janeiro de 2005.

A cidade de Manila tinha se tornado maior e mais rica. Instalei-me em Taguig, na Bonifacio Global City, um distrito novo construído numa antiga base militar — um bairro de prédios residenciais novos e reluzentes, com ruas limpas e relativamente calmas —, e montei minha nova vida. A ABS-CBN ficava no mesmo complexo de comunicações em Quezon City, a meia hora dali, embora em Manila o trânsito sempre influísse.

    Sentia-me insegura: grande parte do que eu me tornara estava vinculada à minha identidade na CNN. Saindo da CNN, quem eu seria? Eu seria alguém sem a CNN? E agora iria me tornar parte de um sistema de mídia cujas falhas eu conhecia até demais. Conseguiria sobreviver à política interna da ABS-CBN, organização ainda lutando com problemas de corrupção, autocensura, uma cultura de apadrinhamento e todos os defeitos da vida empresarial, política e social nos anos pós-ditadura — e ajudar a construir uma instituição mais sólida? Pedi para começar um estágio como consultora nos primeiros seis meses, para que eu e as pessoas sob minha gestão tivéssemos ocasião de nos conhecer sem nenhuma estrutura de poder.

    Agora, eu sabia que o fundamental para qualquer coisa que fizesse a seguir era um desafio ainda constante: aprender como dizer mesmo a mais dura verdade. Evitar mentirinhas inocentes e racionalizações. Ser honesta e transparente.

    A cobertura de notícias urgentes me definira; criara em mim a tendência para a ação. Mas eu tinha outros objetivos. Quando optei por sair da CNN em 2005, foi em parte porque, como repórter, era pequeno meu papel em estabelecer linhas de ação ou metas organizacionais. Sobretudo numa nação que ainda estava se transformando de ditadura em democracia, as ações de todas as organizações, grupos e indivíduos tinham importância. Estava pronta para a experiência de aplicar as ideias em que acreditava.

    Queria construir minha visão do jornalismo, uma organização de notícias nas Filipinas que fosse tão sólida e comprometida com a verdade que nenhum governo sonharia em tocar sequer um dedo nela.

PARTE II

A ASCENSÃO DO FACEBOOK,
O RAPPLER E O BURACO
NEGRO DA INTERNET

2005-2017

5. Os efeitos da rede
Passo a passo até o ponto de virada

Arquivo pessoal da autora, ABS-CBN, maio 2010.

Quando assumi a ABS-CBN News, me deram a liberdade e os recursos para criar algo novo, uma visão de como a maior rede de notícias de um país poderia ajudar a construir a nação. Acredito agora que os passos que demos para mudar os valores, a cultura e o conteúdo da ABS-CBN no início do século XXI mostram como a mídia pode ajudar a reconstruir a democracia mundo afora. As notícias moldam o público, tanto quanto o público molda as notícias. Isso é algo que os veículos de mídia como a ABS-CBN, que já haviam estado sob controle estatal, conheciam bem nas Filipinas.

Em 2005, a ABS-CBN era o maior grupo de mídia das Filipinas, com cerca de mil pessoas trabalhando apenas no departamento de jornalismo. Nossa base era na capital, Manila, mas operávamos dezenove estações nas províncias e seis centros no exterior: dois na América do Norte, um no Oriente Médio, um na Europa, um na Austrália e um no Japão. Nosso conteúdo era veiculado no rádio, na TV e na internet. Eu dirigia, ainda, a única rede a cabo do país que transmitia notícias em inglês 24 horas por dia — a ABS-CBN News Channel (ANC), que também era distribuída mundialmente.

Meu primeiro desafio na ABS-CBN foi mudar a cultura de trabalho. A mídia era um microcosmo do que os líderes do nosso país tinham que enfrentar: uma situação em que a ética situacional e a política do clientelismo e do apadrinhamento determinam se você, sua família e seus amigos vão ganhar alguma recompensa. Eu estava acostumada a certo padrão de eficiência na CNN, onde a lealdade não predominava sobre o mérito e a equipe tinha que desempenhar a contento, ou então enfrentar as consequências.

A tarefa mais imediata na ABS-CBN era aprimorar o nível de nossos jornalistas. Eu acreditava que, se eles dominassem o ofício, alcançaríamos uma audiência maior. Assim, em janeiro de 2005 lancei programas de treinamento para nossos jornalistas, com a ajuda da minha segunda equipe da CNN em Manila,[1] que recrutei para me assistir nessa experiência de mudança cultural.

Desde o início, institucionalizamos três palavras — as que eu senti serem necessárias não só para a ABS-CBN, mas para o nosso país. Prometi à nossa equipe transparência, responsabilidade e consistência, pois eu queria criar sistemas que funcionassem independentemente das personalidades. Tal como o governo, precisávamos institucionalizar sistemas que funcionassem independentemente das relações pessoais — e também apesar delas. É por isso que essas três palavras foram tão importantes para mim na época, e continuam sendo até hoje. Elas são a chave para se construir uma democracia funcional e resistir ao poder de um ditador, que chega a ser quase como um culto.

Como em todas as coisas, nossos pontos mais fortes são também nossas maiores fraquezas. Os filipinos são conhecidos por serem gentis, atenciosos e leais. A lealdade pessoal é um valor fundamental, que consagramos na expressão *utang na loob* — literalmente, "a dívida que vem de dentro". Mas essa qualidade também sustentava outro aspecto da nossa sociedade feudal. Seja no governo, no trabalho ou em casa, ainda existe nas Filipinas um sistema de apadrinhamento que remonta ao nosso passado feudal. Criar um ambiente de excelência e profissionalismo exigia atacar essa tendência de frente. Se conseguíssemos fazer isso na nossa empresa, talvez pudéssemos ampliar o círculo para além dela.

Foi aí que comecei a usar a expressão "Seja cruel para ser bondoso". Os gerentes não estavam avaliando honestamente o trabalho dos subordinados porque queriam ser "bonzinhos", queriam evitar conflitos. Precisávamos "ser cruéis para sermos bondosos" por três motivos: porque queríamos ser os melhores; porque queríamos ser de classe mundial; e porque, como empresa jornalística responsável por relatar a verdade sobre a situação do país, tínhamos um papel descomunal a desempenhar na nossa sociedade.

Isso implicava algumas medidas duras. Em seis meses reduzimos o inchaço na empresa, demitindo um terço da equipe de notícias; aliviamos o golpe oferecendo três meses de salário por ano de serviço. Foi um processo doloroso e estive presente, pessoalmente, em muitas dessas demissões. Em cada iniciativa que tomei como líder, a empatia era primordial. Era duro ver a surpresa, a raiva, a ansiedade e, depois, a compreensão e a aceitação estampadas no rosto de nossos funcionários enquanto eu explicava o motivo das demissões. Esse processo reforçou minha convicção de que as decisões mais difíceis são aquelas que a própria pessoa deve comunicar. Se você não tiver a coragem de dar a notícia às pessoas afetadas pela sua decisão, então pense duas vezes.

Pouco a pouco, começamos a mudar uma cultura que enfatizava a lealdade acima do desempenho, exigia obediência cega, sufocava a iniciativa e enfatizava a lealdade ao grupo, em vez de ao bem maior. Todas essas são as características comuns de um partido político tomando o poder, ou de um país firmemente autoritário. E tudo isso vai contra os valores centrais de qualquer empresa jornalística, que depende da inteligência coletiva, da iniciativa pessoal e de ações imediatas bem coordenadas.

Uma pergunta que eu fazia a cada membro da nossa equipe era: "*Por que* eu faço isso?". A resposta nos levava aos valores fundamentais; insistíamos com nosso pessoal para que definissem seus valores pessoais e, se possível, os integrassem aos valores da nossa empresa. Por fim, conseguimos resumir nossa filosofia em uma só frase, que passou a nos orientar na vida: "Jornalismo de excelência para tornar o mundo um lugar melhor". Em seguida, redigimos um Manual de Normas e Ética com 116 páginas, que incluía uma parte considerável voltada para o tema da anticorrupção. Vivíamos de acordo com essas normas, e suspendíamos e demitíamos pessoas com base nelas.

Em meados de 2007, a ABS-CBN já competia com os melhores veículos de notícias do mundo. Algumas mudanças foram realizadas com um grande custo, não só para a empresa, mas para mim particularmente. Alguns ataques, na verdade, eram muito pessoais e muitas vezes tinham base legal.

Em quase duas décadas na CNN, fazendo centenas de reportagens investigativas, ninguém nunca havia me jogado um processo na cara. Em meu primeiro ano dirigindo a ABS-CBN News, todo mês eu recebia um processo judicial que vinha de dentro da própria empresa. Uma das pessoas que demitimos por práticas corruptas entrou com um processo para me deportar — sem se dar conta de que eu era cidadã filipina. E a cada poucas semanas eu tinha de enfrentar alguma campanha de difamação, baixa e retaliatória, de funcionários da empresa que não gostavam nem um pouco da maneira como eu estava mudando as coisas.

Se você tenta mudar a cultura, ela vai revidar. Você tem que ter estômago para isso. E a coisa não parava aí — isso tudo eram sinais do clima de raiva e ressentimento que iria aumentar e se alastrar com a internet, tanto no meu país como fora dele. Era uma cultura que eu estava determinada a combater de frente e, dentro da minha área de influência, mudar.

Durante esse período, o governo estava cada vez mais cercado. Pouco depois de eu ter chegado à ABS-CBN, recebemos informações de que Arroyo poderia ter fraudado a eleição presidencial de 2004. A alegação se fundamentava na divulgação de conversas por telefone celular, segundo as quais, aparentemente, Arroyo havia pedido mais 1 milhão de votos de um comissário eleitoral.[2] Essas revelações acabaram desencadeando três processos de impeachment fracassados e protestos em massa.[3]

Arroyo partiu para a ofensiva. Assinou a Proclamação 1017[4] em 24 de fevereiro de 2006, o vigésimo aniversário da revolta do Poder Popular, de 1986, declarando "estado de emergência".[5] Alegou que políticos da oposição, gente da extrema direita e da extrema esquerda e "elementos irresponsáveis da mídia nacional" estavam trabalhando juntos para armar um golpe contra seu governo. Quanto ao golpe, ela estava certa, e a ABS-CBN também sabia disso.

A declaração de Arroyo restringiu severamente a liberdade de imprensa. O governo invadiu a redação de um jornal, executou prisões sem mandado, ameaçou fechar órgãos de imprensa e estacionou um veículo blindado de transporte de pessoal (minitanques, como eu os chamo) na porta da ABS-CBN. Nesse período, houve tentativas de controlar os jornalistas por meio da intimidação, de pressões indiretas e de processos por difamação. Alguns acreditavam, então, que membros das forças de segurança estavam envolvidos nos assassinatos extrajudiciais de jornalistas e líderes de esquerda. O governo temia o poder da mídia — até porque o país já havia derrubado pacificamente dois presidentes usando a mídia para convocar protestos nas ruas.

Arroyo tinha razão em ter medo. A ABS-CBN poderia ter sido, de fato, a faísca que derrubaria seu governo. Os soldados estavam literalmente esperando que a mídia agisse — especificamente a ABS-CBN — para desencadear suas ações. Tínhamos um repórter em um corpo de elite, os Scout Rangers, os quais nos disseram que sairiam à rua marchando assim que nós os mostrássemos ao vivo na televisão. Através do nosso repórter, eu lhes disse que não iríamos mostrá-los ao vivo enquanto eles não saíssem às ruas. Em minha mente, a linha era bem clara: eles tinham de agir primeiro.

No fim, nós nunca os colocamos no ar ao vivo porque eles não saíram às ruas. Mas se tivéssemos concordado com as exigências dos soldados, teríamos iniciado o golpe. Tal era o poder da ABS-CBN.

A presidência de Arroyo sobreviveu a esse infeliz episódio, mas não foi a última vez que ela atacou a liberdade de imprensa. O desafio mais sério para a mídia ocorreu em 29 de novembro de 2007, quando 51 jornalistas, incluindo doze da nossa rede, foram presos ao relatar a tomada, que durou um dia, do Hotel Peninsula Manila, no distrito financeiro da cidade, e que foi encampada, mais uma vez, por rebeldes dentro das forças armadas. O governo alertou todas as empresas de mídia para retirar seu pessoal do hotel antes de mandar tropas. No entanto, optamos por manter o nosso pessoal no hotel, porque, se acatássemos as demandas do governo, o único relato a respeito da ação seria o do próprio governo. Por que deveríamos recuar e desistir, voluntariamente, de relatar uma tentativa de golpe?

Ao transformar a cobertura de conflitos em uma "cena de crime" — na qual qualquer um podia ser preso —, o governo reciclou leis já existentes para reprimir a imprensa livre, em uma nítida violação da Constituição nas Filipinas. Foi também a primeira vez que o governo filipino tentou outra tática: usar a polícia nacional como principal agente em uma situação de conflito político. Todas as outras tentativas de golpe ou "retiradas passivas de apoio" nos últimos 21 anos haviam sido resolvidas pelo Departamento de Defesa Nacional e pelos militares.

Aquele foi o começo do que estamos vivendo hoje. Os ataques do futuro governo Duterte se basearam naqueles experimentados e testados por Arroyo. De fato, muitos dos leais apoiadores de Arroyo e membros do seu gabinete passaram a fazer parte do governo Duterte, inclusive seu conselheiro de segurança nacional, Hermógenes Esperón.[6] As sementes da subversão da Constituição realizada por Duterte foram plantadas no mandato de Arroyo. No início, as agressões eram tão pequenas e insidiosas que o público mal as notava. Devíamos ter dado o alarme antes. Essa é outra razão pela qual hoje nós nos atemos ao lema #HoldTheLine (que significa "manter a linha").

Houve outra coisa que aprendi naqueles anos de Arroyo e ABS-CBN e que me preparou para um momento presente em que os ditadores atacam as empresas de mídia e os jornalistas enfrentam pena de prisão: como administrar uma crise.

Há um "instante de ouro" em uma crise, quando podemos, proativamente, dar forma a uma história e contá-la antes que alguém a reivindique para si e que isso se torne uma crise. Precisamos saber claramente qual mensagem desejamos passar, em qual rede de distribuição (telefonemas, e-mails etc.) — tudo isso antes da era das mídias sociais. O objetivo era contar nossa história primeiro — especialmente se essa história fosse a respeito de nós mesmos — não só para assumir o controle da narrativa, mas também para proteger as pessoas em risco. Se conseguirmos lidar bem com isso, praticamente tudo o mais se segue. É assim que uma empresa sobrevive às ameaças à sua integridade e ao seu pessoal.

Na ABS-CBN, nossa crise mais difícil ocorreu quando recebi um telefonema, certo dia de manhã cedo, da minha amiga Ces Drilon, âncora da ABS-CBN, me informando que ela e sua equipe haviam sido sequestradas. Os sequestradores eram do grupo Abu Sayyaf, uma facção local ligada à al-Qaeda e que vinha causando estragos nas Filipinas havia anos.

Esse telefonema aterrorizante da Ces marcou o início de dez dias de negociações, improvisações e manobras de alto risco, que espero nunca mais ter de vivenciar de novo. O que aprendi com esse sequestro é que é bem mais complicado tomar decisões que podem significar vida ou morte para as pessoas que trabalham para você.

Insisti para ter plena responsabilidade pelo modo como lidaríamos com essa crise — e fui atendida. Pedi a Libby Pascual, nosso diretor de recursos humanos, que reunisse as famílias dos funcionários sequestrados, e todos nós ocupamos dois andares de um hotel próximo, colocamos seguranças ao nosso redor e passamos dez dias e dez noites sem dormir, negociando a libertação dos reféns. Desde o início, eu queria garantir que faríamos todo o possível para tirar nossa equipe com segurança. Estávamos com eles, e eles estavam conosco. Partimos de uma base de confiança. Quando não se sabe o que vai acontecer em seguida, ser vulnerável e aberto é o primeiro passo para unir todo mundo.

Nossa pequena equipe tomava decisões em questão de minutos, muitas vezes com a adesão das famílias. Eu explicava cada decisão que tomava. Também ficou claro que, se eu tomasse uma decisão errada, a culpa seria exclusivamente minha, o que oferecia uma saída para a empresa e me permitia fazer tudo que eu achava certo para trazer nosso pessoal de volta para casa. Era uma situação de vida ou de morte. O sequestro de trabalhadores, um mês antes, nos mostrou o que acontecia caso as pessoas se recusassem a negociar: os trabalhadores seriam decapitados, e suas cabeças, entregues à empresa onde trabalhavam.

Encarregar jornalistas de administrar essa crise foi a melhor coisa que a ABS-CBN poderia ter feito: eu tinha fontes enraizadas dentro da polícia e das forças de contraterrorismo; Glenda Gloria, que eu acabara de trazer para chefiar nosso canal de notícias 24 horas em inglês, tinha fontes profundas dentro das forças armadas.

Conseguimos libertar Ces e sua equipe em dez dias.

Administrar essa crise criou um vínculo profundo entre Glenda, Libby e eu, e lançou a pedra fundamental da capacidade do Rappler de lidar com todas as crises que enfrentaríamos nos anos Duterte.

Apesar de toda a turbulência, foi um momento incrível para liderar a maior empresa jornalística do país, usando seus recursos e sua vasta audiência para fortalecer o engajamento cívico. Foi nesse período que comecei a me valer da tecnologia e das redes sociais. O desafio era como combinar nosso poder de transmissão tradicional com as novas tecnologias de mídia e telefonia móvel, não só para a cobertura jornalística, mas para a mudança social. Queríamos incentivar as pessoas a usar seus celulares para colaborar conosco na criação de reportagens. O que vi naqueles anos foi o poder do jornalismo de transformar uma sociedade e de fortalecer uma democracia.

Naqueles seis anos, criamos programas premiados que trouxeram resultados concretos e quantificáveis para a nossa sociedade — e até levaram a um ponto de virada na democracia. Usamos a mídia de massa como o megafone para fazer um apelo à ação, e a internet e o telefone celular para criar uma cultura participativa, para energizar nossos cidadãos e nossos jovens.

As mudanças foram incrementais, cada uma abrindo o caminho para a outra. Modificamos os fluxos de trabalho de coleta e produção de notícias, enfatizando a qualidade, as normas e a ética. Tínhamos afastado a pauta editorial do sensacionalismo e do crime — assuntos que, como ocorre em muitos países, aumentavam os pontos de audiência (os quais aumentavam as receitas); passamos a "botar verduras junto com o açúcar", como eu dizia. Demos um novo nome ao nosso noticiário noturno: *Bandila*, ou seja, "bandeira" — porque decidimos que amar o país deveria ser algo bacana e atraente.[7] Demos ao noticiário um visual arrojado, com apelo juvenil. A força propulsora de todas essas iniciativas foi Beth Frondoso, que depois viria a ser uma das fundadoras do Rappler. Todas as mudanças até então tinham sido internas e organizacionais; *Bandila* foi a ponta do iceberg.

Uma área em que queríamos exercer um impacto verdadeiro era no histórico eleitoral das Filipinas, incentivando mais cidadãos a votar. Direcionamos todas as iniciativas da rede para as eleições presidenciais de maio de 2010, para as quais cooptei duas ideias popularizadas por jornalistas americanos: o ponto de virada e o *crowdsourcing*, ou colaboração coletiva.[8]

A ideia do ponto de virada vem da epidemiologia: quando um vírus se multiplica sem ser notado e acaba atingindo o ponto em que altera todo o sistema. "Colaboração coletiva" sugeria que, se membros de um grupo possuíssem diversidade de ideias, independência entre si, uma estrutura descentralizada e um mecanismo para transformar os diversos juízos e discernimentos em uma decisão coletiva, eles poderiam tomar decisões mais inteligentes do que qualquer gênio solitário. Esses quatro elementos deram origem à "sabedoria das multidões", em vez do poder paralelo em convulsão.

Para nossas campanhas de estímulo à votação, usamos uma linha de ação bem estudada, focada no ponto de virada gradual. Para tentar construir uma comunidade, realizamos onze campanhas multiplataforma de registro eleitoral, 24 horas no ar, em mais de 21 províncias. Registramos filipinos não apenas para votar, mas também para se tornarem jornalistas cidadãos, ou *boto patrollers*, para a ABS-CBN.

Para atrair a população para o voto, realizamos mais de cinquenta aulas e palestras em todo o país, que incluíam discursos de jovens ativistas, shows de música e workshops, muitos dos quais liderados por mim. Depois de apenas quatro meses, a Comissão Eleitoral nos pediu para desacelerar nosso ímpeto porque seus sistemas não estavam conseguindo acompanhar a demanda causada pelo volume de inscrições que estavam sendo registradas.

Concentrei nossos recursos em dois grandes objetivos: difundir o empoderamento e a esperança; e promover o debate e o engajamento.

Minhas ideias para o primeiro objetivo se baseavam no que aprendi quando estudei o terrorismo e a violência das multidões na Indonésia. Apoiei-me em ideias vindas da teoria das redes sociais, nos experimentos dos psicólogos Solomon Asch, Stanley Milgram e Philip Zimbardo, e na Regra dos Três Graus de Influência — a ideia de que tudo o que dizemos ou fazemos impacta nossos amigos, os amigos dos nossos amigos e até mesmo os amigos dos amigos dos nossos amigos. As discussões dos grupos de foco da nossa rede nos mostravam que a juventude filipina estava insatisfeita e desiludida com os processos políticos do nosso país. Decidimos usar o poder da dinâmica de grupo e das redes sociais para fazer algo positivo: disseminar a esperança.

Usamos um slogan simples: "*Ako ang Simula*", ou seja, "Eu sou o início".[9] O espírito da coisa é: "A mudança começa comigo". Nós nos inspiramos em mensagens universais — esta foi inspirada pela famosa frase de Mahatma Gandhi: "Seja você mesmo a mudança que você quer ver no mundo". E mais ainda, remontava aos antigos gregos — a Plutarco, que disse: "O que alcançarmos internamente mudará a realidade externa".[10]

Decidimos difundir a esperança através do empoderamento. Foi um chamado à ação.[11]

O veículo de sustentação foi um programa de jornalismo cidadão, baseado em crowdsourcing, sobre política e questões sociais. Começamos transmitindo matérias três vezes por semana nos nossos noticiários, através das nossas várias plataformas multimídia; no mês anterior às eleições, o programa passou a ir ao ar todas as noites, no horário nobre. Usamos uma abordagem tipo "ponto de virada", apostando no efeito cumulativo de cada ação que realizávamos, usando a repetição para ajudar nossos cidadãos a compreender que, se vissem algo ruim ou bom acontecendo, podiam pegar o celular e filmar. Três meses antes das eleições, realizamos um show com quinze bandas, para um público de cerca de 20 mil dos nossos jornalistas cidadãos.[12]

Chegamos então a um ponto de virada no nosso programa de jornalismo cidadão com o massacre de Maguindanao.

Em 23 de novembro de 2009, 58 pessoas, incluindo 32 jornalistas, foram mortas em plena luz do dia, na província de Maguindanao. Os assassinatos foram um ato premeditado, orquestrado por um político rival, e foram a pior violência eleitoral na história das Filipinas. A Comissão de Proteção aos Jornalistas o chamou de "o ataque mais mortífero a jornalistas já ocorrido em qualquer lugar do mundo" e "o ataque mais mortífero à imprensa já registrado na história da Comissão".[13] E foi um jornalista cidadão quem revelou a verdade daqueles acontecimentos.

Às 15h47, quase 45 minutos antes de os militares ficarem sabendo da ocorrência de assassinatos no topo de uma montanha remota em Maguindanao, a ABS-CBN recebeu uma mensagem explicando que os parentes e associados do aspirante a governador Esmael "Toto" Mangudadatu, assim como os jornalistas que cobriam os fatos naquele dia, haviam sido sequestrados. A mensagem também dizia que a polícia nacional não agiu porque estava sob o controle do governador de Maguindanao em exercício, Andal Ampatuan Jr. Segundo nosso jornalista cidadão, os militares também "se fizeram de idiotas e cegos, apesar dos relatos de que havia um complô contra Toto Mangudadatu".

Essa mensagem nos contou o que aconteceu, quem foram os responsáveis e por que a polícia não agiu.

A segunda mensagem de nossa fonte chegou apenas onze minutos depois:

> Pedimos que seja dada atenção a este incidente e que se faça uma investigação aprofundada, bem como uma reportagem imparcial. As atrocidades da família Ampatuan, em Maguindanao, são um segredo de conhecimento público. Todos estão imobilizados, com medo de perder a vida. Essas pessoas estão brincando de deuses aqui.[14]

Nessas duas mensagens, nossa fonte nos contou o que havia ocorrido, onde havia acontecido, quem estava envolvido, e qual fora o clima. Àquela altura, todos tinham medo dos Ampatuan; a pessoa que tinha nos enviado essas mensagens correra um tremendo risco. Achamos que provavelmente se tratava de um soldado.

Meia hora depois, o porta-voz do Exército filipino confirmou o sequestro e os assassinatos. O número de mortos aumentou nas horas seguintes.

A terceira e última mensagem do nosso jornalista cidadão veio mais tarde naquela noite. Era a primeira foto do lúgubre local do massacre — três corpos esparramados na grama como se tivessem sido jogados ali —, mas, quando a recebemos, não tínhamos como provar sua autenticidade. Todos os jornalistas que acorreram para cobrir o evento, inclusive os nossos, foram detidos pelas autoridades em um hotel no centro da cidade.

Assim que confirmamos que a van branca Toyota Hi-Ace que aparecia na foto fazia parte do comboio de Mangudadatu, e que os corpos deviam ser das pessoas sequestradas, divulgamos a foto. Tínhamos razão: um militar que esteve no local e ficou horrorizado com o que viu nos enviou a foto por e-mail. Naquele momento, somente os militares tinham acesso ao local. Creio que esse soldado se tornou um jornalista cidadão porque queria evitar qualquer possível ocultação desses crimes.

O massacre de Maguindanao foi um marco para nosso programa de jornalismo cidadão e provou o enorme potencial de incorporar jornalistas cidadãos às comunidades e instituições. E isso me fez perceber que o fundamento de um programa de jornalismo cidadão em países como as Filipinas provém de uma batalha individual pela integridade: até onde você se dispõe a ir para corrigir algo que considera errado? Ou perverso?

No dia da eleição, 10 de maio de 2010, tínhamos quase 90 mil jornalistas cidadãos registrados. Nossa página do Facebook tinha 400% mais atividade do que um site normal de notícias.[15] Foi assim que atingimos nosso primeiro objetivo de mudança social para as eleições: semeamos o empoderamento e a esperança, e abrimos o caminho quando nossos jornalistas cidadãos responderam ao nosso chamado à ação.

Houve muitos casos, antes e depois do massacre de Maguindanao, em que jornalistas cidadãos denunciaram suborno, corrupção, violência eleitoral, intimidação e muitas outras coisas. Essas denúncias ajudaram a definir os dias seguintes, tornando mais difícil para os candidatos e seus apoiadores violar abertamente as regras do código eleitoral. Qualquer pessoa com um celular poderia captar uma ação assim, denunciá-la e contar com o apoio do forte poder de transmissão da ABS-CBN.

Percebi então como pode ser poderosa a mídia participativa: como os cidadãos, com seus celulares, ficam empoderados para exigir justiça e responsabilidade. Aquilo me mostrou como a tecnologia pode ser usada para o bem — para o empoderamento dos cidadãos, para a participação eleitoral e o engajamento democrático, e para a integridade e a verdade. É por isso que ainda acredito que as Filipinas não estavam destinadas a se tornar aquele país que se tornou sob o governo de Duterte; e, ainda, que o cidadão médio acabaria não suportando a repressão de um ditador, desde que houvesse uma imprensa livre a quem pudesse pedir ajuda.

Outra meta que estabeleci para a mudança social era promover o debate e o engajamento. Para as eleições, eu queria ver um debate totalmente franco e sem barreiras sobre questões importantes, algo que a maioria dos políticos filipinos ainda evitava publicamente. Aliás, no início de 2009 os candidatos se recusavam até mesmo a se enfrentar no mesmo palco. Respondiam às perguntas dos jornalistas, mas não queriam ser desafiados por um candidato concorrente. Mas nós queríamos mudar isso.

Assim, todos os meses, durante doze meses, recebemos diversos políticos para debates. A cada mês também acrescentávamos mais uma camada de engajamento. Um ano antes das eleições, reunimos os candidatos presidenciais ao vivo, diante de uma plateia de estudantes. Acrescentamos o engajamento pela internet — em especial na plataforma relativamente nova do Facebook, e adicionamos o Twitter e o Multiply, uma plataforma popular nas Filipinas que foi, na verdade, precursora do Facebook. Também instituímos blogueiros ao vivo para cada candidato, e sessões de bate-papo ao vivo no nosso site de notícias. Ao chegar o quarto mês, um cidadão podia se envolver nas campanhas eleitorais em quatro plataformas: assistindo na TV, votando pelo celular e escrevendo comentários no Facebook e no Twitter. Nenhuma outra rede de televisão nas Filipinas havia criado uma linha de ação tão multifacetada.

Em março de 2010 realizamos um debate de candidatos a vice-presidente, em que todos os seis candidatos se enfrentaram, dois de cada vez, em dois pódios frente a frente. Um candidato fazia uma pergunta ao outro, que tinha certo tempo para responder. Pedimos a cada candidato que também trouxesse um blogueiro para responder on-line, em tempo real, às perguntas dos espectadores e leitores.

Fizemos uma pergunta simples ao nosso público no Twitter, no Facebook e em outras plataformas da internet: "Você acredita no que ele/ela disse?".

O público tinha um espectro de respostas para escolher em tagalog, que ia de "*naniniwala*" (acredito) a "*hindi naniniwala*" (não acredito).

Mostrávamos os resultados na tela instantaneamente. Descobrimos que as pessoas reagiam não só ao que era dito, mas também à reação dos outros, o que promovia mais diálogo e engajamento on-line, no Facebook, no Twitter e no chat do nosso site. Os candidatos conseguiram fazer perguntas mais bem informadas e objetivas do que os jornalistas comuns, porque precisavam, simultaneamente, ler e avaliar as respostas do público, as quais eles acompanhavam na tela em tempo real.

Naquela noite eu estava me sentindo "ligada", num grande "barato", que achei que era resultado do volume de adrenalina — aliás, é o meu estado normal nessas situações de notícias quentíssimas. Mais tarde, descobri que devia estar com níveis elevados tanto de dopamina, que causa dependência, quanto de oxitocina, que aumenta a sensação de estar "conectado" (também conhecida como hormônio do amor).[16] Eu estava me envolvendo com o que acontecia na minha tela de TV através de três outras telas: Twitter, Facebook e chats on-line. Isso se refletia de volta para mim por meio das informações periódicas sobre o feedback do público — o que, por sua vez, incentivava mais feedback. Era o "efeito da rede" agindo para o bem, como eu gostava de pensar na época.

Essas iniciativas e debates foram o mais próximo que conseguimos chegar de medir a honestidade dos candidatos, quantificando o instinto, muitas vezes difícil de mensurar, que faz a pessoa decidir se confia em alguém ou não. Vimos quais táticas políticas funcionavam e quais não funcionavam, e juntos fizemos tudo isso.

Inovação e engajamento, compartilhando seu poder com a comunidade, são coisas boas para os negócios. Em 2007, quando introduzimos o jornalismo cidadão, "Boto Mo, iPatrolMo", tivemos um aumento de quase 400% no lucro bruto em comparação com a eleição presidencial anterior. Essa tendência continuou até eu sair da rede, no fim de 2010. Após uma década de operações, a ANC, a estação de língua inglesa, ganhou dinheiro pela primeira vez.

Nos anos seguintes, monitoramos o impacto das nossas experiências. Em julho de 2010, uma pesquisa de opinião feita pela confiável instituição Pulse Asia mostrou todo o impacto da nossa campanha "Ako Ang Simula" [Eu sou o começo]: os filipinos de todo o país tinham atingido o mais alto nível de otimismo desde que as pesquisas da Pulse Asia começaram, em 1999, com 53% das pessoas se sentindo otimistas e apenas 11% pessimistas (a menor porcentagem já registrada pela organização). A pesquisa também confirmou um aumento no índice de credibilidade da nossa rede, colocando a ABS-CBN em primeiro lugar no país.

Nosso plano tinha funcionado.

Deu certo, isto é, até o momento em que esse efeito de rede à moda antiga — o poder da maior empresa de mídia do país — foi virado de cabeça para baixo pelos efeitos de rede da própria tecnologia, muito mais poderosos.

A ABS-CBN me ensinou o melhor e o pior da cultura filipina — a bondade e a lealdade, a tendência ao clientelismo — e ajudou a firmar as bases para a minha maneira de dirigir o Rappler hoje em dia. Durante seis anos, na ABS-CBN News & Current Affairs nós viramos coisas de cabeça para baixo. Logo nos primeiros três anos, alcançamos a estabilidade e elaboramos um novo Manual de Normas e Ética, vinculado ao código de leis trabalhistas. Como eu esperava, se o sistema e seus líderes fossem transparentes, o grupo sentiria um senso de justiça, o que levava à responsabilidade e à coerência. Nós recompensávamos as pessoas com base no mérito e no desempenho.

Uma das pessoas que eu trouxe para a ANC em 2005 foi Twink. No ano seguinte ela foi diagnosticada com câncer de mama. Ela contou o fato a alguns de nós e depois enfrentou a situação: fez uma mastectomia parcial e trinta sessões de radioterapia. Continuou trabalhando durante todo o tempo em que fez o tratamento — chegava, editava e ancorava seus programas. Ela se gabava de que "levava aquela bolsinha de soro cor-de-rosa presa à axila com tanta desenvoltura que quem não a conhecia achava que devia ser um novo tipo de bebida energética". E ela venceu o câncer.

Eu a via muito menos naqueles dias, mas sua mesa de âncora ficava a poucos passos da minha sala e de vez em quando ela dava uma passada para me ver. Ela costumava me dizer que para mim era tudo "preto ou branco", que eu fazia muitos inimigos, tentava resolver muitos problemas ao mesmo tempo. Twink me dizia para escolher minhas batalhas; Cheche me dizia para continuar mantendo a linha.

Os que querem o poder farão tudo o que puderem para alcançá-lo. No final, não foi entre os repórteres, produtores e editores do grupo de jornalismo que encontrei a maior resistência a todas as mudanças radicais que eu exigia.

A verdadeira resistência veio de um pequeno centro de poder no núcleo corporativo da ABS-CBN, e de seus esforços para enfraquecer a unidade e o propósito do noticiário. Afinal, se a seção de notícias adota uma orientação de tolerância zero à corrupção — por exemplo, ditando que nenhum setor da ABS-CBN deveria pagar aos repórteres das seções de entretenimento para cobrir as estrelas da rede —, o que aconteceria com aqueles que podiam depender de práticas corruptas para o seu próprio sucesso?

Um a um, esse pequeno grupo de pessoas acabou com a união entre meus assistentes e aliados, por meio de fofocas e disputas mesquinhas que destruíram décadas de amizade e confiança. Chegou a um ponto em que Gabby me colocou sob a proteção de seguranças devido a ameaças internas.

A maior parte do que estou vivenciando em 2022 — os processos, as campanhas difamatórias, os insultos homofóbicos, os virulentos ataques pessoais — eu já tinha vivido antes, embora em uma escala muito menor. Ainda que doloroso, foi um bom treinamento. Estou sorrindo ao escrever isso, porque aquilo tudo de fato me fortaleceu e ajudou a me preparar para as batalhas de hoje.

Quando você tenta mudar o sistema, ele revida.

Certo dia, em outubro de 2010, Gabby me chamou à sua sala. Era uma hora linda do dia em Manila, logo antes do pôr do sol, quando a luz do Pacífico se torna cor-de-rosa e arroxeada, e o ar, mais quente e úmido. É a minha hora favorita do dia. Eu sorri quando Gabby pediu a um assistente que nos trouxesse dois martínis.

Ele queria falar sobre Noli de Castro, um antigo âncora do horário nobre, cuja volta à rede eu vinha bloqueando fazia quase um ano. De Castro havia sido um dos âncoras mais populares das Filipinas, e pouco antes tinha sido vice-presidente de Gloria Arroyo — o que diz muito sobre a intimidade entre a mídia e a política nas Filipinas! De Castro queria voltar como âncora principal do nosso noticiário do horário nobre, e Gabby tinha medo de perdê-lo para uma nova rede rival. Senti que tínhamos de realizar essa transição, com o retorno de De Castro de maneira adequada e transparente: afinal, como vice-presidente de nosso país, ele também enfrentara acusações de corrupção.

Eu não tinha certeza do que faria naquela reunião, mas, se nossas posições são claras, também o serão nossas ações. Quando o dono da empresa quer fazer algo que você não quer, ou você aceita ou vai embora. No fim da reunião, eu entreguei meu pedido de demissão, ajudei a escolher minha sucessora[17] e elaborei um cronograma de transição.

Mais tarde, em um bilhete escrito, agradeci à minha equipe por aqueles seis anos incríveis e sensacionais.[18] Juntos, tínhamos assumido riscos e ajudado a definir o futuro do jornalismo e de nosso país; havíamos alcançado uma posição e dissemos não à corrupção; abraçáramos o crescimento das mídias sociais; e déramos as mãos a jornalistas cidadãos para patrulhar nossas eleições e a integridade da nossa nação. Eu lhes disse que valorizassem e protegessem sua independência editorial. Desejei-lhes clareza de pensamentos, força, resistência e coragem para lutar pelo que é certo. Lembrei a eles que evitassem as concessões da mediocridade.

O que foi fundamental para meu período na ABS-CBN foram três mulheres cujo calibre profissional e cujos valores nos transformaram em amigas e aliadas para a vida toda. Juntas, aperfeiçoamos nossa visão do jornalismo e o papel que ele exerce numa democracia.

Começamos a sonhar em como poderíamos fazer isso acontecer. Em um jantar com Chay Hofileña, Glenda Gloria e Beth Frondoso, ergui meu copo:

"Ok, chega de problemas! Nós sobrevivemos!"

E nós quatro caímos na risada. Nos anos seguintes, nossos inimigos nos chamariam de bruxas.

Foi assim que surgiu a empresa que mais tarde chamaríamos de Rappler.

6. Criando ondas de mudança
Forme uma equipe

As fundadoras do Rappler (esq. para dir.): eu, Chay Hofileña, Beth Frondoso, Glenda Gloria. Selfie em frente do Estancia Mall, Capitol Commons, Manila, 7 de março de 2017.

O Rappler chamava suas quatro cofundadoras de *manangs*, ou "irmãs mais velhas", em tradução livre. Era essa nossa atitude para com a nossa equipe. Éramos também uma estranha mistura de personalidades e hábitos de trabalho. Tínhamos até mesmo visões políticas diferentes, mas isso não era algo que nos preocupava muito — sempre colocamos nosso compromisso com o bom jornalismo, a verdade e a justiça acima da política.

Passei quase dois anos na ABS-CBN tentando contratar Glenda Gloria para chefiar a ANC. Originária da província de Marcos, ela conhecia em primeira mão, exatamente, a maneira como o feudalismo e a política do apadrinhamento haviam capturado toda uma província e um país. Era também a melhor diretora de redação com quem eu já tinha trabalhado, e viria a ser minha parceira na construção da empresa, fazendo o papel de "policial bravo", contrastando comigo, o "policial bonzinho". Era a disciplinadora que nos apresentava as expectativas, e ai de quem a desapontasse.

Chay Hofileña havia trabalhado com Glenda no jornal que se tornou o maior do país, o recém-criado *Philippine Daily Inquirer*, de onde as duas lideravam o sindicato. Todas as iniciativas que elas elaboravam eram um reflexo de seus sólidos princípios trabalhistas que vinham de longa data. Autora de vários livros sobre política e mídia, Chay havia publicado a "bíblia" sobre ética da mídia e corrupção em nosso país e nos ajudado a redigir o Manual de Normas e Ética da ABS-CBN. Chay era professora, e foi também por isso que todos em nossa equipe no Rappler cresciam e se desenvolviam tão depressa. Ela ajudou a incutir uma cultura que não existia em muitas empresas jornalísticas, onde há um clima de sigilo e de competição implacável.

A outra criadora do Rappler, Beth Frondoso, era uma veterana com onze anos de ABS-CBN, cuja liderança formal e informal dentro da rede me ajudou a navegar na política tempestuosa da empresa. Ela havia galgado na hierarquia, ou seja, compreendia como a política e as brigas internas geram ineficiência. Era responsável pelo maior orçamento do grupo de jornalismo e muitas vezes era a palavra final na coleta diária de notícias, escolhendo a forma e a substância do que iria ao ar diariamente. Foi ela quem encontrou o equilíbrio certo — o ponto mágico de notícias sérias no site, mas mesmo assim aumentamos nossa audiência. Beth era a favor de gastar dinheiro em reportagens ambiciosas, pois isso fazia parte da nossa agenda de jornalismo.

E eu? Bem, sei que depois de algumas xícaras de café posso até pular nas paredes de tanta energia — o que é bom, mas também é ruim. As rapplers diziam que eu era muito motivada, sempre tendo ideias, mas que às vezes definia metas impossíveis. Uma das nossas primeiras funcionárias, Natashya Gutierrez, disse que eu parecia ingênua, mas que, na verdade, eu era uma arma. "As engrenagens do cérebro dela estão sempre girando, sempre rodando, nunca param. Dependendo da situação ela costuma ser democrática, mas às vezes toma decisões por conta própria, apesar do consenso."

Em 2011, as *manangs* tinham cinco coisas em comum. A primeira: nossa motivação não era o dinheiro. Pedimos demissão da ABS-CBN sabendo que íamos abrir mão de 30% a 90% do nosso salário mensal. Todas nós também tínhamos uma vasta experiência em administrar veículos de notícias e já havíamos trabalhado em pelo menos uma organização independente que desafiava o espírito da grande mídia. Todas nós acreditávamos no poder do jornalismo — na sua missão, suas normas e sua ética. Todas nós trabalhávamos muito — catorze a dezesseis horas por dia —, e estávamos acostumadas a ficar na linha de frente da luta diária da criação das reportagens. E todas nós queríamos criar algo melhor do que tínhamos vivido em nossas experiências anteriores.[1]

Nossas personalidades complementares nos permitiam tomar decisões rápidas e instintivas sob pressão. Eu costumava ser a mais agressiva e Glenda a mais ponderada, enquanto Chay sempre encontrava o meio-termo e Beth contribuía com suas considerações táticas e filosóficas. Juntas, encontrávamos o ponto de ação perfeito. Éramos duas librianas e duas leoninas, e compúnhamos uma equipe muito melhor do que a soma das quatro, com know-how e coragem para trazer a missão do jornalismo para o século XXI. Estávamos criando algo inteiramente novo, não só nas Filipinas, mas no mundo todo.

Somos quatro mulheres, e nossas decisões se baseavam nos fatos, mas também nas emoções e nos valores. Mesmo assim, cada uma de nós tinha seu estilo pessoal e era sensível. Por vezes, não aceitávamos bem as críticas. Nossa profunda lealdade mútua às vezes afetava a tomada de decisões — uma fraqueza contra a qual tentávamos nos proteger. Mas sabíamos que, em última análise, o cerne do nosso trabalho era a nossa amizade, a confiança mútua forjada nas trincheiras, pois mesmo antes de Duterte trabalhávamos juntas, sem medo.

Incorporamos nossa empresa em julho de 2011. Nosso plano era lançar o site de notícias em janeiro de 2012 e atingir o ponto de equilíbrio em cinco anos — a metade do tempo que levam as empresas jornalísticas tradicionais.

Nós, as *manangs*, nos encontramos no meu apartamento em Taguig, com a luz entrando pelas janelas de ambos os lados. Tínhamos decidido o nome da nossa nova empresa: "Rappler", junção de "*rap*" — ou seja, "falar", uma referência aos anos 1980, a geração das nossas fundadoras — e "*ripple*", fazer ondas.

Foi uma experiência grandiosa: queríamos colocar o noticiário da TV no bolso de nossa audiência, no celular; em 2010, isso ainda era um sonho. Mas nosso sucesso na ABS-CBN me mostrou que nós podíamos, por meio do crowdsourcing, criar um jornalismo participativo e ajudar a construir as instituições do nosso país de baixo para cima. Isso me dava mais esperanças do que a governança de cima para baixo que vínhamos cobrindo havia anos. O governo sempre funciona melhor quando a população está envolvida.

Todas nós queríamos fazer mais do que contar histórias. Acreditávamos que o jornalismo de excelente qualidade era capaz de mudar o mundo. Tínhamos uma teoria sobre a mudança. Imaginávamos três círculos interligados — jornalismo investigativo, tecnologia e comunidade — em um diagrama de Venn, com o Rappler no centro, aonde os três convergiam. O resumo da minha proposta era: "O Rappler constrói comunidades de ação, e nós alimentamos essas comunidades com o jornalismo".

Era fundamental para nossas discussões que os jornalistas do Rappler tivessem independência editorial e poder de decisão comercial — ou seja, a responsabilidade final caberia aos jornalistas. Consultaríamos nosso conselho e nossos acionistas, mas as decisões finais caberiam a nós.[2] Aprendemos na ABS-CBN e em outras mídias corporativas que a independência editorial não era tão valiosa sem o poder de decisão comercial. Também sabíamos que teríamos de ganhar o suficiente para pagar o nosso pessoal, para podermos continuar independentes. Nosso objetivo principal era atingir um modelo de negócios sustentável.

O que também nos diferenciava era a nossa maneira de trabalhar com a internet. A mídia tradicional via a internet como um complemento. Da nossa parte, montamos nossa equipe de vendas em torno de um modelo de publicidade nativa que chamamos de "BrandRap", para o qual uma equipe exclusiva produzia artigos patrocinados, assim marcados, claramente, no nosso site. Desde o conselho diretor até os jornalistas, uníamos experiência com inovação. As quatro *manangs* do Rappler, as chefes da empresa, tinham profunda experiência jornalística de campo. Os membros fundadores do conselho também tinham uma profunda noção da nossa missão. Não éramos apenas millennials brincando com novas tecnologias; já tínhamos administrado empresas tradicionais, e demos um salto decisivo para compreender esse novo modelo.

Uma de nossas primeiras iniciativas foi fazer experiências com o Facebook, que havíamos reconhecido na ABS-CBN em 2008 como uma força inegável para a mobilização. Começamos a postar nossas experiências na nossa página do Facebook, Move.PH.[3] Se a função de busca tivesse funcionado melhor no Facebook, talvez nunca tivéssemos lançado nosso próprio site. No começo sentimos tanto entusiasmo, tanto otimismo, pelo que essa plataforma e seu fundador, Mark Zuckerberg, poderiam fazer por um país como as Filipinas, pelo nosso futuro democrático.

Lançamos nosso primeiro evento público nas redes sociais: uma oficina de quatro horas para quinhentos alunos da Universidade das Filipinas, na cidade de Baguio, no Norte do país, a cerca de quatro horas de carro de Manila. A ideia era treinar esses estudantes a como utilizar as mídias sociais para fins benéficos; focamos nas questões ambientais locais e em maneiras de usar as mídias sociais para enfrentá-las. O título da minha palestra de abertura foi "Mídias Sociais para Mudanças Sociais".

Montamos um palco com transmissão ao vivo para o evento.[4] Em 2011, antes da existência de qualquer plataforma de transmissão ao vivo, quisemos nos valer de tudo o que sabíamos sobre televisão e aplicar ao nosso admirável mundo novo da internet. Já naquela época, as Filipinas lideravam o mundo no uso das mídias sociais. A penetração do celular era de 94%; o usuário médio da internet tinha menos de 23 anos. A internet acabava de ultrapassar a televisão em número de horas consumidas por semana.[5] A TV ainda ganhava mais receita, mas estávamos convencidas de que o futuro era a internet.

No workshop, falei sobre as possibilidades que via na internet: a maneira cataclísmica com que ela mudou nossa forma de pensar e de agir.[6] Naquele momento, eu só enxergava seus aspectos positivos para a democracia.

Apresentando slides, levei os alunos para o Oriente Médio e para a África do Norte — Egito, Tunísia, Bahrein e Líbia — países que acabavam de vivenciar a Primavera Árabe naquele ano. No Ocidente, esses eventos suscitaram um debate: será que o Facebook e o Twitter haviam gerado essas revoluções?[7] Mas, qualquer que fosse a opinião dos acadêmicos, era bem claro que a internet, e as mídias sociais especificamente, foi um fator crítico para inflamar antigos agravos, acabar com os temores das pessoas, aumentar sua coragem e acelerar protestos que de outra forma poderiam levar meses e anos para se organizar. O resultado foi a derrubada de várias ditaduras.

O meio que leva a mensagem forma e define a própria mensagem, disse eu aos alunos, invocando a obra seminal do teórico de mídia Marshall McLuhan: "O meio é a mensagem".[8] A natureza instantânea das redes sociais acelerou a velocidade com que essas revoluções aconteceram. Governos autoritários não conseguiam acompanhar nem controlar as mensagens, pois esses movimentos de protesto seguiam o modelo das redes da internet: eram dispersos, não hierárquicos, sem líderes. Os ditadores não sabiam quem prender, não havia partidos políticos para destruir, nem uma revolta clandestina para desmantelar. Quem se manifestava era o povo, e qualquer governo que lutasse contra seu próprio povo acabaria por fracassar.

Hoje me sinto constrangida ao lembrar dessa apresentação. Esses mesmos avanços que saudei com entusiasmo em 2011 logo seriam aperfeiçoados pelo modelo de negócios das plataformas, cooptados pelo poder do Estado e voltados contra o povo, impulsionando a ascensão dos autoritários digitais, a morte dos fatos e a insidiosa manipulação das massas com que convivemos hoje.

Isso não quer dizer que não enxergávamos também o lado negativo da internet naquela época; eu destaquei o seu impacto na nossa biologia. Aqueles quinhentos jovens no público de Baguio estavam passando por grandes mudanças fisiológicas. Mais de 75% tinham contas no Facebook. Um número menor estava no Twitter. A participação nas plataformas exerce o efeito de modificar nossas emoções, ao aumentar o nível de dopamina no cérebro.[9] Como nossas emoções se intensificaram, nossas expectativas, e a maneira como reagíamos a elas, estavam mudando. E não eram só as mídias sociais, mas todas as interrupções tecnológicas do mundo moderno que estavam nos condicionando a preferir o "sensacionalismo" à "objetividade".[10] Quando fitei o público naquele dia, dei um alerta: que eles não se tornassem a geração que não consegue se focar.[11]

Mas eu mesma logo deixei passar as desvantagens das mídias sociais, ao ver que as vantagens eram tão empolgantes. "Estamos mais engajados", falei aos alunos naquele dia. "Somos mais sociais. Podemos decidir — a um custo mínimo — agir juntos." O objetivo do workshop naquele dia foi, em suma, mostrar que eles poderiam usar as mídias sociais para o bem da sociedade.

O que surgiu a partir daquelas semanas foi o MovePH, o braço de engajamento cívico do Rappler. Nossa ideia era manter o núcleo de jornalismo pequeno, passando os fatos e dando o direcionamento à equipe de engajamento cívico e seus associados, os quais, a partir das nossas reportagens, mudariam nosso mundo para melhor.

Nada é perfeito, claro, pois entre as pessoas que treinamos nos muitos workshops que fizemos estavam também algumas que depois se tornaram as principais vozes de propaganda dos exércitos de Duterte e Marcos.

Também começamos a brincar com a forma, usando multimídia e vídeo na internet. Devido à nossa experiência com televisão, adotamos a transmissão ao vivo via celular vários anos antes que as plataformas de mídia social facilitassem isso. Fizemos capas metálicas protetoras para nossos iPhones, que nossos repórteres usavam como câmera principal (pois também podiam ser fixados em tripés). Quando lançamos o Rappler, em janeiro de 2012, cada repórter levava esse equipamento e trabalhava sozinho. Ao contrário das equipes de produção de TV, cada um fazia

Em 2013, a repórter multimídia do Rappler, Natashya Gutierrez, com o equipamento que eles traziam: uma caixa metálica que construímos, um tripé e luzes.

tudo: suas reportagens, a divulgação nas mídias sociais e a gravação ou a transmissão ao vivo.

No trabalho de campo, alguns jornalistas das outras redes riam dos nossos repórteres, que faziam suas reportagens falando sozinhos em pé em frente ao celular. Mas quando o Rappler começou a publicar vídeos em tempo real, ou quase em tempo real — eliminando a volta do material à redação para a edição do vídeo —, passamos a dar as últimas notícias várias horas antes das estações de TV. Os concorrentes logo adotaram nossos métodos, eliminando a nossa vantagem fácil depois de cerca de um ano.

Adaptamos nossos conhecimentos sobre TV para transmissões de internet ao vivo. Uma van para transmissão externa (*outdoor broadcasting*, OB), a um custo total de cerca de 1 milhão de dólares, fazia a transmissão por TV. O Rappler criou uma van com receptor de satélite IP para transmissão por internet. Essa van, montada sobre o chassi de uma Isuzu, nos custou 100 mil dólares. Com isso já podíamos rodar por qualquer lugar das Filipinas e fazer uma transmissão ao vivo. Em especial em caso de desastres naturais, a van permitia a nossos repórteres registrar os eventos e fazer crowdsourcing, postando mensagens para saber se a área para onde nos dirigíamos ainda tinha sinal de celular, e criando um mapa em tempo real dos serviços de celular e eletricidade. O momento-chave para a nossa van artesanal foi quando o superfuracão Haiyan, chamado Yolanda nas Filipinas, nos atingiu em novembro de 2013. O Rappler, junto com o governo e outras ONGs, pôde transmitir informações da área do desastre. Mas, tal como nossas capinhas metálicas, que ficaram desnecessárias depois que foram lançados modelos comerciais de plástico, mais leves, nossa van com IP logo se tornaria obsoleta devido ao Facebook Live, em 2016.[12]

Os primeiros anos do Rappler foram muito difíceis em termos do ritmo da mudança, mas estávamos fazendo experiências para ver como seria uma linha de trabalho que envolvesse toda a sociedade para resolver problemas de governança, e modificando nosso fluxo de trabalho de acordo com essa linha — tudo isso enquanto nossos jornalistas investigativos trabalhavam para enfrentar e responsabilizar os poderosos.

Dentro de um ano e meio, o Rappler se tornou o terceiro maior site de notícias do país.[13] Nos primeiros três anos, nosso alcance e nossa receita cresceram de 100% a 300%. Houve alguns fatores fundamentais que levaram a esse sucesso. Um deles é que nosso jornalismo investigativo se focava primeiramente no vídeo, muito antes de as outras empresas de mídia fazerem o mesmo, e muito antes de o Facebook e o YouTube tornarem o vídeo onipresente. Outro fator foi que incorporamos uma análise das redes sociais para saber como as informações fluíam do site do Rappler para o público e vice-versa. E, por fim, incentivávamos o engajamento por meio das reações

emocionais do público às matérias, que nos permitiam ver de que modo uma matéria se espalha emocionalmente pela sociedade. Na verdade, fomos nós que lançamos o "Medidor de Humor" (*Mood Meter*) e o "Navegador de Humor" (*Mood Navigator*), quase quatro anos antes de o Facebook introduzir os emojis representando emoções como reações a uma matéria.[14]

Usando a cartografia social, analisando o impacto das redes sociais sobre o comportamento humano, começamos a usar as mídias sociais para antecipar os comportamentos emergentes em um ecossistema de informações que estava em acelerada mudança. Eu tinha certeza de que podíamos empregar esses dados para tudo: para estimular o desenvolvimento do site, para ajudar a combater a corrupção política, e para construir mais instituições cívicas de baixo para cima.

A tecnologia estava dando aos jornalistas um novo poder. E, em vez de temer as mudanças radicais no nosso setor, usávamos esse poder para tentar resolver problemas muito antigos, podendo agora ir além da narrativa e passar para o crowdsourcing e a formação de comunidades. A mídia era poderosa, mas será que poderíamos usar essa nova tecnologia para determinar, exatamente, até que ponto ela era poderosa? Em um país como as Filipinas, onde as instituições são fracas e a corrupção é endêmica, utilizávamos o Medidor de Humor para capturar o clima geral, o *zeitgeist* de uma sociedade frustrada. Será que poderíamos, de alguma forma, empregar as reportagens certas, as informações certas para inspirar ações no mundo real, fosse para votar numa eleição, fosse para ajudar uma localidade durante uma enchente, fosse para denunciar a corrupção? Estudos[15] já mostraram que de 80% a 95% da nossa tomada de decisões não se baseia no que nós pensamos, mas sim em como nos sentimos.[16]

Visualizei a situação como um iceberg: a ponta visível era a matéria que se podia ler ou assistir (com métricas de desempenho que podíamos analisar), mas cada reportagem levava consigo uma emoção, que percorria as redes sociais — as quais agora eram as mídias sociais, quatro vezes mais poderosas do que as redes físicas. Com o tempo, segundo a nossa teoria, essa mistura conseguiria mudar o comportamento das pessoas. Se pudéssemos fazer um bom mapa dessas redes, teríamos uma ideia de como e por que as emoções transmitidas pelas reportagens se difundem na sociedade e modificam o comportamento humano.

A ferramenta que usamos para medir as emoções que as reportagens provocavam nos leitores, e de que modo elas se difundiam pela sociedade, era o Medidor de Humor. A ação mais imediata e mais fácil para o usuário era clicar num botão mostrando como ele se sentia depois de ter lido a matéria. Se incorporássemos em cada matéria um Medidor de Humor para o leitor clicar, então cada clique podia se somar a um Navegador de Humor que mostrasse as dez principais matérias do site, bem como o humor geral do dia. Ao longo do tempo podíamos perceber as tendências, dando-nos mais informações sobre nossos leitores — não só como estavam se sentindo, mas também sobre quais assuntos eram mais importantes para eles.

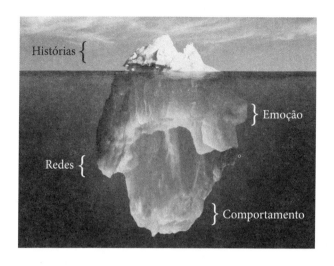

Usamos três métricas na ponta do iceberg: usuários únicos, visualizações de página e tempo gasto no site — mas eu tinha cuidado com a divulgação dessas informações. Por exemplo, optei por não deixar nossos repórteres verem todas essas métricas. Se eles vissem, será que iriam parar de fazer as reportagens importantes e só correr atrás dos temas recompensados pela popularidade? Isso poderia mudar o incentivo, deixando de lado o jornalismo de qualidade para buscar matérias tipo "isca de cliques". Também queríamos promover uma cultura de colaboração, e achamos que, se os repórteres fossem correr atrás dos cliques e da popularidade, o resultado poderia ser uma competição corrosiva.

Mas nós divulgávamos as métricas de humor anualmente: "Os Humores do Ano".[17] E foi assim que soubemos que antes das grandes guerras de propaganda iniciadas em 2016 "Feliz" era a emoção predominante nos nossos usuários dentro de um período de cinco anos.[18] Com o tempo, as redes de desinformação começaram a explorar a ganância do Facebook e do YouTube e, assim, pudemos ver em tempo real como o comportamento mudou, com operações de informação inflando artificialmente os votos de "Zangado" e criando um novo normal.

O navegador de humor diário também nos dava uma ideia de como as reportagens do dia iam penetrando na sociedade. Revelava interesses ocultos no país, como ocasiões em que políticos ou empresas votavam repetidamente em um determinado humor. Acompanhávamos as tentativas de manipulação insidiosa da opinião pública, às vezes denunciando-as publicamente. Começamos a rastrear tendências que se revelavam ao longo de meses.

A primeira cobertura eleitoral do Rappler foi a eleição de meio de mandato, em 13 de maio de 2013. Observando os humores daquele mês, podemos perceber quando "Feliz" se tornou "Zangado" e "Aborrecido" — nesse caso, após uma pequena falha na divulgação dos resultados da eleição após o encerramento das pesquisas. O pico da raiva no final do mês foi o ataque a uma jornalista, feito por uma personalidade do entretenimento de uma rede rival, com piadas e humilhações sobre estupro e gordura.[19] Curiosamente, o engajamento aumentou tanto nos picos de "Feliz" como de "Zangado".

Revelamos esse ecossistema não só para os nossos jornalistas, mas também para nossos parceiros no governo e na sociedade

O CLIMA DE MAIO DE 2013

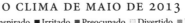
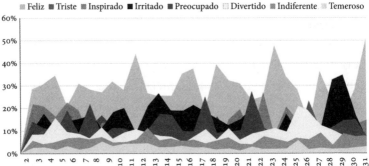

civil, bem como para nossos anunciantes. O mesmo modelo de crescimento e distribuição funcionava para todos eles. Todos nós tínhamos de compreender o que as pessoas queriam, o que era importante para elas. O Rappler permaneceu transparente e aberto acerca de tudo isso.

Ao chegar 2014, começamos a ver resultados concretos para as nossas metas mais ambiciosas. Quatro campanhas do Rappler provocadas por matérias específicas estavam transformando o crowdsourcing da mídia social em engajamento cívico.

Começamos com #BudgetWatch[20] [Vigilância do Orçamento], nossa primeira campanha anticorrupção. Sabíamos que a única maneira de impedir a corrupção do governo era mostrar aos contribuintes para onde ia o dinheiro. Assim, apresentávamos os dados do orçamento de maneiras facilmente digeríveis e visualmente atraentes, como no jogo Escadas e Serpentes,[21] para ilustrar o processo de aprovação do orçamento. Havia também um jogo interativo[22] em que o usuário podia apresentar suas propostas e ver como elas afetariam diversos setores do governo.

Nossa segunda campanha, #ProjectAgos,[23] focava na mudança climática e na redução dos riscos de desastres — a iniciativa de maior sucesso nos nossos primeiros cinco anos de existência. Faz sentido, já que as Filipinas têm uma média de vinte furacões por ano, e em 2012 o país foi o terceiro mais sujeito a desastres em todo o globo. E desastre significa chamar todo mundo para entrar em ação.

Em colaboração com quase quarenta grupos, incluindo a Comissão de Mudança Climática das Filipinas, o Gabinete de Defesa Civil, parceiros do setor privado, a Australian Agency for International Development (AusAid) e mais tarde o Programa das Nações Unidas para o Desenvolvimento (Pnud), o Rappler pilotou e construiu uma plataforma on-line completa e abrangente[24] relativa aos persistentes desastres climáticos. Incluía um banco de dados de conhecimentos sobre os riscos[25] e ferramentas interativas, tais como mapas de risco e rastreadores de compliance. Tudo isso ajudava os responsáveis a se prepararem para a chegada de uma tempestade, incluindo um amplo leque de informações necessárias para antes, durante e depois de qualquer distúrbio climático. Durante um furacão, por exemplo, um mapa de pedidos de ajuda feito por crowdsourcing permitia aos socorristas visualizar e atender os chamados; ao mesmo tempo dava a quem queria ajudar uma visão mais ampla da situação. De 2013 a 2016, essa iniciativa ajudou a reduzir de centenas para poucas dezenas o número de mortos por distúrbios climáticos. A hashtag era #ZeroCasualty[26] [Zero Vítimas]. Essa iniciativa bem-sucedida foi depois abandonada pelo governo Duterte — e o número de mortos logo subiu novamente para a casa das centenas.

Nossa terceira campanha foi o #HungerProject[27] [Projeto Fome], que lançamos em colaboração com o Programa Mundial de Alimentos da ONU e o Departamento de Bem-Estar e Desenvolvimento Social das Filipinas. Fizemos isso porque os índices de fome no país, entre os mais altos da Ásia, continuavam a aumentar apesar do crescimento do PIB. O atraso no crescimento, ou a baixa estatura para a idade, resultado da desnutrição crônica, era um problema grave nas Filipinas. Ao criar um repositório de informações no Rappler, conseguimos alcançar alguns dos setores mais vulneráveis da sociedade; em vez de buscar mais uma xícara de arroz, as comunidades mais pobres começaram a procurar alimentos mais nutritivos.[28]

Nossa quarta campanha, #WhipIt,[29] foi uma parceria comercial com a Pantene, focada em preconceitos de gênero e direitos das mulheres. O Rappler encomendou uma pesquisa[30] para saber como a sociedade via a mulher[31] nas Filipinas e organizou um fórum de mulheres para lançar uma campanha de publicidade inovadora. A onda que se formou on-line reverberou globalmente quando a diretora operacional do Facebook, Sheryl Sandberg,[32] postou os anúncios, levando a Procter & Gamble, fabricante dos produtos Pantene, a decidir lançar no Ocidente essa campanha nascida nas Filipinas.

Criamos o Rappler em um momento em que o big data estava transformando nosso mundo. Isso nos deu uma vantagem inicial, pois utilizávamos grandes volumes de dados, estruturados e não estruturados, antes de as plataformas de redes sociais e outras entidades começarem a barrar o acesso às informações. Assim como nos meus anos de ABS-CBN, uma das áreas mais críticas eram as eleições.

Nas eleições de maio de 2013, o Rappler saiu à frente dos nossos colegas do Ocidente quando assinamos um acordo com nossa Comissão Eleitoral para publicar os resultados completos e automatizados da votação em uma interface amigável. Foi a primeira vez no mundo que esses detalhes granulares dos resultados de uma eleição ficaram disponíveis em tempo real.

Criamos um modelo de relatório em tempo real que subdividia os resultados, mostrando exatamente quantas pessoas votaram em quem, em cada um dos 92 509 distritos agrupados. Foi então a maior e mais rápida contagem eletrônica de votos na história.[33] Já não era mais necessário esperar que o âncora de TV anunciasse os resultados esperados; podia-se pesquisar, e também voltar atrás no tempo, instantaneamente. Isso tornou os relatórios transparentes e anulou antigas alegações de viés ou "tendências" na divulgação de resultados das eleições.

Em 2013, vimos também como era uma campanha anticorrupção nas redes sociais.[34] Afinal, estávamos na era de ouro das mídias sociais empoderando os cidadãos para exigir reformas dos seus governos. Quem esteve entre os primeiros a postar no Facebook suas exigências de melhor governança? O movimento Occupy Wall Street, em Nova York, em 2011.

Naquelas alturas o filho de Cory Aquino, Benigno Aquino III, fora eleito presidente. Os mesmos velhos problemas de corrupção da era Marcos persistiam, como a política de distribuição de favores, canalizando o dinheiro público para projetos eleitoreiros locais "especiais", através do Congresso. Quando Janet Lim Napoles, uma empresária bem relacionada, foi acusada de conluio com mais de dez congressistas para desviar 232 milhões de dólares em fundos públicos destinados aos agricultores, a indignação pública explodiu contra o governo de Aquino.

A publicitária Peachy Rallonzo-Bretaña nunca havia liderado um protesto, mas ela e seus amigos ficaram tão furiosos com a corrupção que ela postou uma mensagem a respeito no Facebook. Isso desencadeou o primeiro protesto em massa organizado pela mídia social nas Filipinas.[35]

Ver tudo isso acontecendo no mundo virtual era fascinante. Quando a ideia do protesto foi lançada, demorou sete dias, de 17 a 25 de agosto, para atingir 10 mil menções no Twitter. Na véspera do protesto, porém, as menções aumentaram exponencialmente.

Às onze da manhã de 26 de agosto de 2013, os manifestantes começaram a chegar ao Luneta Park, no centro de Manila. Naquele momento estávamos registrando cinco tuítes por segundo.[36] Como não havia uma organização central, os manifestantes não sabiam realmente o que fazer: não havia um palco central, não havia programação. As pessoas chegavam e ficavam circulando em grupos. Algumas famílias faziam piquenique. A postagem de Peachy Rallonzo-Bretaña no Facebook acabou trazendo de 80 mil a 100 mil pessoas. A hashtag era #MillionPeopleMarch [Marcha de 1 Milhão de Pessoas].[37]

Nós, do Rappler, marcamos esse evento como a primeira vez que fomos reconhecidos como organização. As pessoas se achegavam

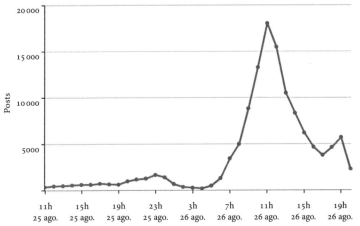

para cumprimentar nossas equipes de reportagem. Claro que esse era o nosso público; foi uma ação impulsionada digitalmente para a mudança social, exigindo algo melhor do governo. Nós fazíamos o mapa da atividade das mídias sociais, procurando centros e nós, os líderes do protesto. Era um mapa comunitário em constante mudança, refletindo a atividade no mundo real.

* * *

Nossa última iniciativa de crowdsourcing anticorrupção ocorreu em 10 de agosto de 2016, chamada #NotOnMyWatch[38] [Não enquanto eu estiver de guarda]. O MovePH do Rappler trabalhou em conjunto com duas agências governamentais — a Comissão do Serviço Civil e o Gabinete do Ombudsman. Eles nos disseram que uma em cada vinte famílias filipinas pagava alguma propina, e, das que pagavam, apenas 5% denunciavam o fato. Assim, decidimos facilitar a denúncia da corrupção usando um formulário on-line e o chatbox do Facebook Messenger. Uma das frases de efeito que nossa jovem equipe criou foi "Talk to the Hand!" ["Fale com a mão!"],* expressando o princípio de tolerância zero à corrupção.

Lançamos a campanha em 24 de setembro de 2016, e em dois dias ela atingiu mais de 2 milhões de contas,[39] com 4 mil compromissos de ação e mais de trinta denúncias.[40] O que tornou esse experimento algo excepcional foi o feedback em tempo real que dávamos aos cidadãos que denunciavam suborno, inclusive mantendo-os anônimos, se preferissem, após o que nossos parceiros no governo usavam essas informações para responsabilizar os corruptos. A campanha acabou sendo a última colaboração desse tipo.

Três meses antes, em 30 de junho de 2016, um advogado, promotor e prefeito de longa data da cidade de Davao, chamado Rodrigo Duterte, havia se tornado presidente das Filipinas. Ao subir ao Palácio Malacañang, Duterte deu uma das suas primeiras entrevistas individuais para o Rappler; quando íamos terminando, concordou em fazer um anúncio de utilidade pública sobre

---

* Originalmente era uma maneira de dizer, mostrando a palma da mão: "fale para a minha mão, pois meus ouvidos não estão ouvindo", ou seja, "cale a boca". Mas a campanha virou o significado ao contrário, ou seja: pode falar, pois você vai ser ouvido. (N. T.)

#NotOnMyWatch. Bem-humorado, fez o gesto com a mão — lembrando o slogan "Fale com a mão!" — e deu seu apoio à campanha.[41]

"Uma das promessas que fiz ao povo é que vou acabar com a corrupção no governo", começou Duterte. "E não posso fazer isso sozinho. Vocês têm que estar cientes do que eu faço, e vocês têm que me ajudar. Vocês podem ajudar — basta afirmar decididamente os seus direitos."

Ainda nos meus tempos de CNN, no final dos anos 1980, fiz uma reportagem sobre um certo prefeito "justiceiro" que estava "limpando" a cidade. Como o sistema de justiça era muito lento, tolerava assassinatos cometidos por justiceiros populares. Não foi uma reportagem favorável.

Aquela foi a primeira vez que encontrei Rodrigo Duterte; e no segundo encontro, quase três décadas depois, quando ele era candidato à presidência, me perguntou sobre aquela nossa entrevista anterior, de maneira bem-humorada. Ou foi o que pensei.

Se conquistasse a presidência, disse ele com veemência, iriam acontecer três coisas. Contou então nos dedos da mão: "Eu vou acabar com a corrupção, vou acabar com a criminalidade e vou consertar esse governo".

O que o tornava diferente era que ele estava disposto a matar para isso tudo acontecer.[42]

"Quando eu falei que vou acabar com a criminalidade, é porque vou acabar com a criminalidade", disse o ex-prefeito que tivera um dos mandatos mais longos do país. "Se eu tiver que matar você, vou matar você. Eu, pessoalmente."[43]

Olhei firmemente nos olhos dele para ver se ele estava falando sério. Estava.

Em 2016, Duterte concorreu contra candidatos de antigas famílias políticas e ganhou 39% dos votos. Obcecado com sua assim chamada "guerra às drogas", ele dizia o que pensava, inclusive piadas indecentes e flashes de crueldade, e empregava uma retórica grosseiramente nacionalista e populista. Comparava-se a Adolf Hitler[44] e lamentava, brincando, ter perdido a chance de estuprar uma missionária australiana que fora estuprada e morta por uma gangue nas Filipinas.[45] Quando criticado, insultou o então presidente Barack Obama e o papa Francisco, chamando-os de "filhos da puta".

Ele também viria a ser o primeiro político a usar com sucesso o Facebook para alcançar o cargo mais alto do país, mudando a política das Filipinas para sempre.

No dia do seu último comício de campanha, ele disse: "Esqueçam as leis sobre direitos humanos. Se eu chegar ao palácio presidencial, farei exatamente o que fiz como prefeito. Vocês traficantes de drogas, vocês assaltantes e vagabundos, tratem de dar o fora. Porque eu vou matar vocês. Vou jogar todos vocês na baía de Manila, para engordar os peixes".[46]

Poucas horas depois da posse aconteceu o primeiro assassinato, a pouca distância de onde ele prometera proteger a Constituição. Naquele momento, nós não fazíamos ideia de até que ponto as coisas iriam piorar.

7. Como os amigos dos amigos derrubaram a democracia
Pense devagar, não pense rápido

A polícia coleta materiais recuperados de um cadáver com o rosto coberto e placa de sinalização dizendo "Sou um traficante de drogas", encontrado em uma rua de Tondo, Manila, em 28 de julho de 2016.

Que vista incrível do porto de Cingapura, o mais movimentado do mundo! Eu admirava pelas janelas que vão do chão ao teto, em um dos andares mais altos de um arranha-céu reluzente no Sudeste da Ásia. É claro que eu estava no escritório do Facebook.

Era agosto de 2016. O governo Duterte acabava de chegar ao poder, junto com cerca de 6 mil nomeados políticos, que ele orgulhosamente anunciou ter escolhido devido à sua lealdade. Autoridades locais, policiais e militares da administração de Duterte quando prefeito de Davao iam assumindo os principais cargos na capital. A princípio, pensei que o problema seria a competência desses nomeados. Se não conseguissem dar conta de suas funções, imaginei que seriam cobrados e responsabilizados.

Mais preocupantes eram os relatos diários de mortes: corpos encontrados nas ruas dos bairros pobres, testemunhas oculares contando, aos cochichos, que assassinos atacavam as casas durante a noite. A guerra às drogas de Duterte já começara a transformar Manila em uma Gotham City do mundo real, mas sem nenhum herói de capa preta.

O Rappler designara um repórter e uma equipe de produção para trabalhar no turno da noite. Eles logo começaram a relatar até oito cadáveres todas as noites jogados na calçada ou na rua, com o sangue escorrendo no chão. Eram assassinatos horríveis: alguns estavam amarrados, a cabeça enrolada em fita adesiva, com uma placa de papelão em cima: "Traficante de drogas, *huwag tularan*". Não seja como eu.

Eu me sentia aliviada por estar em Cingapura, a um mundo de distância daquela violência. Quando entrei na cafeteria do último andar, com a vista deslumbrante da baía, tentei calcular quanto essa regalia de comida grátis devia custar ao Facebook. No Rappler, havíamos pensado em dar aos nossos funcionários um almoço nutritivo gratuito para manter a equipe no escritório — um benefício que agradaria ao pessoal, e que poderíamos deduzir dos impostos. Mas o que eu vi à minha frente naquele bufê, até onde meu olhar alcançava — culinárias indiana, chinesa, americana —, era uma demonstração de riqueza muito além do que a nossa pequena startup poderia imaginar.

O objetivo da minha visita era dar um aviso aos nossos parceiros do Facebook na Ásia, as pessoas com quem eu coordenava muitas ações do Rappler. Entre eles estavam Ken Teh, que, entre outras coisas, trabalhava com as equipes de jornalismo nas Filipinas a partir de seu escritório em Cingapura; Clare Wareing, chefe das Comunicações Políticas da Ásia-Pacífico; e Elizabeth Hernandez, responsável pelas Políticas Públicas da região. Conheci Elizabeth quando ela trabalhava na Hewlett-Packard. Achei que ter uma cidadã filipina naquela posição crítica no Facebook seria bom para as Filipinas. Mas acabou não sendo.

O relacionamento do Rappler com o Facebook começou de forma promissora. Ken Teh tinha me contatado no início de 2015, como encarregado de montar parcerias com veículos de mídia nas Filipinas, a partir de seu escritório em Cingapura. O Rappler era uma escolha lógica, dada a forma como associávamos o jornalismo on-line com a teoria das redes sociais.[1] No momento em que o Facebook estava contratando pessoal no Sudeste da Ásia, o prêmio World Summit, baseado nas Nações Unidas, havia escolhido o Rappler como uma das quarenta "melhores e mais inovadoras iniciativas digitais".[2] O Facebook já havia até apresentado o Rappler com destaque no F8, seu congresso anual para desenvolvedores, em San Francisco, em 2016.[3]

Naquele ano, quando o Facebook abriu seu primeiro escritório nas Filipinas, divulgou estatísticas impressionantes: os filipinos passavam 1,7 vez mais tempo no Facebook e no Instagram do que assistindo TV. Os filipinos tinham 60% mais amigos no Facebook do que a média mundial, e enviavam 30% mais mensagens do que a média mundial. Dos 65% dos filipinos que acessavam o Facebook todos os dias, 90% do tempo era pelo aplicativo no celular. Os filipinos ficavam on-line um em cada cinco minutos, e um em cada quatro minutos no celular. "As Filipinas são um país altamente engajado, que dá prioridade aos dispositivos móveis", disse o vice-presidente do Facebook para Ásia-Pacífico na época, "cheio de pessoas criativas, empreendedoras e com um forte senso de comunidade."[4]

Um dos motivos que fez o Rappler ultrapassar tão depressa as empresas jornalísticas tradicionais foi o uso do Facebook. Nós adotamos a plataforma desde o início e conhecíamos o desempenho do Facebook nas Filipinas melhor do que o próprio Facebook, muitas vezes deixando seus executivos surpresos com o que descobríamos diariamente ao monitorar os dados. Cheguei a pensar, secretamente, em trabalhar para o Facebook. Ocorreu-me que, assim como fora a CNN para a minha geração, para esta geração era o Facebook que definia o fluxo de informações.

Eu sempre aguardava ansiosamente a próxima novidade que o Facebook iria apresentar. Em 2015, a plataforma lançou um aplicativo e um site chamado Internet.org, destinado a facilitar o acesso gratuito pela internet a diversos sites, incluindo o Facebook, em países em desenvolvimento. Eles escolheram as Filipinas como piloto para esse teste. O argumento de Mark Zuckerberg era que esse serviço, que acabou conhecido como FreeBasics,[5] era bom para a população e bom para seus parceiros de telecomunicações — que eram quem pagava a conta, basicamente. O Facebook fez então uma parceria com a Globe,[6] na época a menor das duas principais empresas de telefonia móvel nas Filipinas; o Rappler era parceiro de ambas, em parte devido às nossas iniciativas de crowdsourcing. Em quinze meses a Globe ultrapassou a concorrente, oferecendo a incrível atração do acesso gratuito ao Facebook.[7]

Quando o Facebook pediu aos quatro principais veículos de notícias do país que experimentassem outro novo produto, o Instant Articles, o pedido se dirigiu às redes de televisão ABS-CBN e GMA-7, o jornal *Philippine Daily Inquirer* e o Rappler. Ao contrário dos outros três, o Rappler mergulhou de cabeça; decidimos postar todas as nossas reportagens no Instant Articles, e não no nosso site, para conseguirmos dar métricas claras, mostrando o antes e o depois. No entanto, o Instant Articles foi um fracasso total, e logo paramos. O Facebook reconheceu que ainda tinha muito trabalho a fazer pelas empresas de notícias. Sua mentalidade — *Move fast, break things* [Agir rápido, quebrar coisas] — significava que eles pediam às empresas e às pessoas que participassem de novos projetos sem antes pensar e analisar bem o produto.

A proposta de Mark para a Internet.org, e suas supostas vantagens para os países em desenvolvimento, empregava a mesma tática que ele usa até hoje: destacar informações vindas de estudos supostamente independentes, capazes de influenciar a opinião pública. "Houve um estudo da Deloitte que saiu outro dia", disse ele numa conferência de telefonia móvel em Barcelona em fevereiro de 2014, "concluindo que, se pudéssemos conectar todas as pessoas dos mercados emergentes, seria possível criar mais de 100 milhões de empregos e tirar muita gente da pobreza." Era uma bela história. O que ele não disse é que o estudo da Deloitte fora encomendado pelo Facebook e baseado em dados fornecidos pelo Facebook.[8]

Mas naquela época eu continuava acreditando cegamente na conversa de Mark. E embora eu tenha ido a Cingapura naquele dia com sérias preocupações, fui com boa-fé. Segui mais uma vez meu velho mantra: confiar, até que a pessoa prove que não é confiável. Eu estava apenas começando a perceber até que ponto o Facebook é uma empresa fragmentada. De certa forma, isso fazia sentido; era uma startup global de grande alcance, que ia crescendo e se adaptando. Mas isso implicava, por exemplo, que o grupo que exibia curtas-metragens do Rappler para a Internet.org e o FreeBasics[9] era diferente dessa equipe de Cingapura, a qual também era diferente dos grupos de produto e investigação de violações que trabalhavam na sede em Menlo Park, que depois se chamariam equipe de Integridade.

Isso queria dizer que ninguém tinha a imagem completa.

Depois de escolher meu almoço naquele opulento bufê, segui Ken, Clare e Elizabeth até uma comprida mesa e nos sentamos para comer.

Comecei dizendo: "O que nós descobrimos é realmente alarmante. Nunca vi nada assim, mas não há dúvida de que isso pode ser muito perigoso".

* * *

O que eu queria contar ali tinha um histórico.

As Filipinas, a única ex-colônia dos Estados Unidos, com 113 milhões de habitantes,[10] vangloriava-se de ter uma grande mão de obra com domínio do inglês, boa parte com formação universitária, familiarizada com a cultura ocidental. É uma das razões pela qual nosso país tem sido, há muito tempo, uma fonte de mão de obra barata para o Ocidente. Em 2010, as Filipinas ultrapassaram a Índia como o principal centro mundial para call centers, terceirização de processos de negócios (BPO) e serviços compartilhados.[11] E o mais significativo: nos tornamos uma grande fonte de fraudes na internet, desde os dias do Hotmail e do spam no e-mail. Muitas empresas estrangeiras que querem fazer experiências com negócios um pouco escusos vieram para as Filipinas porque aqui havia pouca ou nenhuma regulamentação da internet, e os poucos regulamentos que havia não eram aplicados.[12] Algumas áreas do país criaram uma reputação para realizar serviços conhecidos, eufemisticamente, como "onlining", ou seja, enviar spam para endereços de e-mail pelo mundo inteiro.[13]

Foi também o nosso país a base da "fábrica de ódio" 8chan, depois chamada 8kun, um fórum para extremistas violentos, mais tarde associada ao QAnon: a dupla de americanos, pai e filho, suspeitos de criar o fórum enquanto moravam numa fazenda de criação de porcos ao sul de Manila.[14]

Isso mudou bastante após uma repressão global entre 2010 e 2012, quando profissionais de segurança cibernética e agências policiais desmantelaram operações com spambots e a tecnologia para controlá-los evoluiu. Assim, quando aqueles envolvidos nessa indústria foram procurar novas oportunidades de negócios, voltaram-se para as mídias sociais.[15] Bem antes das eleições presidenciais de 2016, o cenário no país já estava montado para três tendências convergentes, que ajudaram o governo a consolidar descaradamente seu poder: "fazendas de cliques", "fazendas de contas", operações de desinformação e a ascensão de influenciadores políticos nas áreas cinzentas da indústria publicitária.

Já em 2015, havia relatos de "fazendas de contas" que criavam contas falsas nas mídias sociais, contas verificadas por telefone (PVAs na sigla em inglês) partindo das Filipinas.[16] Isso depois se tornou um fenômeno global. Nesse mesmo ano, um relatório mostrou que a maioria dos likes na conta de Donald Trump no Facebook vinha de fora dos Estados Unidos, e que um em cada 27[17] seguidores de Trump on-line era das Filipinas. Quando a economia dos influenciadores digitais decolou, algumas empresas obscuras que vendiam likes e seguidores do Twitter tinham sede nas Filipinas.[18] Nessa altura o marketing político havia evoluído para "desinformação em rede". Quando os políticos filipinos começaram a fazer experiências com as mídias sociais, muitos terceirizaram suas operações para estrategistas de marketing e relações públicas, que arregimentavam toda uma gama de contas de conteúdo e distribuição, desde influenciadores digitais até operadores de contas falsas. Eles deram forma aos elementos díspares já existentes nas Filipinas que agiam nas áreas cinzentas da lei e da ética.[19] A oferta veio atender à demanda, e assim a desinformação se tornou um grande negócio.

As Filipinas também se tornaram um grande centro de fraudes pela internet. Em 2019, o país foi o maior originador, globalmente, de ataques on-line,[20] tanto automatizados quanto humanos, seguido de longe por Estados Unidos, Rússia, Reino Unido e Indonésia. Na época, um relatório apontou três motivos: "ferramentas sofisticadas, mão de obra barata para serviços manuais e bons incentivos econômicos associados à fraude on-line". (Dos agentes, 43% eram humanos, ou seja, não robôs.) As Filipinas também têm um número maior que a média de instalações de software sem licença,[21] que com frequência instalam malware em

PCs para que eles se tornem plataformas de robôs para ataques automatizados em rede.

Perguntas incômodas surgiram para os publicitários filipinos, como logo aconteceria no mundo todo: quantos deles prestavam serviços "freelancer" nessa área cinzenta; quantos estavam trabalhando com "influenciadores" pelo mundo afora e em mercados emergentes, já conhecidos como criadores de contas falsas e "likes" falsos; de que modo eles estavam definindo a linha divisória entre a influência e a fraude ao trabalhar com clientes multinacionais? O próprio esquema de funcionamento das mídias sociais incentivava esses comportamentos, de modo que as plataformas de tecnologia estavam tendo uma influência corruptora sobre os valores da nossa geração mais jovem, especialmente os que eram seduzidos para trabalhar nesse setor.

E o que dizer dos políticos que traíam seu compromisso com o público, explorando algo que antes era uma ferramenta de marketing e passando a manipular, de maneira insidiosa e desavergonhada, o público a quem eles alegavam servir?

Tudo se resumia a poder e dinheiro.

Essa evolução dos acontecimentos nas Filipinas começou em 2014, quando os fãs começaram a usar as mídias sociais para dar apoio aos seus ídolos, e os agentes políticos descobriram o potencial desse tipo de engajamento.

Um dia, convidamos para vir à nossa redação uma dúzia de garotos com grande presença digital, nenhum deles com mais de quinze anos, tão poderosos que chamaram a atenção do Twitter. O que eles fizeram ficou conhecido como o fenômeno AlDub.[22] Referia-se a um jogo de palavras com os nomes dos atores filipinos Alden Richards e Maine "Yaya Dub" Mendoza, estrelas de um programa vespertino de TV muito popular sobre um casal de namorados que nunca se encontram pessoalmente. Seus fãs começaram a pressionar para que os dois finalmente se encontrassem, a ponto de que seus seguidores nas redes sociais quebraram o recorde global do Twitter de número de tuítes sobre um dado assunto. Como notou a BBC, o recorde anterior fora na Copa do Mundo de 2014, quando a Alemanha derrotou o Brasil.

Os jovens tinham tempo para experimentar e decifrar o código. Formar esses grupos de fãs ajudou a criar os precursores (na época, inofensivos) daquilo que o Facebook chamou de "comportamento inautêntico coordenado" (*coordinated, inauthentic behavior* ou CIB). Os rapazes se organizavam para aumentar artificialmente a circulação de certas hashtags, às vezes pegando carona em qualquer assunto que estivesse em alta. Esses jovens nos disseram que bastava organizar as pessoas "para tuitar 7 mil vezes por minuto" para fazer uma hashtag se popularizar. Esses grupos se tornaram tão grandes e bem-sucedidos que foi apenas uma questão de tempo até o marketing empresarial se apoderar das suas táticas.

Foi aí que a atividade dos fãs se transformou em política.

Permitam-me mostrar a vocês como era fácil realizar essas mudanças, por meio da experiência de um jovem que chamaremos de "Sam". Com vinte e poucos anos, Sam, que trabalhava para um amigo meu, veio à redação do Rappler de jeans e uma camiseta justa, o cabelo espetado com mechas azuis. Ele nos disse que foi ele quem empurrou a guerra às drogas de Duterte para a consciência nacional, ajudando-a a sair do oitavo lugar entre as preocupações nacionais mais importantes e subir para o primeiro lugar durante a campanha presidencial. Ele nos afirmou que ajudou um candidato a vencer uma eleição presidencial.

"Eu me sentia feliz em controlar as pessoas", disse ele. "Hoje tem gente dizendo que isso é uma coisa do mal, mas imagine — eu sou como um deus. Posso levar as pessoas a fazer o que eu quiser que elas façam."

Transbordando de energia, ele nos contou que começara a criar páginas na internet quando ainda estava no ensino médio, começando com uma página anônima focada em namoro. Iniciava as conversas perguntando sobre o encontro mais quente que a pessoa já havia tido, ou seu pior rompimento. Conseguiu fazer crescer uma das suas comunidades para mais de 3 milhões de seguidores. Tinha apenas quinze anos quando começou a formar grupos, explorando tópicos que ele achava serem atraentes para os filipinos: uma página era sobre a alegria, outra sobre força mental. Cerca de um ano depois, as empresas começaram a lhe pedir que mencionasse seus produtos. Aos vinte anos, segundo ele, já tinha pelo menos 15 milhões de seguidores em várias plataformas.

Foi quando ele passou da publicidade para a política: entrou numa equipe que trabalhava para a campanha de Duterte. Disse ele que criara uma série de grupos no Facebook em diferentes cidades, usando os dialetos locais. Tudo começava de maneira inocente, com artigos sobre atrações turísticas e notícias locais. Daí ele passava a postar matérias sobre crimes de vez em quando. O grupo passou a postar uma matéria todos os dias, no horário de pico do tráfego nos sites. Em seguida, ele e seus amigos escreviam comentários associando o crime às drogas. Foi também por isso que a "guerra às drogas" de Duterte passou a ser vista como algo necessário na vida das Filipinas.

O Facebook não prestou atenção a essa tática. Entretanto, isso que agora chamamos de "astroturfing",* empregando ainda o "efeito bandwagon", a tendência conformista das pessoas de se alinharem com a maioria, foi extremamente eficiente.

Basta replicar a história de "Sam" muitas vezes, e veremos a evolução do maquinário de campanha de Duterte. Hoje, "Sam" tem

---

* Termo utilizado para designar ações políticas ou publicitárias que tentam criar a impressão de que são movimentos espontâneos e populares. (N. T.)

sua própria empresa digital. Trocou seu visual de garoto roqueiro pelo paletó e gravata e oferece seus serviços a políticos e empresas.

Em 2016, o Rappler começou a rastrear pessoas que mudaram o discurso, como Sam, e todas essas redes de desinformação. O braço de pesquisa da nossa empresa queria compreender o fenômeno. Globalmente, éramos uma das poucas organizações de mídia a fazer isso — outra razão pela qual eu estava ansiosa para contar à equipe do Facebook em Cingapura tudo o que havíamos descoberto.

Expliquei como o Rappler havia mapeado três estágios da degradação do ecossistema de informações on-line e da vida política nas Filipinas. O primeiro foi a experimentação inicial e a formação do maquinário da campanha, em 2014 e 2015. O segundo foi a comercialização de uma nova indústria de operações clandestinas on-line. E o terceiro foi a consolidação do poder no topo e o aumento da polarização política no país.

Você provavelmente já viu alguma versão dessas coisas, se você vive numa democracia. Essas fases foram possibilitadas por decisões e realidades globais, muito distantes das Filipinas: mais do que nunca, o que é local é global e o que é global é local.

No começo, era difícil sequer saber o que estava acontecendo. Como eu e o Rappler praticamente vivíamos nas mídias sociais, sentíamos as mudanças, mais do que as compreendíamos. Logo antes da eleição de 2016, começamos a ver novas técnicas de distribuição e envio de mensagens para o candidato Duterte nas plataformas de mídia social. Em um caso, seus apoiadores criaram uma página no Facebook pedindo a morte de um estudante que fizera uma pergunta de teor crítico a Duterte.[23] Tratava-se de uma nova forma de comportamento inflamatório, e levou ao nosso primeiro editorial sobre o tópico, intitulado: "#AnimatED: O populacho on-line transforma a mídia social numa terra de ninguém".[24] Quando ligamos para a equipe da campanha, eles pediram aos seus apoiadores que fossem "civilizados, inteligentes, decentes e compassivos".[25] Nessa época tudo ainda estava começando.

Nessa mesma eleição, Ferdinand "Bongbong" Marcos, filho de Ferdinand Marcos, estava concorrendo à vice-presidência.[26] Observamos nas mídias sociais um nítido impulso para mudar a história a respeito do passado de sua família, um esforço para redefinir e limpar o histórico da família Marcos. E testemunhamos a forte presença de uma visão de mundo tipo "nós contra eles", que inspirava a raiva e o ódio, e contribuía para polarizar o eleitorado.

A segunda fase da degradação tinha a ver com a comercialização de uma nova indústria de operações clandestinas, capitalizando sobre uma economia digital subterrânea já em operação havia muito tempo, agindo em uma zona cinzenta das leis. Já em 2014, antes de os robôs e as contas falsas se generalizarem em todo o mundo — especialmente na Ucrânia —, o Rappler descobriu operações de desinformação durante as guerras de telecomunicação do país. Em uma reportagem que chamamos de "#SmartFREEInternet: Anatomia de uma campanha de operações secretas no Twitter",[27] mostramos como uma empresa podia usar três tipos de contas para influenciar as percepções do público.

A Philippine Long Distance Telephone Company e sua operadora de telefonia móvel, a Smart, estavam disputando usuários com a Globe Telecom e sua própria subsidiária móvel. A Smart lançou uma campanha promocional no Twitter e no Facebook com a hashtag #SmartFreeInternet [internet inteligente e grátis]. O Rappler noticiou de que modo uma combinação de robôs e contas falsas encerrou, de repente, toda a campanha on-line #SmartFreeInternet: sempre que alguém usava essa hashtag, sinalizava para um robô ou conta falsa para enviar automaticamente a essa pessoa uma mensagem negativa.

Isso se baseava em uma antiga estratégia popularizada na indústria americana de computadores nos anos 1990 — principalmente por empresas como IBM e Microsoft quando alvejavam seus concorrentes. Foi conhecida como Medo, Incerteza e Dúvida (Fear, Uncertainty, and Doubt — FUD). A campanha de desinformação espalhava informações negativas e mentiras para insuflar o medo. As conversas que mapeamos on-line nos lembravam a estratégia comunista "Cercar a cidade pelo campo": ela efetivamente cortou a conta da Smart no Twitter do seu público-alvo: a geração do milênio. Ainda em 2014, nós escrevemos: "Algumas empresas, grupos de interesse e governos estão mobilizando recursos fictícios das mídias sociais em grande escala, a fim de impedir outros usos legítimos dessas plataformas. Práticas como essa, se não forem controladas, podem transformar uma plataforma como o Twitter em uma terra arrasada, desencorajando as pessoas a participar e limitando para sempre o potencial da população".

E, de fato, apenas dois anos depois, vimos a transferência do método "FUD" — Medo, Incerteza e Dúvida — para a política e a propaganda. Não deveria ser surpresa, pois as pessoas que fizeram experiências com esse método em 2014, tais como Sam, estavam entre as que entraram na política e trabalharam para Duterte em 2016.

Mostrei a Ken, Clare e Elizabeth de que modo descobrimos essa mudança de rumo para a arena política: investigando uma rede que estava atacando o Rappler e a ABS-CBN.

Primeiro, Chay e sua equipe registraram meticulosamente numa planilha todas as contas do Facebook dos invasores, as contas dos seus "amigos" e os grupos aos quais essas contas pertenciam. Um gráfico compilou todas as 26 contas, juntamente com o que elas mostravam como seus "fatos" particulares — sua profissão, onde trabalhavam, onde estudavam, onde moravam. Pegamos cada coluna dessa planilha e designamos um repórter para verificar esses detalhes. Todas as alegações, sem exceção, eram mentira.

Essas 26 contas se comportavam de maneira diferente da maioria dos usuários: pertenciam a muitos grupos do Facebook, mas tinham poucos amigos na rede. Um exemplo foi a conta de Mutya Bautista, que alegava ser "analista de software" da ABS--CBN. A lista pública de amigos de Bautista mostrava que ela tinha apenas dezessete amigos, porém era membro de mais de cem grupos, incluindo vários que faziam campanha para Ferdinand Marcos Jr., comunidades filipinas no exterior e grupos de compra e venda. O número de membros de cada grupo variava de dezenas de milhares a centenas de milhares.[28]

Nossa equipe levou pelo menos três meses para contar manualmente o alcance das mensagens desses indivíduos nesses grupos públicos. Eles descobriram que uma conta falsa no Facebook pode alcançar de 3 milhões a 4 milhões de outras contas,[29] provando assim o alcance exponencial de uma mentira. Creio que o Rappler foi o primeiro a quantificar isso.

Também mostrei à equipe do Facebook de Cingapura que esses agentes de operações secretas tinham agido sistematicamente para transformar as mídias sociais numa arma, adaptando suas táticas de acordo com a faixa demográfica focada: a minúscula classe alta das Filipinas, a classe média e a massa que constitui a base.[30] Os agentes criavam conteúdos que depois seriam amplificados pelas redes de distribuição. Embora o Facebook fosse um vetor-chave de distribuição, os esforços abrangiam todas as plataformas de mídia social.

O que estávamos vendo era uma espécie de guerra assimétrica on-line, exceto que nesse caso era Golias que usava as táticas de Davi; eram as plataformas e as forças poderosas que usavam as táticas sub-reptícias de um grupo rebelde. Qualquer um que enfrentasse as mentiras que se espalhavam pelas redes de desinformação pró-Duterte e pró-Marcos era chamado de louco, ou convencido de que estava mesmo louco. E o que os bandidos estavam fazendo, eles atribuíam aos mocinhos.

O mesmo processo estava acontecendo com outras democracias ao redor do mundo. O Facebook estava se conscientizando disso, mas sentia que estava num dilema. Nos Estados Unidos, mais e mais mentiras proliferavam através do Facebook na extrema direita e na "alt-right" [direita alternativa]. O Facebook tinha os dados para provar isso, mas não fez nada — só muito mais tarde, pesquisadores independentes iriam expor essas ocultações —, por medo de alienar os republicanos. Isso significava que o público — seus usuários, os alvos dessas operações de desinformação — ficava completamente vulnerável, com pouca defesa contra algo que parecia ser um fluxo normal de informações. Donald Trump mentiu, de forma flagrante e prazerosa, durante toda a sua campanha presidencial e sua presidência, e todas as suas mentiras ganharam impulso por meio de operações de mídia social vindas de baixo para cima, semelhantes às das Filipinas. Tanto Trump quanto Duterte modificaram a maneira de pensar e de se comportar de suas populações.

O Rappler começou a refletir sobre como poderíamos criar um banco de dados para monitorar nosso ecossistema de informações — uma espécie de Interpol para as redes de desinformação. Precisávamos construir tecnologias para compreender a tecnologia. Começamos a automatizar a coleta de dados, para ver que tipo de conteúdo estava se disseminando, e por meio de quais redes. Mapear as informações era algo já incorporado ao DNA do Rappler. Desde o início, procurávamos responder a esta pergunta: De que modo uma ideia pode se espalhar pelas comunidades a fim de galvanizar uma ação cívica? Estudando a formação de comunidades on-line, tentamos avaliar se as Filipinas tinham verdadeiros partidos políticos, baseados em linhas ideológicas. E obtivemos a resposta: não, não tínhamos verdadeiros partidos políticos, baseados na ideologia; tínhamos partidos baseados em personalidades.[31] Embora os jornalistas soubessem disso qualitativamente, era diferente dispor de dados para respaldar o fato.

Essa foi a origem do banco de dados que chamamos de "Sharktank"[32] [Tanque dos Tubarões]. Empregávamos a verificação dos fatos para identificar mentiras, e então monitorávamos quais redes divulgavam essas mentiras repetidamente. O Rappler aprendeu a organizar os dados de uma forma que nos permitia monitorar as cascatas de informações públicas em todo o país; e tornamos tudo isso disponível para o público.

Ao longo dos anos seguintes, quando eu enfrentava as autoridades mais poderosas que nos atacavam, as pessoas me perguntavam como eu tinha coragem.

"É fácil", eu respondia. "Eu tenho os fatos."

Relatei essas descobertas a Ken, Clare e Elizabeth naquele almoço no Facebook em Cingapura, pedindo-lhes que fornecessem mais dados deles próprios para confirmar o que havíamos descoberto. Aonde eles achavam que isso poderia levar?

Lembro que exclamei: "Temos que fazer alguma coisa, porque, se não, Trump pode ganhar!".[33]

Todos nós rimos, porque isso não parecia possível, nem mesmo em agosto de 2016, poucos meses antes da eleição de Trump.

Ao final da nossa reunião, eles pareciam perturbados, mas creio que era a primeira vez que lidavam com algo assim e não sabiam o que pensar. Sinceramente, o Rappler compreendia a internet e os dados melhor do que eles. No mínimo, porém, achei que o Facebook faria uma declaração sobre as nossas descobertas. Como parceiro alfa do Facebook, eu queria que eles dessem um basta naquela manipulação insidiosa que estávamos presenciando;

eu poderia então relatar o que estava acontecendo e o que eles haviam feito para acabar com aquilo. Mas eu estava tão alarmada naquele momento que julguei que era mais importante consertar o que estava errado do que apenas fazer a reportagem.

No entanto, depois do nosso encontro, não tive mais retorno algum de Ken, Clare e Elizabeth. Esperei durante todo o mês de agosto.

Na sexta-feira, 2 de setembro de 2016, às 22 horas, uma explosão atingiu um mercado noturno em Davao, a cidade natal de Duterte.[34] A bomba matou mais de dez pessoas e feriu outras dezenas. Infelizmente, esse tipo de violência não é raro nas Filipinas. Mas a reação do novo governo marcou uma mudança draconiana.

Na manhã seguinte à explosão, Duterte declarou um "estado de ilegalidade" em todo o país.[35] A justificativa incluía o seu assunto preferido: as drogas ilegais. Meu pensamento? Absurdo. "Estamos numa época extraordinária", disse Duterte. "Há uma crise neste país envolvendo drogas, execuções extrajudiciais... Parece que há um ambiente de ilegalidade, de violência sem leis."

Ele não chegou a declarar a lei marcial ou o toque de recolher, mas pediu uma maior presença de soldados em todo o país. O governo criou mais postos de controle. Na internet, os apoiadores de Duterte começaram a justificar a declaração. O apoio público era necessário, pois, no passado, explosões desse tipo raramente acarretavam medidas tão drásticas.

Quando me sentei para tomar café naquela manhã de sábado, abri meu computador e fiquei alarmada com o que vi. Liguei imediatamente para nossa chefe de mídia social, Stacy de Jesus, e nossa chefe de pesquisas, Gemma Mendoza. Em uma hora, liguei para minhas cofundadoras e as alertei. Eu nunca tinha visto aquilo antes.

Um artigo nosso de quase seis meses antes, "Homem com bomba preso no posto de controle de Davao", era, naquele dia, a nossa matéria mais lida, segundo o Google Analytics em tempo real.[36] Originalmente publicado em 26 de março de 2016, cinco meses antes da bomba, estava agora em primeiro lugar há mais de 24 horas. Ficaria entre as dez matérias mais lidas por mais de 48 horas.

Essa foi a primeira vez que apanhamos uma operação de desinformação em tempo real, executada desajeitadamente para manipular a opinião pública. Contas anônimas e contas falsas, páginas de memes, páginas de fãs de Duterte e sites duvidosos[37] trabalhavam de mãos dadas para fazer parecer que nosso artigo de março sobre o "Homem com bomba" era, na verdade, uma notícia de última hora, parecendo justificar a declaração de Duterte

Segundo investigação da Rappler em 2016, essa conta no Facebook foi a primeira a postar esse artigo.

de que reinava no país um estado de ilegalidade. Os filipinos foram enganados e induzidos a compartilhar uma mentira.

Foi assim que o "comportamento coordenado e inautêntico" do Estado, como o Facebook veio a chamar, bem depois, as operações desse tipo, começou nas Filipinas. Foi também a primeira rajada do que seria uma guerra on-line aberta, visando derrubar a confiança do público na mídia independente e, em específico, no Rappler.

Aquela reportagem antiga tinha gerado 32 visualizações (em grande parte vindas de pesquisas no Google); mas no dia seguinte ao início da operação de desinformação, a matéria foi catapultada para mais de 105 mil visualizações — um aumento exponencial de mais de 3281 vezes!

Talvez a operação funcionasse ainda melhor se eles não tivessem nos alertado sem querer. Alguns usuários compartilharam o link diretamente, e os sites que reaproveitaram essa matéria antiga devolviam o link para o Rappler. Isso sinalizava que os criadores eram ex-jornalistas ou editores, com hábitos enraizados de atribuir a autoria das matérias. E tudo isso parou assim que o Rappler publicou o que tínhamos encontrado.

Havia três sites importantes que pegaram toda aquela reportagem antiga do Rappler e a republicaram fora de contexto e sem a nossa permissão: News Trend PH (newstrendph.com), Social News PH (socialnewsph.com) e Pinoy Tribune (pinoytribune.com) — todos eles criados poucos dias depois que o presidente Duterte fez seu juramento de posse. Os três sites foram retirados do ar logo assim que expusemos a operação.

Enquanto algumas páginas do Facebook compartilharam a história do Rappler diretamente, várias páginas pró-Duterte, como DuterteWarrior (@dutertewarrior), Presidente Duterte 2016 (@DigongDuterte2016) e Byaheng Duterte, compartilharam as páginas reaproveitadas com a matéria antiga, com poucos minutos de diferença uma da outra e com as mesmas legendas alarmistas. As três geraram centenas de comentários e milhares de compartilhamentos e likes.

Os operadores alteravam manualmente a data e a hora das suas postagens, fazendo parecer que tinham sido publicadas na quinta-feira, 1º de setembro, antes da explosão.

Para alertar o público que essa velha notícia estava sendo usada para enganar a percepção das pessoas sobre os acontecimentos, decidimos publicar um post de alerta na nossa página do Rappler no Facebook. "O Rappler pede à nossa comunidade que verifique as fontes de informação e pare de compartilhar essa notícia velha", postamos no Facebook no domingo, 4 de setembro de 2016, às 18h18. "Se aparecer essa matéria no seu feed, informe aos outros que esse fato aconteceu em 25 de março de 2016." Também acrescentamos uma pequena nota do editor na matéria antiga no nosso site, que seria a primeira frase que qualquer leitor veria: "Esta notícia foi publicada em 26 de março de 2016".

Mas decidimos não fazer uma reportagem completa sobre a operação porque não queríamos amplificar a desinformação. Lutamos desde o início com o problema de como equilibrar estas três coisas: divulgar as informações sobre a manipulação, corrigir a desinformação e limitar o seu alcance. Melhoramos nisso nos anos seguintes, ao decidir que o caminho a ser trilhado era a transparência radical, incluindo publicar mapas minuciosos, do tipo feito por

nerds, das contas que participavam de redes de desinformação — ou seja, dar todos os dados que o leitor mais detalhista poderia desejar.

Continuamos investigando esse caso por muitos anos.[38] Descobrimos que a rede on-line "Homem com bomba" estava conectada ao núcleo central da campanha de Duterte. Em agosto de 2021, verifiquei que a URL de um dos três principais sites de desinformação, newstrendph.com, havia desaparecido. Em seu lugar havia um site chinês de apostas, ligado a uma controversa iniciativa de Duterte, o Philippine Offshore Gaming Operation (Pogo),[39] o que sugere que esses três sites pró-Duterte podem ter sido associados a operações chinesas de desinformação. A notícia do "Homem com bomba" nos levou à ligação do governo Duterte com a China, sua nova aliada.

Passei todas as informações que tínhamos para Ken, Clare e Elizabeth. Ficou claro que o Facebook não apenas estava mal preparado para lidar com esse tipo de operação; mesmo diante dos dados e dos fatos, eles não compreendiam bem o que estava acontecendo na sua plataforma. Não tenho dúvida de que deram o alerta quanto ao nosso caso, mas nada foi feito naqueles primeiros dias. Uma ação oportuna poderia ter mantido um sistema de confiança, mas o Facebook o explorou para seu benefício; uma ação precoce poderia ter evitado a anarquia e o caos que vieram a incentivar e recompensar as operações de desinformação nos anos seguintes.

Meses depois, nosso post no Facebook, alertando os seguidores sobre essa tentativa de enganar o público, foi tirado do ar pelo próprio Facebook. Nossa chefe de mídia social, Stacy, me enviou o motivo do Facebook para a exclusão: "Esta mensagem foi removida porque inclui um link que vai contra os padrões da nossa comunidade".[40]

Quando reivindicamos, o Facebook restaurou o post, mas quando tentei acessar de novo alguns meses depois, fora removido novamente. Reclamamos outra vez. Porém não houve resposta.

Desde 1º de agosto de 2021, esse link está morto. Parece que o Facebook não quer que ninguém saiba sequer que aquilo tudo aconteceu.

Esse foi o início da minha crescente desilusão com essa empresa, que de início nos abriu possibilidades tão animadoras para o Rappler. Hoje estou mais do que desiludida. Acredito que o Facebook representa uma das ameaças mais graves para as democracias do mundo inteiro, e fico espantada ao ver que permitimos que nossas liberdades nos fossem tiradas pela tecnologia, com sua avidez de crescimento e de receitas. A tecnologia sugou as nossas experiências e os nossos dados pessoais, organizou-os com a inteligência artificial, utilizou tudo isso para nos manipular e criou comportamentos em uma escala tal que trouxeram à tona o pior da humanidade. Shoshana Zuboff, professora emérita da Harvard Business School, chamou esse modelo de negócios explorador de "capitalismo da vigilância".[41] Nós todos deixamos isso acontecer.[42]

Hoje o Facebook prefere ganhar dinheiro a resguardar a segurança pública. Os esforços de lobby da empresa lhe permitem flexionar e quebrar as normas sobre o conteúdo — normas de modo geral permissivas, que eles próprios criaram. Raramente o Facebook dá prioridade às salvaguardas para os quase 3 bilhões de usuários na sua plataforma, que em 2020 obteve uma receita de 85,9 bilhões de dólares. Em 2021 foram 120,18 bilhões de dólares, um aumento de 40%.

Quanto ao capitalismo de vigilância[43] — esse que trata os dados humanos como commodities a ser negociadas nos mercados[44] —, foi Sheryl Sandberg[45] quem trouxe esse modelo do Google para o Facebook, quando Mark Zuckerberg a contratou como segunda no comando, em 2008.

Sheryl Sandberg criou e aprimorou o modelo de negócios do Facebook e também passou a chefiar dois grupos: o de políticas, ou normas, e o de integridade. O que acontece se uma organização de mídia tiver que publicar alguma coisa que vai contra os seus próprios interesses? Numa empresa jornalística existe uma "Muralha da China" que barra o contato entre o diretor editorial e o diretor comercial, justamente por causa desses conflitos de interesses inerentes. O diretor editorial sempre acaba brigando com o diretor comercial, e é assim que a mídia antiga lutava, mas sobrevivia. No Facebook, Sheryl juntou as duas funções na sua pessoa — ou seja, todas as decisões ficaram politizadas. Cada decisão se baseava nos lucros e na proteção aos interesses do Facebook.

Em 2011, Sheryl contratou Joel Kaplan, seu ex-colega de Harvard, para fazer lobby e cortejar os conservadores e a direita americana. Em 2014 ele já era vice-presidente de políticas públicas globais do Facebook, administrando relações governamentais e esforços de lobby em Washington, além de definir a política de moderação de conteúdo em todo o mundo. Outras empresas, incluindo Google e Twitter, mantêm seus grupos de políticas públicas e lobby separados das equipes que criam e implementam as normas para o conteúdo. Vários funcionários que se demitiram do Facebook exigiram que essas equipes fossem separadas, mas até hoje isso não foi feito. Um documento interno do Facebook, Political Influences on Content Policy [Influências políticas sobre as normas de conteúdo], afirmava que o grupo de Kaplan "protege regularmente os usuários poderosos", começando pelo então candidato Donald Trump, em 2015.[46]

E é também por isso que o Facebook tem permitido consistentemente que os políticos propaguem suas mentiras; é por isso que escondeu a verdade e depois atenuou sua declaração sobre as operações russas de informação e desinformação. E foi por esse motivo que permitiu que grupos extremistas crescessem e espalhassem suas metanarrativas, que acabaram levando a um chamado para a ação: a violência no Capitólio, em Washington, em 6 de janeiro de 2021, quando Donald Trump exortou milhares de americanos a atacar o edifício do Capitólio em protesto pela sua derrota nas eleições. Foi quando os pecados do Vale do Silício se voltaram contra os seus criadores.[47] Até hoje, pesquisas mostram que chega a 40% o número de americanos que acreditam que Trump venceu, incluindo 10% dos democratas.[48]

Há três suposições implícitas em tudo o que o Facebook diz e faz. Primeira: Quanto mais informações, melhor. Segunda: Quanto mais rápida a informação, melhor. Terceira: O mal — as mentiras, discurso de ódio, teorias conspiratórias, desinformação, ataques direcionados, operações de desinformação — deve ser tolerado em nome da causa maior do Facebook. As três ideias básicas são ótimas para o Facebook porque significam mais dinheiro, mas nenhuma delas é boa para o usuário, nem para a esfera pública.

Os perigos do "mais" e do "mais rápido" nos levaram à distopia: a asfixia da nossa mente pelo lixo; a perda da clareza de pensamento e a falta de concentração; e, ainda, o empoderamento do indivíduo sobrepujando o pensamento coletivo. Há uma razão pela qual executivos e líderes que precisam tomar decisões complexas pedem para ler um resumo da situação: a abundância de informações atomizadas geralmente não leva a lugar nenhum. Pior ainda — quando sobrecarregadas de emoções, tornam-se uma mangueira de incêndio que destrói a tomada de decisões racionais.

Mentiras que são repetidas mil vezes acabam se tornando verdades, nesse ecossistema on-line. Como jornalista, bem sei que aquilo que mais conta é o nosso trabalho mais recente, e qualquer erro deve ser reconhecido, corrigido e anunciado publicamente. É por isso que temos páginas de correções. Mantemos os fatos firmemente porque é isso que cria a nossa realidade compartilhada.

A fragmentação da vida em bilhões de "Shows de Truman" começou com a ideia do Facebook de fazer feeds separados, individuais: o seu feed de "notícias" é diferente do meu, e se você ler uma mentira sobre você mesmo, pode simplesmente silenciá-la com o "*mute*" — mais uma ideia introduzida pelo Facebook que era boa para os negócios, mas escondia seu impacto social. A realidade é que as mentiras, quando deixadas sem controle, criam e sustentam os adeptos da terra plana, o QAnon, o "Stop the Steal", um movimento antivacina furioso e fanático — para citar apenas algumas das teorias conspiratórias mais nocivas.

As decisões de Mark Zuckerberg — de colocar "a empresa acima do país",[49] de buscar em primeiro lugar o crescimento, de tratar igualmente as mentiras e os fatos reais — destruíram o ecossistema de informações e de confiança que deu origem ao Facebook. Quando ele aceita 1% de desinformação no site, é como dizer que tudo bem[50] ter 1% de vírus na população. As duas coisas são capazes de assumir o controle e, se não forem tratadas, podem acabar matando.

Tentei compreender de que modo Zuckerberg chegou a essas decisões; e, até onde percebo, isso está embutido no processo iterativo de desenvolvimento de software. Quando se cria um produto de tecnologia, há um processo de priorização do que se vai fazer. Tal como construir uma casa, é preciso subdividir o trabalho até chegar aos pregos, o cimento, as ferramentas, a madeira. Daí se constrói em fases — o que a tecnologia chama de "desenvolvimento ágil", uma subdivisão em tarefas que permite fazer mudanças rápidas, dependendo do que já foi realizado.

Sendo assim, como priorizar o que vamos construir? Como vimos no Rappler, aquilo que decidimos priorizar reflete nossos valores e objetivos.

No caso do Facebook, uma das opções de Zuckerberg logo no início refletiu o que um jovem poderia pensar, mas não o que um executivo experiente e responsável faria — tal como dar a cada engenheiro de software do Facebook acesso ilimitado aos dados dos usuários. Naquele mundo de cabeça para baixo, isso se tornou uma ferramenta de recrutamento do Facebook; ele oferecia aos engenheiros um ambiente de trabalho sem burocracia. Eles podiam testar e construir recursos usando dados dos usuários, sem ser limitados pelas preocupações do mundo real presentes em outras empresas.

Quando finalmente alguém[51] foi examinar o que isso tudo permitia e chamou a atenção de Zuckerberg para o fato, em setembro de 2015, um total de 16 744 funcionários do Facebook[52] tinha acesso aos nossos dados pessoais — desde nossas postagens até a forma como os algoritmos de publicidade nos agrupam (segundo as nossas ideias políticas, por exemplo), as mensagens que enviamos, a localização exata da pessoa naquele momento (o que, em muitos casos, pode causar um problema de segurança). Alguns engenheiros do Facebook chegaram a rastrear suas namoradas ou pessoas por quem tinham um interesse romântico.[53]

Outra decisão nociva foi tomada por todas as plataformas de mídia social — expandir os negócios por meio de algoritmos que recomendam amigos de amigos. Eles perceberam que essa é a maneira mais eficiente de fazer o chamado "teste A/B", que põe à prova o impacto nos usuários de quaisquer duas coisas na internet — ou seja, experimentação em tempo real, com seres humanos reais, nos tratando como cachorrinhos de Pavlov. Quando nos oferecem algo vindo de amigos de amigos, nós clicamos e assim ampliamos nossa rede pessoal e, por extensão, a rede da plataforma.

Assim, em 2016, depois que Rodrigo Duterte usou o Facebook para ajudá-lo a se eleger, esse algoritmo de trazer amigos de amigos, juntamente com a retórica de Duterte dividindo a população em "nós contra eles", radicalizou ainda mais o nosso povo. Se a pessoa era pró-Duterte e estava recebendo recomendações para ler postagens de amigos de amigos, ela se movia mais para a direita. Se fosse antiDuterte, veria conteúdo mais para a esquerda. Com o tempo, o abismo entre as duas tendências aumentou. E o fenômeno era global — basta substituir Duterte por Modi, Bolsonaro ou Trump, e você já entendeu o que eu quero dizer.

Os algoritmos nos oferecem conteúdo que serve para nos radicalizar. Se alguém clicar em uma teoria conspiratória marginal, por exemplo, o conteúdo seguinte que eles vão lhe apresentar vai ser mais radical, porque mantém a pessoa engajada, rolando seu feed.[54] Grupos como QAnon se espalharam a partir dos cantos mais obscuros da web para o Twitter e para o Facebook (e isso está ligado às Filipinas), até que foram suspensos e banidos.[55] Demorou anos para se chegar a essa proibição. Enquanto isso, o que aconteceu com as pessoas que foram levadas a acreditar nas teorias conspiratórias? E o que dizer do viés cognitivo delas, que pode levá-las a ver essas proibições como mais uma prova a favor da conspiração em que acreditam?

Essas decisões técnicas alimentaram o modelo do capitalismo de vigilância: maior crescimento mediante amigos de amigos; e aumento do tempo passado no site, oferecendo conteúdo mais emotivo, radical e extremista. O modelo consegue predominar sobre a nossa mente racional e lógica, aquilo que Daniel Kahneman chamou de "pensar devagar".[56] Em vez disso, ele se aproveita da parte do nosso cérebro que "pensa depressa": as reações emocionais rápidas, instintivas e em geral inconscientes, alojadas na amígdala cerebral. O falecido biólogo E. O. Wilson as chamava de "nossas emoções paleolíticas". Se você ler algo que mexe com as suas emoções e deixa você prestes a compartilhar o texto, ou a agir, diminua a velocidade. Pense devagar, não pense rápido.

No entanto, nossa capacidade de agir dessa maneira é limitada, porque, com o tempo, o Facebook criou, conscientemente, um ciclo de feedback desastroso, um loop extremamente prejudicial:

quanto mais tempo você passa no Facebook, mais dados a empresa obtém sobre você, de modo a induzir você a passar ainda mais tempo na rede social. As emoções, desencadeadas por hormônios e neurotransmissores como a dopamina, se intensificam; você se sente como se estivesse fazendo alguma coisa, mas no final isso se torna um desperdício, um "ralo de tempo", sugando e canalizando nossa energia, e assim tirando a energia das ações e realizações do mundo real. Pense na "Matrix", alimentada por baterias humanas. E o que estávamos fazendo? Cada um atuando no seu próprio show de Truman.

Esse é apenas um dos inúmeros efeitos colaterais dos algoritmos criados pelo big data: geralmente partem das opiniões e preconceitos dos programadores — em geral homens jovens, brancos — e nos dados que os alimentam. Isso teve efeitos negativos sobre a educação, as finanças, a reportagem sobre crimes, a democracia nos Estados Unidos; e em plataformas americanas como Facebook e YouTube, eles levam esses vieses e preconceitos para o resto do mundo.

O Facebook está mudando o nosso comportamento e usando seu banco de dados global de usuários como um laboratório em tempo real. Ele modifica os indivíduos e as sociedades, como já foi mostrado em experiências sociológicas de dinâmica de grupo. Em grande escala, esse tipo de mudança comportamental exercida por grandes grupos é um comportamento novo, emergente, e ninguém seria capaz de prever essa mudança orgânica a partir dos componentes individuais. Vi isso acontecer lentamente no mundo real na Indonésia, estudando a maneira como a ideologia radical do terrorismo se difunde. Atualmente, essa ideologia está on-line e intensificada como se usasse anabolizantes, deformando as sociedades ao destruir a confiança, globalmente.

A comparação com as mentiras e as táticas das grandes fábricas de cigarros no século XX é totalmente justificada. O Facebook e os políticos que se beneficiam de tudo isso sabem muito bem os males que estão despejando em cima do público. O Facebook é o maior distribuidor de notícias do mundo; mas muitos estudos já mostraram que nas mídias sociais as mentiras, condimentadas com raiva e ódio, se alastram mais depressa e vão mais longe que os fatos reais.[57] As próprias plataformas que agora nos dão as notícias são tendenciosas contra os fatos, contra os jornalistas. Elas estão — intencionalmente — nos dividindo e nos radicalizando. Sim, porque difundir a raiva e o ódio é melhor para os negócios do Facebook.

Nos Estados Unidos, a crescente onda de extremismo já se tornou uma verdadeira crise. O Reino Unido e a Europa ainda estão se recuperando do Brexit, da crise dos refugiados sírios e da ascensão do nacionalismo de direita. Essas mesmas experiências foram replicadas no Brasil, onde as mídias sociais, principalmente o YouTube, levaram Jair Bolsonaro e seus apoiadores ao centro da arena política. Na Hungria, a atitude sagaz de Viktor Orbán, pregando a resistência anti-imigrantes, arrebatou os eleitores. A Índia, a maior democracia do planeta, caiu vítima da máquina implacável do partido BJP, de Narendra Modi. No mundo inteiro, as sociedades estão sendo alimentadas com uma dieta constante de violência on-line, que se transforma em violência no mundo real. Várias versões da teoria da "substituição dos brancos" estão provocando tiroteios em massa, da Noruega à Nova Zelândia e aos Estados Unidos, alavancando a ascensão da atitude "nós contra eles" — ou, em uma só palavra, o fascismo.

Esse é o resultado da raiva e do ódio. Aglutinados numa indignação moral, geram uma situação em que a turba faz justiça com as próprias mãos.

Em 2016, o Rappler lançou a campanha #NoPlaceForHate[58] [Não há lugar para o ódio], para tentar alertar e proteger o público que atendíamos, introduzindo normas mais rigorosas de moderação nos comentários. "Temos tolerância zero para comentários que insultam, desmoralizam, degradam, humilham e intimidam", escrevemos no Rappler e em todas as nossas contas de mídia social. "Liberdade de expressão não significa licença para manchar a reputação e arruinar a credibilidade [...]. Liberdade de expressão é reconhecer o direito de qualquer pessoa de falar o que pensa e de expressar uma opinião contrária sem ser sujeita a objeções. Estamos reivindicando nosso espaço [...]. Ninguém deve ter medo de escrever ou falar o que pensa."[59]

Esse é o poder que o Facebook deveria ter exercido. O mundo seria tão diferente hoje se Mark Zuckerberg não tivesse se apegado à sua interpretação, ignorante e egoísta, do aforismo de Louis D. Brandeis, juiz da Suprema Corte dos Estados Unidos, segundo o qual a maneira de combater o discurso do ódio é com mais discurso, mais palavras.[60] Brandeis disse isso em 1927, muito antes da época da abundância, da época do Facebook, quando uma mentira pode ser repassada um milhão de vezes. Sua formulação também só funciona numa situação com regras mais ou menos iguais para todos, o que não é a situação criada pelos algoritmos do Facebook. As opções dessa empresa deram de presente um alto-falante para o discurso do ódio, a desinformação e as teorias conspiratórias — um conteúdo emocional que mantém a pessoa no site mais tempo, rolando seu feed, trazendo mais receita para a plataforma. Se o Facebook tivesse levado a sério sua responsabilidade de guardião, tão a sério quanto os jornalistas de quem eles tiraram essa responsabilidade, o mundo estaria bem melhor hoje.

No Rappler, diante dessa mesma decisão, alarmados com as operações de desinformação destinadas a justificar a guerra às drogas e incitar o ódio, dividindo o nosso mundo em "nós contra eles", agimos depressa. O rumo da ação a tomar era simples, se quiséssemos proteger nossos usuários, a esfera pública e o debate democrático.

Vimos como os *threads* dos comentários estavam sendo controlados por apoiadores de Duterte, cuspindo ódio e atacando qualquer um que questionasse a guerra às drogas. Havia algumas pessoas que reagiam, mas, com o tempo, a maioria das pessoas reais, com contas reais, optou pelo silêncio. Assim, os ataques tiveram sucesso, e a narrativa que venceu seguia os argumentos de Duterte para matar, embotando a reação do público aos cadáveres jogados nas calçadas todas as noites e criando uma onda conformista para aceitar mais e mais assassinatos.

Para mim, a gota d'água foi quando Danica May Garcia, de cinco anos, foi baleada e morta saindo do banheiro durante uma operação policial antidrogas que viera à sua casa para alvejar seu avô.[61]

Que os filipinos tolerassem e até apoiassem o assassinato de viciados e traficantes de drogas é chocante para mim, pois o país foi um dos primeiros signatários da Declaração Universal dos Direitos Humanos da ONU. Eu não achava que nossos valores tivessem mudado.

As fotos de filipinos mortos e torturados começaram a ganhar atenção mundial. Para nós que vivíamos no país, parecia aumentar a cada dia uma sensação de terror. O Rappler decidiu publicar uma série de três partes sobre o uso da internet como arma. Escrevi duas partes[62] e Chay escreveu a terceira.[63] Tal como aconteceu quando descobrimos a operação de desinformação do "Homem com bomba", estávamos em um território novo. Víamos o que estava acontecendo, podíamos ligar os pontos, mas ainda não sabíamos por quê. Estávamos encontrando as palavras para descrever o que estávamos vivendo.

Enviei um último e-mail para Elizabeth, Clare e Ken, pedindo uma declaração formal do Facebook.

Antes de publicarmos a série, eu e Glenda mostramos as reportagens ao nosso conselho editorial e recebemos sua total aprovação. Decidimos lançar a série a partir de 3 de outubro de 2016. Eu não fazia ideia do que essa exposição dos fatos significaria para mim e para o Rappler; ninguém poderia imaginar que essa série inovadora levaria a acusações criminais contra todos nós.

Mas não me arrependo. Eu faria tudo isso outra vez.

8. Como o estado de direito desmoronou por dentro
Calar é ser cúmplice

Eu e Mark às margens do congresso F8 em San José, na Califórnia, 19 de abril de 2017. Foto: Cortesia do Facebook.

Foi no dia seguinte ao do meu aniversário, 3 de outubro de 2016.

Silêncio total do Facebook. Mesmo assim, naquele dia estávamos decididas a publicar a primeira parte da nossa série sobre o uso da internet como arma.

Passei a manhã dando os retoques finais nos textos.[1] Examinei os dados, começando pela nossa investigação praticamente forense sobre a notícia do "Homem com bomba". Em seguida incluí uma foto que viralizou — uma menina morta, foto que na época fora compartilhada pelo porta-voz da campanha de Duterte, Peter Tiu Laviña, talvez como forma de mostrar por que os traficantes deveriam ser mortos. Ele dava a entender que a garota morta era filipina, porém a foto era, na verdade, proveniente do Brasil — mais uma mentira incendiária.

Revisei uma última vez meu texto de introdução para a série. Ali eu argumentava que a estratégia do governo, de infligir à democracia uma "morte por mil pequenos cortes", estava usando a força da internet e explorando os algoritmos das mídias sociais para semear a confusão e a dúvida. Nossa série pretendia examinar a fundo esse novo fenômeno: a propaganda paga tomando conta das mídias sociais, as fraquezas do novo ecossistema de informação, tão fácil de explorar, e seu impacto sobre o comportamento humano. Também detalhamos uma rede de 26 contas falsas no Facebook que acabavam influenciando pelo menos 3 milhões de outras contas.

Nossa redação não tinha paredes divisórias, era toda aberta. No meio havia uma plataforma elevada — uma espécie de central de comando circular, à la *Star Trek* — onde ficava quem estivesse chefiando a edição. As pessoas subordinadas àquele editor se sentavam a escrivaninhas que se espalhavam a partir da ponte tal qual raios de sol. Em algumas paredes havia grandes telas de TV, e mais salas de reuniões e escritórios, todos separados por painéis de vidro, em geral cobertos por notas adesivas coloridas, mensagens, gráficos e números que os rapplers haviam rabiscado nas sessões de brainstorming, ocupavam o restante do espaço, que era tipo um loft industrial. Em um canto ficavam as mesas das *manangs* e dos gerentes, e a minha sala mais ao fundo, cercada por janelas de um lado e do outro por paredes de vidro, onde eu também rabiscava números e datas. Do outro lado do vidro ficavam as mesas de Glenda e Chay; Beth se instalara do outro lado da redação, com vista para nosso estúdio e sala de controle. A sala da redação vibrava de energia. Além disso, eu tinha acabado de tomar três Cocas Zero.

Fui até a mesa de Chay e comecei a ler o texto na tela, por cima do ombro dela. Quando ela terminou, olhou para mim. Já havíamos feito isso pelo menos três vezes.

"Está bom", disse ela, e colocou o cursor sobre a última caixa. "Tudo pronto para mandar?"

"Manda!", falei, e ela clicou e postou a matéria.

Eram sete da noite. Corri para a plataforma central, onde nossa chefe de mídia social estava trabalhando, junto com os editores de plantão.

"Stacy, já postamos a matéria. Quer compartilhar, por favor?"

"Ok", disse ela, e baixou o artigo recém-publicado, rolando a tela e lendo de alto a baixo. Daí postou na nossa página interna do Facebook e no Slack, alertando os outros rapplers.

"Vamos megacompartilhar!", disse Stacy, digitando depressa alertas e preparando o post da matéria para sair nos nossos feeds de mídia social. O "mega-share" era o nosso grito de guerra desde 2012, quando a distribuição do Rappler dependia apenas das redes dos nossos doze funcionários iniciais.

Notei que Stacy estava toda elegante. Perguntei:

"Ei, você está linda! Vai aonde?"

"Eu estava deprimida, então resolvi me arrumar", disse ela, rindo.

"São os ataques?", perguntei. Stacy estava cuidando da nossa campanha #NoPlaceForHate [Não há lugar para o ódio]. Lançada para deter os ataques assustadores à nossa página, ela abriu uma caixa de Pandora de novos ataques, que não havíamos previsto. Compreendíamos bem o ritmo inato do compartilhamento orgânico, porque vivíamos no Facebook. Mas aquilo era diferente.

"Maria, eles são tão rápidos!", disse ela, percorrendo as abas para me mostrar como ela estava moderando nossa página no Facebook. "Postamos alguma coisa e, em questão de segundos, eles já estão comentando — mas são comentários muito simples e repetitivos." Ela me mostrou vários posts nossos e a enxurrada de comentários pró-Duterte que veio segundos depois.

"Você acha que eles estão usando robôs?", perguntei. "Talvez tenham um alerta para robôs, e os primeiros posts sejam programados." Isso fazia sentido: quando o nome de Duterte fosse mencionado em qualquer postagem, podia deflagrar uma resposta automática, e eles prosseguiriam depois com mais respostas de seus "guerreiros do teclado".[2] "Mas isso é muito mais sofisticado do que o que eles faziam antes."

Lembrei-me de um fato ocorrido um mês antes, quando o Rappler fez sua última entrevista com o presidente Benigno Aquino, em fim de mandato,[3] no palácio presidencial. Depois que terminamos, Aquino me puxou de lado.

"Esses ataques", perguntou ele calmamente. "Eles vêm tão rápido. Serão reais?"

"Creio que sim, senhor presidente. São reais", respondi.

Na verdade, Nic Gabunada, gerente de campanha em mídias sociais de Duterte, mais tarde nos descreveu como ele havia iniciado o exército on-line de sua campanha, com quinhentos voluntários, organizados geograficamente em quatro grupos: as três ilhas principais, Luzon, Visayas e Mindanao, e os Overseas Filipino Workers (OFWs) — entre 10 milhões e 12 milhões de trabalhadores filipinos que vivem no exterior.[4] Nic, antes um alto executivo de mídia e publicidade, depois se tornou o primeiro indivíduo privado no mundo inteiro que o Facebook expôs e baniu por "comportamento coordenado inautêntico".[5]

Mas de início eu não havia dado importância ao comentário de Aquino sobre a velocidade dos ataques on-line. Agora que estavam acontecendo conosco, comecei a perceber o que ele quis dizer. O fato é que não é possível compreender a extensão e o impacto de um ataque em grande escala enquanto você mesmo não é atacado.

Assim como a diferença entre big data e uma simples planilha do Excel, o volume e a frequência dos ataques tornam esse fenômeno algo completamente novo, permitindo que apenas o alvo consiga enxergar o esquema todo, e, a princípio, só intuitivamente. O primeiro impacto dos ataques é psicológico, algo que também só o alvo sente — incerteza e medo. O segundo é a impressão que deixa no público, o impacto do "astroturfing", como "Sam" havia feito em prol da campanha de Duterte pela guerra às drogas — criando um falso efeito de que há uma onda na opinião pública, o que muda a percepção do público sobre uma questão ou um problema. As táticas, na verdade, iam evoluindo dia após dia.

Queríamos ver a reação do governo e do público à primeira parte da nossa série, antes de publicarmos a segunda e a terceira. No fim da semana, publicamos a segunda parte: "Como os algoritmos do Facebook impactam a democracia",[6] que destacava o caso de uma mulher chamada Mocha Usón, que fazia campanha para Duterte, e a terceira parte: "Contas falsas, realidade fabricada nas redes sociais".[7]

Foi a primeira vez em qualquer lugar do mundo, incluindo os Estados Unidos, que dados e relatos comprobatórios foram reunidos para demonstrar os efeitos corrosivos do Facebook sobre a democracia.

Creio que os funcionários do governo não souberam o que fazer com a primeira reportagem. Em geral, eles demoravam para processar as coisas e formular uma resposta, tal como haviam procedido no incidente do "Homem com bomba". Assim, talvez ingenuamente, nós nos preparamos para uma resposta direta do governo, como acontecia no passado, antes de Duterte. Afinal, pensei, eles não tinham argumentos contra os fatos e os dados. Presumi que o governo iria reconhecer o seu papel e frear o seu exército on-line, "os blogueiros", como eles diziam.

O que eu não sabia era que esse governo estava criando uma nova estratégia para lidar com os fatos e as denúncias jornalísticas. E tinham que fazer isso, porque naquela época os órgãos de imprensa das Filipinas estavam retratando sua sinistra guerra às drogas tal como de fato era: uma série de assassinatos sistemáticos.

Todas as noites, desde a eleição de junho de 2016, uma média de 33 cadáveres aparecia nas ruas e nos bairros pobres de Manila.[8] Vários veículos de mídia começaram a publicar a lista das vítimas. O principal jornal do país, o *Philippine Daily Inquirer*, havia lançado uma página intitulada "The Kill List" [A lista dos assassinatos];[9] os primeiros nomes apareceram poucas horas depois que Duterte tinha assumido a presidência. A ABS-CBN publicou um mapa interativo dos assassinatos.[10]

O Rappler foi um dos primeiros a publicar perfis em profundidade das pessoas assassinadas: "A Série da Impunidade"[11] dava nomes e rostos aos simples números e detalhava o envolvimento da polícia nos assassinatos. Os mortos provinham em geral dos bairros mais pobres e atrasados de Manila; muitos eram adolescentes e garotos. Nós acompanhávamos cuidadosamente o número crescente de mortos e também como a polícia tentava mudar os números. Fizemos da guerra às drogas — na verdade, uma guerra contra os pobres[12] — o nosso assunto central.

Nos meses seguintes, esses três canais de notícias passaram a ser alvos do próprio presidente Duterte. Desde que assumira o cargo, tinha nomeado cerca de 6 mil funcionários públicos, escolhidos, como ele próprio disse, pelo critério da lealdade, não da competência. Eles se tornaram seus soldados na guerra às drogas, o que aumentou a atmosfera geral de impunidade. Os homens e mulheres de Duterte sabem que podem cometer atos de corrupção, sejam eles financeiros ou legais. Podem abusar fisicamente, até assassinar e se safar sem problemas. Duterte garantiu impunidade a todos eles. "É concedido o perdão a Rodrigo Duterte pelo crime de homicídio múltiplo", disse ele mesmo certa vez. "Assinado, Rodrigo Duterte."[13]

Quando era prefeito de Davao, Duterte governava com a força da sua personalidade, dando orientações erráticas, inconsistentes, num programa semanal de rádio e televisão. Ele replicou esse modus operandi quando se mudou para Manila. De fato, a comunicação de massa estava no centro de seu estilo de liderança, e ele abraçou a retórica violenta e que induz ao terror: "Hitler massacrou 3 milhões de judeus", disse ele certa vez. "Agora, há 3 milhões de viciados em drogas. Eu ficaria feliz em exterminar esses aí." Seus dados eram falsos (Hitler assassinou 6 milhões de judeus, e é improvável haver 3 milhões de viciados em drogas nas Filipinas), mas essas palavras incendiárias decolaram no Facebook e nas redes sociais.

Durante esse período crucial de transição após a posse de Duterte, Mocha Usón, uma personalidade do entretenimento, se tornou o centro da ofensiva do governo. Sua página no Facebook, muito popular, de início consistia sobretudo em conselhos sexuais e sessões quentes no quarto com sua banda só de garotas, as Mocha Girls. Mas logo a página explodiu, lançando veneno contra os jornalistas e contra qualquer um que questionasse o governo Duterte. Suas postagens diárias apresentavam teorias conspiratórias sobre tentativas de golpe e tramas da CIA. A campanha de Duterte se aproveitou do seu poder nas mídias sociais e depois até a nomeou para um cargo público.

O crescimento explosivo da página de Usón, bem como sua evolução de dançarina sexy a blogueira política, propagandista e funcionária do governo, foi um ótimo exemplo de como os algoritmos do Facebook permitiram que o governo, já poderoso com os recursos do Estado, abusasse ainda mais de seu poder.

Em agosto de 2016, Usón introduziu um meme com o termo "presstituta"[14] — unindo *press*, de "imprensa", e "prostituta" — para qualificar a "negatividade" da grande mídia. Sua narrativa era clara: os jornalistas eram corruptos. Eles escreviam o que quer que fosse, desde que pagos pelos seus financiadores — pessoas que queriam derrubar Duterte. A narrativa oficial, que se espalhou para a população em geral, virou um clima "nós contra eles", mas por algum tempo os jornalistas não tinham ideia do que estava acontecendo. Segundo a metanarrativa que fora semeada, a mídia era "tendenciosa"[15] contra Duterte — este muito retratado como aquele cara vindo de baixo, das classes desfavorecidas, que desafiava as elites e os oligarcas da "Manila imperial". Tal como aconteceu nos Estados Unidos nas eleições de 2016, com ataques gerados pelas mídias sociais segundo as fraturas da sociedade americana, em especial nas questões de gênero, raça e identidade, os ataques nas Filipinas eram fundamentais: ricos contra pobres, rurais contra urbanos, elites contra as pessoas comuns.

O mapeamento dos dados no Sharktank, nosso banco de dados interno, mostrou um grande aumento, entre 2016 e março de 2018, do uso de algumas palavras: "bayaran", corrupto; "dilawan", a cor amarela da família Aquino, retratada como elite e fora de contato com a vida dos filipinos comuns; e "tendencioso". No auge, os venenos on-line de Usón e outros usaram a palavra "tendencioso" em 30 mil comentários em um único dia. Dentro dos grupos e páginas que o Rappler monitorou, quase 50 mil postagens e mais de 1,8 milhão de comentários usaram o termo "bayaran".

O Rappler já estava na mira devido à nossa campanha #NoPlaceForHate [Não há lugar para ódio], mas a reação à nossa série sobre o uso da internet como arma me mostrou o quanto nosso ecossistema de informações havia sido fundamentalmente corrompido. Comecei a compreender que os jornalistas não eram mais os guardiões dos fatos e das informações. Os novos guardiões — as plataformas de tecnologia — tinham estabelecido regras que colocaram o equivalente a uma arma nuclear nas mãos dos populistas e autoritários digitais, para virar de cabeça para baixo a nossa sociedade e a democracia, no mundo todo.

Depois que lançamos a série sobre o uso da internet como arma, os ataques ao Rappler passaram a chegar com força total. Em 4 de outubro de 2016 começaram como um fiozinho d'água; logo viraram uma enxurrada e depois um tsunami quando, em 8 de outubro, a "Thinking Pinoy", a página do Facebook de um blogueiro chamado RJ Nieto, começou a conclamar os apoiadores de Duterte para #UnfollowRappler, parar de seguir o Rappler.

No dia seguinte, domingo, 9 de outubro, por volta das nove da noite, Mocha Usón entrou na dança, lançando um vídeo de uma hora no Facebook, ao vivo, com propaganda sobre os primeiros cem dias do governo Duterte e alertando que os inimigos dele "estavam trabalhando 24 horas por dia, sete dias por semana" para derrubá-lo. O título de seu post era "Minha reação às acusações do Rappler contra mim", mas se expandiu para uma arenga contra a "grande mídia", o Rappler e a minha pessoa, cheio de distorções e insinuações. Não está claro se isso foi por intenção, pura ignorância ou uma combinação das duas coisas.

"Enquanto nós trabalhamos tranquilos", disse Usón no vídeo, falando em filipino, "há pessoas que nos atacam. Eu não leio mais a grande mídia."

Enquanto isso, os comentários na sua página no Facebook iam aumentando, em parte alimentados por contas falsas. (O Facebook os tirou do ar dois anos depois.) Nessa noite, o ataque de Duterte através das mídias sociais conseguiu atingir o objetivo dos criadores daquela máquina de propaganda, ou seja, aparentar que havia uma grande onda de apoio a Usón e a Duterte, também apontada como uma metralhadora para mim e para o Rappler.

Cinco anos depois, quando cidadãos americanos invadiram o prédio do Capitólio dos Estados Unidos, os termos para nomear esse comportamento se padronizaram, quando o Facebook finalmente lançou uma política dirigida ao brigantismo, ou seja, o comportamento on-line abusivo coordenado. Os ataques se dividem em várias categorias. Existem as "marionetes", ou seja, contas falsas que atacam ou elogiam; "ataques em massa", ou seja, organizar-se para impactar negativamente a conta-alvo; e "astroturfing", postagens falsas ou mentiras concebidas para aparentar que existe muito apoio ou interesse popular.

"Eles querem tirar Duterte", alegou Usón no Facebook. "Tudo o que estamos pedindo é uma cobertura justa das notícias. Eles afogam em negatividade tudo o que é importante [...]. Acho que nosso país inteiro não iria se voltar para as mídias sociais se os jornalistas estivessem cumprindo sua função. Eles simplesmente não apreciam as coisas boas que Duterte está fazendo."[16]

"Rappler, vocês se sentem atingidas quando dizemos 'presstitutas'?", perguntou Usón. "Por que vocês são tão sensíveis? Talvez vocês não devessem se focar nisso, a menos, é claro, que sejam mesmo presstitutas." Esse é um exemplo das conclusões falsas e, muitas vezes, incoerentes que ela tirava — além de divulgar a misoginia on-line; mas a simplificação era exatamente o que seu público queria. Ela destilou os dados e as perguntas da nossa série de três partes em uma única frase. Estava alimentando o ego dos que assistiam e, ao mesmo tempo, alimentando teorias conspiratórias.

"Maria Ressa disse que nós somos robôs, trolls, perfis falsos [...]. Vocês são falsos?", perguntou ela ao seu público on-line. "Ela nos chamou de "propaganda pró-Duterte' — então agora ser nacionalista é propaganda! E se você é patriota, então você é um troll. O Duterte não é o presidente? Não deveríamos lhe mostrar respeito?"

Com esses chamados indiretos à violência, ela reuniu apoiadores contra mim e contra o Rappler, citando os ataques de Nieto, o chamado "Thinking Pinoy", que postava mentiras sobre o Rappler até cinco vezes por dia — tudo isso amplificado pelo Facebook. O que o Facebook dava de presente às postagens de uma pessoa, ou aos vídeos de uma personalidade do entretenimento, era o alto tráfego de distribuição que antes era exclusivo das emissoras de televisão. Eu e o Rappler não tínhamos defesas. A máquina de propaganda de Duterte alavancava o algoritmo tirânico do Facebook.

A postagem de Mocha Usón em 12 de março de 2018 dizia "Maria Ressa, Rappler: Suas notícias não deveriam ser apenas fofocas". Daí comparava sua página no Facebook e a de "Thinking Pinoy" com a do Rappler. O texto em tagalog, em vermelho, diz: "Como ninguém acredita em você, você chama os seguidores de outras páginas de 'contas falsas'. Não seja amarga e pare de culpar o Facebook pelo seu baixo número de seguidores".

Agentes como Usón se gabavam de superar o tráfego da mídia convencional e até postavam suas métricas de visualização das páginas. Nesse processo, iam derrubando a credibilidade dos jornais e dos jornalistas. Há uma palavra em filipino que descreve essa ação: *talangkaan*, o comportamento dos caranguejos rastejando uns por cima dos outros para chegar ao topo. Os asseclas de Duterte estavam transformando nosso ecossistema de informações a olhos vistos. E isso continuou, sem cessar, durante anos, sem que o Facebook tomasse qualquer iniciativa.

É assim que as operações de desinformação funcionam no mundo todo. Mentiras repetidas vezes sem conta acabam mudando exponencialmente a percepção do público sobre dada questão — algo que as potências mundiais sempre souberam acerca da propaganda, mas que ganhou um novo significado e um novo tom na era das mídias sociais. Quando o Facebook foi se difundindo até alcançar mais de 3 bilhões de pessoas no planeta, os líderes mundiais encontraram uma maneira de fazer política e de exercer o poder por meio dos usuários das mídias sociais.

O que aconteceu nas Filipinas em 2016 é um microcosmo de todas as operações de desinformação lançadas em países democráticos ao redor do mundo. A combinação de bots, de contas falsas e de criadores de conteúdo (pessoas reais como Mocha Usón) infectou pessoas reais como um vírus, porém esses cidadãos desavisados nem sabiam que tinham sido infectados. Em retrospecto, podemos ver que a metanarrativa de um evento trágico sempre fora semeada anos antes por meio de narrativas tóxicas na internet. No meu caso, Usón e Nieto semearam as ideias "Jornalista igual criminoso" e "Prender Maria Ressa" anos antes da minha primeira prisão; assim, já amaciaram a opinião pública para aceitar perseguições judiciais que depois vieram a se tornar realidade.

O vídeo transmitido ao vivo em que Mocha Usón atacava a mim e ao Rappler tinha uma mistura perfeita de interatividade, virulência, "nós contra eles" e fácil engajamento — exatamente o que os algoritmos do Facebook recompensavam. Quase cinco anos depois, esse vídeo nos atacando continua no Facebook, com mais de 3100 compartilhamentos, 12 mil comentários e 497 mil visualizações.

Os ataques pessoais contra mim vinham na seção de comentários da página de Usón, sendo os piores postados por homens, ou contas que fingiam ser de homens. Esse é o comportamento que iria se repetir em todos os lugares em que o Facebook operava, mundo afora; a plataforma realmente recompensava comportamentos do tipo que as mulheres e outros grupos vulneráveis de todo o mundo tinham passado décadas combatendo. Tudo isso foi algo que sinalizamos logo no início para o Facebook, porque era nos comentários que percebíamos muito astroturfing. Mark Zuckerberg, numa atitude típica, não levou em consideração os comentários quando afirmou que a desinformação compreendia apenas 1% do site.

Os ataques também aumentaram na minha página do Facebook. Eu tentava responder, mas meu feed ficava inundado de comentários. No meio da transmissão ao vivo de Usón contra mim, comecei a contar as mensagens de ódio. À meia-noite, tinham chegado a uma média de noventa por hora.

Senti muita raiva, meu coração batia forte. Levantei-me da cadeira e fiquei andando pelo meu apartamento, tentando compreender o que estava acontecendo, pensando como, exatamente, eu deveria tentar revidar.

Não consegui responder ao triunvirato de criadores de conteúdo, Usón, RJ Nieto e Sass Sasot, uma filipina estudante de relações internacionais que morava na Holanda e tinha um blog chamado "For the Motherland" [Para a pátria]. Se eu respondesse, iria legitimar suas arengas perante o público que ela visava; e mesmo assim eu sabia que não alcançaria esse público. No entanto, vi pessoas reais sendo persuadidas a mudar de ideia sobre meu longo histórico de jornalista, que parecia não ter mais importância. Parecia um bando de universitários bêbados vindo me atacar; e, assim, a credibilidade que eu tinha protegido durante toda a minha carreira desmoronou. Vi isso acontecer em tempo real.

Fiz então o que aprendi em zonas de guerra. Respirei fundo cinco vezes seguidas, empurrei minhas emoções para a boca do estômago e defini uma linha de ação. Decidi focar nos insultos que me eram enviados de forma direta, e que só eu podia visualizar na minha página do Facebook, e postá-los publicamente para todo mundo ver.[17]

Decidi documentar os ataques.

Peter Ian Tabar
View Profile

8:30PM

die stupid bitch! If you don't like our president, leave our country!!!! WHORE!!!!!!

Esse foi um dos muitos ataques que vieram por Mensagem Direta nos dias seguintes à publicação da série sobre a guerra da propaganda. Postei essa mensagem, juntamente com outros "ataques criativos", logo após a meia-noite de 10 de outubro de 2016. Peter Ian Tabar, um médico, reconheceu que antes acreditava em mim, mas agora me "odeia".

Naquela noite, o impacto da campanha de Usón & cia. na página do Rappler no Facebook foi imediato: 20 mil contas deixaram de seguir o site, o maior abandono de todos os tempos em um único dia, e a onda continuou nos próximos dias. Em um mês, perdemos 44% do nosso alcance semanal; perdemos também 1% do nosso total de seguidores, pouco mais de 50 mil contas. Era, em essência, uma nova e insidiosa forma de censura estatal, que crescia se aproveitando dos algoritmos do Facebook. Tivemos uma queda de 25% das visualizações de nossa página a partir do Facebook. Minha credibilidade, construída reportagem a reportagem durante trinta anos, estava arruinada, ao mesmo tempo que a confiança do público no Rappler, nossa nova empresa de mídia, ia sendo testada.

Nenhum jornalista que se preze faria o que esses chamados "blogueiros" fizeram para dominar o ecossistema de informações do nosso país; por isso, no início, a maioria dos jornalistas, inclusive eu, decidiu não responder a ataques que pareciam ser traquinagens e bullying de jardim de infância. Mas depois começou a perversidade, seguida por ataques do governo. Foi só em retrospecto que o ciclo ficou claro. Tínhamos nossas normas e manuais de ética; defendíamos a liberdade de expressão. Estávamos travando uma guerra em um mundo novo usando paradigmas do mundo antigo, achando que fazer jornalismo já bastava.

E ainda não tínhamos captado plenamente que o Facebook, esse site que milhões de pessoas ainda acreditavam que promovia a comunidade e os contatos, havia suplantado a mídia tradicional. Não percebemos que aqueles "criadores de conteúdo", com suas postagens toscas, às vezes lascivas e manipuladoras, agora se faziam passar por especialistas políticos, até mesmo por jornalistas, relatando "fatos". Essas contas estavam no centro de uma máquina de propaganda que intimidava e assediava seus alvos, bem como incitava seus seguidores à violência. O mesmo aconteceu com o movimento trumpista "Stop the Steal" [Pare o roubo] nos Estados Unidos, com os tumultos antimuçulmanos na Índia, a usurpação da Ucrânia pela Rússia e em muitas outras partes do mundo. O Facebook não apenas forneceu uma plataforma para o discurso deles e possibilitou suas atividades. Na verdade, o Facebook deu ao discurso desses propagandistas um tratamento preferencial, porque a raiva é a moeda contagiosa da máquina de fazer dinheiro do Facebook. Apenas a raiva, a indignação e o medo levam mais pessoas a usarem o Facebook mais vezes por dia. A violência fez a riqueza do Facebook.

Foi só em 2018, após o escândalo da Cambridge Analytica, o referendo do Brexit, a eleição de Donald Trump e de Rodrigo Duterte em 2016, e mais, que o Facebook começou a remover postagens de alto perfil nas Filipinas e em todo o mundo, o que incluiu limitar o alcance da página de Mocha Usón e derrubar a rede construída pelo chefe de campanha de mídia social de Duterte.

Àquela altura, é claro, já era tarde demais.

O ano de 2016 tinha sido definido como o momento de o Rappler atingir o ponto de equilíbrio e pagar as contas — cerca de metade do tempo de um grupo jornalístico tradicional, e estávamos a caminho de chegar lá. Até que publicamos nossa série sobre "A transformação da internet numa arma", e a máquina de propaganda de Duterte nos arrebentou.

Durante dois anos o Facebook praticamente ignorou os dados que lhe fornecíamos, porque estávamos nas Filipinas, e não nos Estados Unidos. Aqueles anos, com operações de desinformação operando com impunidade no mundo todo, foram caracterizados por uma manipulação sistemática, em larga escala, para distorcer os fatos, mudar a narrativa pública e destruir a confiança do público.

Seis meses depois da subida de Duterte ao poder nas Filipinas, os freios e contrapesos dos três poderes do governo, Executivo, Legislativo e Judiciário, entraram em colapso, por meio de um sistema de apadrinhamento, lealdade cega e o que comecei a chamar de três C's: "corromper, coagir, cooptar".[18] Se alguém recusasse algo que o governo desejava ou oferecia (muitas vezes em particular, e em geral ligado a oportunidades de negócios), a pessoa passava a ser atacada.

Isso acontecia de duas maneiras. Na primeira, ataques on-line repetidos e indiscriminados criavam um efeito assustador, esfriando as conversas e o discurso on-line. Um clima de medo se instalou no mundo virtual, espelhando a violência e o medo que a guerra às drogas criava no mundo real. Em seguida, o governo começou a visar indivíduos de alto perfil em setores específicos: nos negócios, na política e depois na mídia. Duterte precisava dar exemplos bem visíveis do que acontecia quando qualquer pessoa desafiava o seu poder.

Nos negócios, o primeiro exemplo de advertência foi contra o magnata Roberto Ongpin,[19] que o presidente Duterte alvejou não apenas com ataques públicos devastadores, mas também, em agosto de 2016, com acusações de fraude na Bolsa de Valores. Em 2015, Ongpin era um dos cinquenta filipinos mais ricos do país, segundo a *Forbes*, com um patrimônio líquido de 900 milhões de dólares. Assim, a narrativa do governo adulava o sentimento populista: o povo, liderado por Duterte, estava enfrentando os "oligarcas". O governo viria a usar essa mesma narrativa repetidas vezes nos anos seguintes para obrigar as empresas a fazer o que Duterte queria. E a campanha de propaganda funcionou. As declarações públicas de Duterte movimentavam os mercados: naquele primeiro ano, as ações da empresa de Ongpin, a PhilWeb, caíram 46,3%.

Ao mesmo tempo, porém, as táticas de "choque e terror" de Duterte trouxeram recompensas para os "novos magnatas" que ele favorecia, como Dennis Uy, empresário de Davao, amigo e apoiador de longa data de Duterte.[20] Em 2016, a ação com melhor desempenho foi a Phoenix Petroleum, de Uy, que subiu 92%. O império de Uy, altamente alavancado,[21] só cresceu durante o mandato de Duterte.

Na política, o exemplo de advertência que demonstrava o alcance do vasto poder de Duterte foi a senadora Leila de Lima. Ex-secretária de Justiça e ex-chefe da Comissão de Direitos Humanos, ela havia investigado acusações de execuções extrajudiciais contra Duterte em seu mandato de prefeito de Davao.

Quando se tornou senadora, Leila de Lima abriu uma investigação no Senado; o público ouviu depoimentos explosivos de testemunhas fidedignas, que supostamente cumpriram ordens de Duterte para matar. Sendo a mais aberta e eloquente dos críticos de Duterte na época, Lima era destemida. Em agosto de 2016, ela fez um discurso condenando as execuções extrajudiciais na brutal guerra às drogas. Parte do que foi revelado na época agora está incluída nos processos a que grupos de direitos humanos deram entrada contra Duterte no Tribunal Penal Internacional em 2021.

Uma semana antes do início da investigação pública chefiada por ela, Duterte lançou um ataque pessoal sórdido e contundente, acusando-a de ter um "motorista e amante" que aceitava dinheiro de "Muntinlupa", referindo-se aos traficantes na nova prisão de Bilibid, na região de Manila.

"Essa é uma mulher imoral [...] uma mulher que financiou a casa do seu amante", disse Duterte em um discurso televisionado. "Com dinheiro fácil vindo das drogas", continuou ele. Em frases contraditórias, ele disse não ter provas de que Leila tinha dinheiro vindo das drogas; mas mesmo assim, concluiu: "Ao que parece, ela tem (dinheiro)". Disse então que possuía um vídeo de Leila de conteúdo sexual.[22]

Tal como as acusações posteriores contra supostos conspiradores que preparavam um golpe, essa história era uma mentira flagrante. Mas a burocracia do governo conseguiu transformar a mentira em realidade. Como um chefe da máfia, Duterte tentou intimidar publicamente Leila para obrigá-la ao silêncio, ameaçando divulgar algo que seus aliados depois alegaram ser um vídeo de sexo — um vídeo que não existia. O pessoal de Duterte alegava possuir algo que não possuía, e tampouco mostrava ao público. Esse discurso também foi mais um sinal codificado, dirigido a seus apoiadores on-line, para que atacassem. Os memes e as fotos começaram a aparecer nas mídias sociais de imediato, como em resposta; enquanto Duterte atacava Leila Lima publicamente, prometendo derrubá-la, a máquina de propaganda funcionava a todo vapor para envergonhá-la e humilhá-la.

Os vídeos, supostamente filmados em 2012, alegavam mostrar Leila e seu ex-motorista/guarda-costas Ronnie Dayan em atos sexuais. Leila descartou o vídeo como "absurdo". O secretário de Justiça, Vitaliano Aguirre II, repetiu os ataques pessoais lascivos e chocantes de Duterte contra Leila, incluindo as sórdidas alegações sobre seu suposto caso amoroso. Os vídeos falsos viralizaram — até cópias físicas de DVDs apareceram nas ruas.

O Rappler tinha muita dificuldade para definir de que maneira iríamos denunciar os ataques misóginos e suas consequências. Não querendo divulgá-los ainda mais, optamos por não publicar certas matérias, mas isso não impediu sua propagação e pode até ter deixado Leila ainda mais isolada. Leila podia ver on-line todos os ataques criados para quebrantar o seu espírito, mas poucas outras pessoas podiam. O público não compreendia por que às vezes ela ficava tão emotiva.

Acuada numa posição defensiva, Leila admitiu que tivera, no passado, um relacionamento com seu motorista,[23] mas não pagara a casa dele, muito menos com dinheiro de drogas. O motorista, disse ela, agora estava sendo intimidado[24] para acompanhar a narrativa do governo. Ela negou que estivesse em uma fita de sexo, o que foi confirmado pela equipe de pesquisas do Rappler.

Mesmo assim, os aliados de Duterte no Senado tiraram Leila da chefia da Comissão de Direitos Humanos. O senador que assumiu o lugar dela, Richard Gordon, prontamente encerrou a investigação sobre a guerra às drogas de Duterte, bem como os supostos assassinatos em Davao, anos antes.[25] Em mais um ato de retaliação, a Câmara dos Deputados, dominada por aliados de Duterte, abriu uma investigação sobre a suposta participação de Leila no tráfico de drogas dentro da penitenciária nacional, em Muntinlupa; a alegação era de que Leila recebia dinheiro para proteger as drogas. Era uma acusação absurda.

Naquela audiência pública no Congresso, os informantes principais eram, em sua maioria, traficantes condenados. Os congressistas se banqueteavam com suas histórias sórdidas sobre o caso de Leila com o motorista, rindo e zombando como garotos no vestiário do ginásio.[26] Foi um ataque misógino em bando, se desenrolando na vida real.

"Quando você atingiu o clímax?", perguntou um congressista numa audiência pública televisionada.[27] Um dos prisioneiros chamados para depor alegou que Leila supostamente "fazia *pole dance*" para outro prisioneiro.[28] As empresas de notícias foram cuidadosas; relataram que todos esses detalhes não foram confirmados — e, talvez o mais importante, provinham de presidiários, com a implicação de que poderiam ter sido facilmente manipulados pelo governo. Mas as alegações se alastraram como um incêndio em sites de pseudonotícias.

No ano seguinte Leila de Lima foi presa, por acusações relativas a drogas. Ela está agora em seu sexto ano de prisão.[29] A Anistia Internacional a chama de "prisioneira de consciência". O Observatório dos Direitos Humanos, juntamente com os legisladores da União Europeia, da ONU e dos Estados Unidos, já pediu repetidas vezes sua libertação imediata.

No passado, quando um governo concentrava tantos recursos em alguma coisa, uma parte de mim seguia a trilha com a mente aberta, pensando que onde há fumaça pode haver fogo. Achei que seria uma loucura se essa história não fosse verdadeira até certo ponto. Isso porque nas Filipinas, no passado, apesar da fraqueza das nossas instituições, esses jogos de poder descarados, essas mesquinharias tão cruéis, raramente aconteciam. Nada do que ocorreu com Leila de Lima em 2016 e 2017 era normal para nós.

É difícil enxergar a tal "morte por mil cortes" em tempo real. Em retrospecto, deveria ter sido óbvio que os freios e contrapesos da nossa democracia estavam entrando em colapso. Aqui estava o nosso presidente, conseguindo prender uma senadora da oposição que lutava para expor os seus crimes, com o apoio das pessoas e das instituições que deveriam mantê-lo sob controle. Duterte, tal como o Facebook, se beneficiava do sistema de confiança que ambos destruíram. O uso da internet como arma tinha evoluído para o uso da lei como arma.

Era apenas questão de tempo até que o governo viesse atrás de nós. Antes da prisão de Leila de Lima, o Rappler recebeu uma denúncia: que o procurador-geral José Calida estava pressionando a Comissão de Valores Mobiliários, sujeita ao Poder Executivo, para abrir uma investigação sobre a nossa empresa. Apesar de tudo o que acontecera nos meses anteriores, para mim ainda era difícil levar a sério essas coisas bizarras. Não obstante toda a corrupção que presenciei ao longo dos anos em meu país, usar as alavancas do governo para esse tipo de revanche contra a imprensa parecia algo estranho e improvável.

Por volta de 2016, o Rappler começava a prosperar conforme planejado, com o alcance e a receita seguindo no caminho certo. Eu havia contratado três funcionários dos Estados Unidos de importância fundamental para áreas que ainda não existiam nas Filipinas: um CTO (Chief Technology Officer) do Vale do Silício, um designer de UX/UI (experiência do usuário e interface do usuário) e um analista de dados. Um ano antes, tínhamos aberto um pequeno escritório em Jacarta. Também captamos mais dinheiro com investidores.

Nossos acionistas filipinos desejavam mais ações, mas eu queria que o Rappler tivesse o selo de ouro da comunidade global e atraísse líderes de investimento atuantes em duas áreas: jornalismo e tecnologia, que possibilitam o engajamento cívico. Em 2015, a North Base Media, fundada por chefes de redação veteranos, como Marcus Brauchli, ex-editor do *Wall Street Journal* e do *Washington Post*, anunciou que investiria no Rappler.[30] Em um momento de mudanças radicais no jornalismo, eu acreditava que isso viria a fortalecer nosso banco de talentos e ampliaria nosso alcance global. Logo depois, a Omidyar Network, criada por Pierre Omidyar, fundador do eBay, também anunciou que iria investir.[31] A North Base e a Omidyar chamaram o Rappler de pioneiro, tanto no nosso modelo de jornalismo como de engajamento dos leitores.

Menos de um ano mais tarde, eu estava vendo, dia após dia, minha reputação — e a do Rappler — ser destruída na internet. Nós respondemos aos ataques da maneira como fazem os jornalistas responsáveis: examinando se os ataques à nossa cobertura do governo Duterte tinham alguma base em fatos verídicos. Em 2017 nos submetemos a uma auditoria externa, independente, da GMT Media, liderada pelo ex-diretor de serviço global da BBC, Jerry Timmins, que comparou o Rappler às principais empresas de notícias das Filipinas, bem como aos padrões mundiais de jornalismo. A auditoria concluiu que tratávamos o governo de maneira justa. Em outras palavras: estávamos fazendo bem o nosso trabalho.

Mesmo assim, eu me sentia impotente para lidar com os ataques on-line, que continuavam sem trégua. Minha raiva só aumentava. Canalizei essa energia para fazer mais investigações, obter mais dados. Eu relatava, para quem quisesse ouvir, a maneira exata como todos estávamos sendo manipulados. Mas nos recusávamos a nos deixar intimidar e recuar na nossa cobertura contundente dos atos do novo governo.

E assim como não cedíamos, Duterte e seu exército on-line também não. Em maio de 2017 publicamos a transcrição de um telefonema entre Duterte e o presidente americano Donald Trump, durante o qual Duterte chamou o líder da Coreia do Norte de "louco" — o que, compreensivelmente, causou grande constrangimento para o governo. Em resposta, RJ Nieto postou um vídeo me chamando de "traidora", por ter feito das Filipinas um alvo da Coreia do Norte. Em novembro de 2017 o vídeo já tinha 83 mil visualizações, incentivando campanhas como "#ArrestMariaRessa" [Prendam Maria Ressa] e "Declarar Rappler e Maria Ressa como inimigos dos filipinos".

Eu seguia a Oração da Serenidade: aceitar as coisas que não podia mudar, encontrar coragem para mudar aquelas que eu podia e ter a sabedoria de perceber a diferença.[32] Apesar do estômago apertado, aprendi a aceitar meu medo e mudar aquilo que eu podia mudar. Continuamos coletando os dados e monitorando a evolução das táticas, bem como o crescimento e o sistema de mensagens das redes de desinformação. Em seguida, publicamos artigos que previam o que poderia acontecer em outros países democráticos.[33]

Sabíamos que estávamos entrando em terreno perigoso. A essa altura estava bem claro que a violência on-line leva à violência no mundo real:[34] nos Estados Unidos, já havia relatórios detalhando de que modo grupos de mídia social alimentavam a fúria dos supremacistas brancos.[35] Nós nos preparamos para os piores cenários e reforçamos nossa segurança. Ao chegar 2018, já tínhamos aumentado nossa segurança em mais de seis vezes.

Mas nos preocupávamos com o impacto desses ataques virulentos sobre a nossa jovem equipe. Não intencionalmente, os rapplers são 63% do sexo feminino e a idade mediana era de 23 anos. Incentivávamos a equipe a conversar conosco sobre o que estava acontecendo com eles on-line e oferecíamos aconselhamento a quem precisasse de ajuda. Eles sentiam medo, mas enquanto não sentíamos, os encorajávamos; e quando nos cansávamos, eles nos encorajavam.

Pessoas de dentro do Palácio disseram ao Rappler que desde setembro de 2016 era liberado dinheiro para "grupos" que mantinham o suporte on-line[36] para Duterte; assim, sabíamos que os ataques só iriam piorar. Nossa equipe de mídia social desenvolveu um sistema on-line em que qualquer pessoa que se tornasse alvo seria protegida pelos outros membros da equipe.

No início de 2017, "ThinkingPinoy", a página do Facebook de RJ Nieto, um dos primeiros capangas de Duterte, começou a espalhar a ideia de que o governo deveria tomar medidas legais contra o conselho administrativo do Rappler, recém-ampliado. Nieto postou todos os registros financeiros do Rappler de 2011 a 2015, mas omitiu 2016 — o ano em que chegamos ao equilíbrio financeiro —, já que isso não se encaixava na metanarrativa que ele estava construindo: a de que não só o Rappler estava falindo, mas que não tínhamos pagado impostos sobre nossos investimentos em PDRs (Philippine Depository Receipts, Certificados Depositários Filipinos) e que a empresa devia ao governo 133 milhões de pesos filipinos. Nieto previu que o Rappler fecharia em 2018.

Em abril fui para San José, na Califórnia, para participar do F8, o congresso anual de desenvolvedores do Facebook. Fui a convite do Facebook, para encontrar seus diretores e parceiros e falar sobre nosso trabalho no Rappler.

Um ano antes, na edição anterior da F8, o Facebook dera destaque ao Rappler e ao nosso #ProjectAgos, a plataforma de crowdsourcing que construímos para auxiliar os socorristas em caso de furacões e outros desastres naturais.[37] A #ProjectAgos foi incluída no lançamento do FreeBasics, aplicativo gratuito do Facebook de baixa velocidade, disponível gratuitamente para celulares.

Mas no ano seguinte meus sentimentos sobre a empresa haviam mudado. Minhas advertências aos nossos parceiros do Facebook em Cingapura no mês de agosto anterior tinham sido totalmente ignoradas. Quando cheguei ao congresso de San José, após os ataques de Duterte ao Rappler, a Roberto Ongpin e a Leila de Lima, eu estava tocando o alarme ainda mais alto.

Na F8, fui convidada para uma pequena mesa-redonda com Mark Zuckerberg. O objetivo da mesa era dar a ele perspectivas, vindas de todo o globo, de empreendedores que usavam o Facebook nas suas firmas. Eu era a única jornalista na sala. Um funcionário do Facebook ao meu lado abaixou e segurou a tampa do meu notebook quando comecei a abri-lo para tomar notas.

Quando chegou a minha vez de falar, primeiro convidei Mark para visitar as Filipinas.

"Bem, agradeço muito", respondeu ele, "mas, como você vê, estou descobrindo agora que conheço muito pouco meu próprio país, então é isso que pretendo fazer este ano."

Ele estava se referindo à eleição do presidente Donald Trump em novembro. Em resposta, Zuckerberg decidiu passar o ano de 2017 viajando para conhecer todos os estados do país, porque queria "sair e conversar com mais pessoas sobre como estão vivendo, trabalhando e pensando no futuro".

Pouco anos antes, a *Fortune* elegera Zuckerberg empresário do ano. Ele ainda iria completar 33 anos. Percebi bem claramente quanto poder esse jovem tinha nas mãos.

"Pode demorar um pouco até eu ir às Filipinas", continuou ele, "especialmente porque acabamos de saber que minha esposa está grávida da nossa segunda filha!"

"Parabéns", respondi, "mas você não faz ideia de como o Facebook é poderoso nas Filipinas."

Pelo segundo ano consecutivo, calculou-se que os filipinos eram, no mundo inteiro, os cidadãos que passavam mais tempo na internet e nas mídias sociais (2021 seria o sexto ano consecutivo). E, apesar da lenta velocidade da internet, naquele ano os filipinos também fizeram download e upload do maior número de vídeos no YouTube desde 2013.

Como filipina e única jornalista na sala, eu queria alertar o grupo para a forma como as mídias sociais estavam mudando, de maneira fundamental, o jornalismo e o nosso ecossistema de informações.

"Mark, 97% dos filipinos que têm internet estão no Facebook!", exclamei, esperando, em parte, que esse petisco pudesse atraí-lo para uma visita. Talvez então ele compreendesse melhor os problemas que estávamos começando a ver: jornalistas sendo atacados e o governo contratando "influenciadores" de mídia social para travar sua guerra de propaganda.

Mark ficou em silêncio um momento. Quem sabe eu tinha insistido demais?

"Um momento, Maria", ele respondeu, afinal, olhando diretamente para mim. "Então, onde é que estão os outros 3%?"

Foi uma réplica astuta, que fugia do assunto. E, naquela hora, minha reação foi rir. Hoje, não vejo mais graça.

Não fui a única a dar o alerta. Numerosas pessoas, desde presidentes a membros da sociedade civil e jornalistas de todo o mundo, começaram a advertir o Facebook de que a plataforma estava destruindo as nossas democracias. Se o Facebook tivesse agido naquela época, tantas pessoas que estavam, destemidamente, falando a verdade aos poderosos teriam sido poupadas da perseguição: jornalistas, ativistas de direitos humanos, políticos. As teorias conspiratórias teriam sido mantidas no seu devido lugar: à margem da sociedade, e não direcionando a linha política predominante de um país, como estamos vendo hoje.

O próximo alvo do governo Duterte na política foi a líder da oposição, Leni Robredo, a vice-presidente de Duterte. (Embora o presidente e o vice-presidente muitas vezes concorram em conjunto, são eleitos separadamente e podem ser de partidos diferentes.) Começou assim uma nova fase nos ataques de Duterte — usar os recursos do Estado para fazer operações de desinformação contra um político em exercício.

Calma, pragmática, honesta e com viés de ação social, Leni, uma advogada, foi uma força propulsora da carreira política do marido, Jesse Robredo.[38] Membro do gabinete de Aquino, Jesse morreu num acidente de avião em 2012. Tal como Cory Aquino em 1986, Leni partiu da trajetória do marido e com esse histórico venceu Bongbong Marcos em 2016, na disputa à vice-presidência, por apenas cerca de 200 mil votos.

As operações de desinformação contra Leni começaram em janeiro de 2017. Os mesmos três criadores de conteúdo chefiaram a campanha contra ela: Sass Sasot, RJ Nieto e Mocha Usón. Àquela altura, os três já haviam aparecido em fotos de reuniões no Palácio: Mocha Usón agora era funcionária do governo Duterte, trabalhando para vários órgãos da administração, inclusive sua assessoria de comunicação, enquanto RJ Nieto era consultor do Ministério das Relações Exteriores. Eles acusaram Leni de trabalhar junto a grupos dos Estados Unidos para derrubar Duterte.

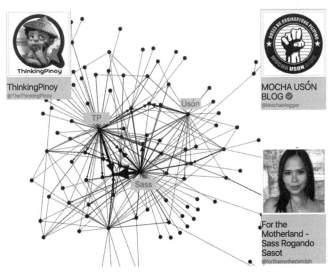

Os vetores dos ataques #LeniLeaks em janeiro de 2017. Leni Robredo era um alvo favorito da máquina de propaganda, atacada quase diariamente, com um impacto direto em seus índices de popularidade. Essa é a mesma rede que atacou a mim, a outros jornalistas e às principais empresas de notícias.

Era ridículo,[39] mas mesmo assim o Facebook lhes forneceu distribuição em massa para essas suposições malucas. Mais uma vez, foi uma jogada típica do Facebook.

Em 2018, analisando os dados e o nosso trabalho que identificava que os ataques vinham de funcionários do governo e de grupos próximos a Duterte, ficou claro que se tratava de discurso de ódio patrocinado pelo Estado.[40] Três anos depois, em 2021, a Comissão de Auditoria descobriu que o gabinete do governo que disseminava esses ataques de ódio (#LeniLeaks foi a principal hashtag para os ataques contra Leni Robredo) havia contratado cerca de 375 funcionários temporários,[41] 260% mais do que o seu pessoal já existente. As contratações tinham custado 1,4 milhão de dólares.

Mas em 2016 e 2017 ainda não sabíamos tudo isso; sabíamos apenas que havia algo de errado. A princípio, parecia que blogueiros desconhecidos estavam suplantando e praticamente sufocando as empresas de notícias e os jornalistas tradicionais, aproveitando-se dos algoritmos do Facebook de concepção e distribuição de conteúdo. Mas a ligação com o Estado — a maneira de funcionar de todo esse novo processo de propaganda on-line — ainda não estava bem clara para nós.

Deveríamos ter alertado mais o público sobre isso tudo; mas, tal como sucedeu com os ataques contra Leila de Lima, ainda não tínhamos percebido que as plataformas de tecnologia haviam mudado completamente as regras tradicionais de *gatekeeping*, ou seja, acesso aos dados, e estavam recompensando com prioridade as mentiras em vez dos fatos. Além disso, o Rappler e eu tínhamos sido ótimos recrutadores de membros para a mídia social. Ver essa força tão poderosa, e que havia dado tanto poder à nossa empresa, ser usada de repente contra nós mesmos e contra outras pessoas foi, naquele momento, um acontecimento que nos deixou confusos.

E também fui ingênua. Estava diante de um cenário que eu não poderia ter imaginado a partir das minhas décadas de

Marca	Nome do grupo	Grau de entrada ponderado	Grau de saída ponderado	Grau ponderado
294969194202067	Sass Rogando Sasot	17	143	160
567419693405138	Thinking Pinoy	5	118	123
969295043116670	Lapu-Lapu	47	13	60
319779186521	MOCHA USON BLOG	9	39	48
1145212948834290	VOVph	12	34	46
110296245691141	Showbiz Government	19	4	23
1444892222391240	CRUELTY OF NOYNOY "ABNOY" AQUINO AND HIS GOVERNMENT	20	0	20
1031317600238250	Kasama Ng Pangulo sa Pagbabago - National Chapter	0	19	19
240711942975412	President Rody Duterte Facebook Army	19	0	19
156249678052611	Maharlika	3	14	17
1376086699270700	BongBong Marcos United	15	0	15
1632962006934810	Freedom Society (Original)	15	0	15
192588367599737	Crabbler	7	7	14
408328902693628	OFW4DU30 Global Movement	13	0	13
268218004888308	REAL PHILIPPINE HISTORY	12	0	12

Os dados do mapa da rede, mostrando os quinze principais propagadores da campanha #LeniLeaks, classificados por seu grau total ponderado. O grau de entrada ponderado é o número de postagens compartilhadas vindas de outros canais; o grau de saída ponderado é o número de vezes que outras pessoas compartilharam conteúdos desse canal. Podemos ver que algumas páginas são claramente de influenciadores (zero indegree, elevado outdegree), enquanto as mais próximas do final da lista distribuem principalmente o conteúdo. O mapa mostra a rede de criação e distribuição de conteúdo que embasava os ataques contra Leni Robredo em janeiro de 2017, esclarecendo a anatomia de uma operação de desinformação.

trabalho em jornalismo. Sempre fui ensinada a deixar meu trabalho falar por si mesmo — e, portanto, deixava o trabalho do Rappler falar por si mesmo. Quando os ataques começaram, não respondi a nenhum publicamente; estava decidida a apenas continuar seguindo em frente. Como chefe do Rappler, eu sentia a pressão para ser forte o tempo todo; mas uma parte de mim se sentia impotente.

Até aquele jantar decisivo em Durban, na África do Sul.

* * *

"Estou me sentindo como um saco de pancadas", eu disse.

Era junho de 2017 e eu estava jantando num congresso, em Durban, com Julie Posetti, chefe do Projeto de Inovação em Jornalismo da Universidade de Oxford. Ela havia sido repórter, acadêmica e pesquisadora e compreendia bem o ritmo e os problemas do noticiário na internet. Com Julie, eu finalmente me senti num espaço seguro, em que não precisava me preocupar com o impacto das minhas palavras.

"São mentiras", falei, me referindo às pessoas que me atacavam dia após dia. "Mas se reagirmos, vamos dar a eles uma plataforma ainda maior, e eles vão acabar nos usando. E se não respondermos, todos vão pensar que aquilo tudo que estão espalhando é verdade."

"Maria", disse Julie, "você tem que pensar seriamente em falar em público sobre o que está acontecendo." Julie havia estudado o sexismo e o machismo no setor de jornalismo e tinha uma compreensão muito mais sutil de como funcionam os ataques aos jornalistas.[42] Ela completou: "Neste momento estou trabalhando em um assunto e acho que você deveria fazer parte".

Àquela altura, eu era uma das primeiras pessoas no jornalismo a citar pelo nome a ameaça que enfrentávamos: as próprias plataformas. Havia demasiados profissionais entre nós operando com base em paradigmas já passados. Mas eu não queria me abrir ainda mais ao exame dos olhos alheios. Julie estava trabalhando em um estudo da Unesco sobre liberdade de expressão e me disse, na ocasião, que os ataques on-line visavam três vezes mais jornalistas mulheres do que homens.[43] Ela queria me entrevistar para essa publicação.

"E como seria isso, Julie?", perguntei.

"Você vai ter de nos contar algumas das piores coisas que tem vivido, porque garanto que isso não está acontecendo só com você."

Falei que eu estava vendo minha reputação sendo enlameada diante de meus olhos. Mas meu instinto ainda me dizia que, se eu respondesse e enfrentasse diretamente os ataques, as coisas poderiam piorar mais ainda.

"Mas se você não enfrentar, as coisas também vão piorar", disse ela.

Julie tinha uma inclinação para a ação, enquanto eu talvez tivesse criado sintomas de impotência devido aos ataques. Eu precisava de uma perspectiva externa, alguém que já tivesse estado nas trincheiras da mídia e soubesse em primeira mão do que os jornalistas devem dar conta todos os dias; e, ao mesmo tempo, alguém que compreendesse como esse novo mundo em que estávamos agindo era fundamentalmente diferente de tudo o que já tínhamos tido contato.

Decidi então participar do estudo da Unesco.[44] O livro que a organização acabou publicando e apresentando numa conferência da ONU se intitulava "An Attack on One Is an Attack on All" [Um ataque contra um é um ataque contra todos], que mostrava os riscos que os jornalistas enfrentam e oferecia soluções criativas para esses problemas.

Foi um daqueles momentos cruciais em que escolhi a confiança — e fico tão feliz pela minha opção. Ao compartilhar meus temores com outros que eram quase estranhos e ganhar uma perspectiva externa, consegui enxergar o quadro geral fora de mim mesma. Compreendi de que maneira aquilo que eu estava vivenciando se encaixava no cenário global, e isso me ajudou a aceitar o meu medo.

E também me fez lembrar que as pessoas são boas. Tal como fiz na *pajama party*, quando eu era criança, abri a porta do carro e saí. E, em vez de rirem de mim, as pessoas vieram em meu auxílio. As muitas amizades que fiz com gente como Julie cresceram a partir do nosso trabalho: nossos valores comuns acerca do jornalismo e nosso compromisso de falar a verdade aos poderosos.

Nos anos seguintes, Julie continuou me perguntando sobre o que estávamos fazendo no Rappler em resposta aos ataques. Seu feedback me ajudou a aproximar o que estávamos fazendo do que os canais de notícias ocidentais faziam. Ela foi uma das poucas pessoas que perceberam que estávamos, por necessidade, um pouco à frente da curva na descoberta dos problemas e soluções que o jornalismo enfrentava, e continuou escrevendo sobre nós. Nos anos seguintes, Julie chamou cientistas de computação do Reino Unido para ajudar a analisar quase meio milhão de postagens de mídia social me atacando. Quase cinco anos após o início dos ataques, a primeira análise de big data[45] desse tipo veio a explicar como e por quê: 60% das postagens focavam em derrubar minha credibilidade, enquanto os outros 40% eram ataques extremamente pessoais e virulentos, visando esmagar minha vontade de continuar fazendo meu trabalho. Foi uma boa ajuda ver os dados produzidos por pessoas fora do Rappler. Às vezes precisamos dessa validação externa da nossa realidade.

Julie e seus colegas[46] também foram dos primeiros a questionar os pressupostos básicos das plataformas de tecnologia, vendo como as redações nas Filipinas, na África do Sul e na Índia tinham evoluído para enfrentar as ameaças crescentes e a morte da confiança. Num certo ponto, ela e sua equipe mergulharam profundamente para saber de que maneira três empresas de notícias do Sul do planeta estavam evoluindo em suas operações devido ao aumento de novas formas de ataques.[47] Ela passou pelo menos uma semana na redação do *Daily Maverick*, na África do Sul, do *Quint*, na Índia, e do nosso Rappler.

Se ela tivesse ficado mais um só dia, estaria na nossa redação no dia em que fui presa.

Em julho de 2017, o presidente Duterte atacou o Rappler no seu segundo discurso anual do estado da nação, alegando que o Rappler estava violando a Constituição por ser, segundo ele, de propriedade estrangeira — uma maneira fácil de instigar o ressentimento nacionalista. As mentiras que antes vinham de baixo para cima, semeadas nas mídias sociais, agora começaram a vir de cima para baixo. "O Rappler — tente perfurá-lo para ver sua identidade e você acabará vendo uma propriedade americana", disse ele depois de uns trinta minutos de discurso, nos atacando em uma mistura de inglês e filipino. "Se se trata de um jornal, deveria ser 100% filipino; no entanto, quando se começa a penetrar na sua identidade, é totalmente de propriedade de americanos."[48]

Nada disso que o presidente Duterte disse à nação era verdade, mas não importava. No início daquele mês ele havia ameaçado divulgar erros nos pagamentos de impostos contra a família proprietária do *Philippine Daily Inquirer*, o maior jornal do país;[49] duas semanas depois, a família anunciou que iria vender sua participação no jornal. Em abril de 2017, Duterte havia ameaçado bloquear a renovação da franquia da minha antiga rede ABS-CBN, que ainda era a maior emissora do país.[50] Uma comissão parlamentar lacrou a transmissão da emissora em maio de 2020, pela primeira vez desde que Marcos tinha feito o mesmo quando declarou a lei marcial, havia quase meio século.

As ameaças de Duterte contra a mídia mais do que congelaram a liberdade de expressão nas Filipinas. O país se tornou uma Sibéria.

O Rappler estava transmitindo ao vivo no Facebook, YouTube, Twitter e no nosso site quando Duterte nos atacou no seu discurso do estado da nação. Eu era âncora da cobertura do discurso, junto com três analistas sentados ao redor da mesa na nossa redação. Ninguém se assustou naquele dia. Apesar de ser tudo ao vivo, aguentamos e continuamos eretos, de cabeça erguida.[51]

Imediatamente escrevi uma resposta pública que queria postar no Twitter e mandei uma mensagem para o grupo "Sinal" das *manangs*. Ainda estávamos ouvindo Duterte. Olhei para os meus colegas e cofundadores na sala, e todos concordaram com a cabeça. Em poucos minutos, tuitei: "Presidente Duterte, o senhor está errado. O @Rappler é de propriedade 100% filipina. Um líder deveria checar suas informações".[52]

Vou contar ao leitor mais uma coisa que aconteceu naquele ano, quando encontrei uma mulher chamada Camille François, a pesquisadora-chefe do Jigsaw, um *think tank* do Google.

Em 2017, o Rappler entrara no projeto de pesquisa de Camille, juntamente com mais uns dez grupos de todo o mundo. Camille tinha uma sólida experiência em políticas públicas e tecnologia (era consultora especial do diretor nacional de tecnologia da França), além de estudos de gênero e direitos humanos. A pesquisa se intitulava "Patriotic Trolling: The Rise of State-Sponsored Online Hate Mobs" (Trolling patriótico: A ascensão das milícias digitais do ódio patrocinadas pelos governos), e dava uma visão geral da trollagem patriótica: "o uso de campanhas de ódio e perseguição on-line, patrocinadas pelo Estado, direcionadas e utilizadas para silenciar e intimidar determinados indivíduos".[53] Apresentava mais de quinze estudos de caso em que diversos governos, em graus variados, usavam o ódio on-line para inundar e arrasar alguém que estava dizendo a verdade e mudar a narrativa pública. Mais que qualquer outra coisa na época, esse relatório captava todo o escopo da crise global de desinformação. O lançamento estava previsto para agosto de 2017, mas foi adiado várias vezes.

Em outubro, almocei com Camille no Chelsea Market em Nova York, logo embaixo dos escritórios do Jigsaw. Era a primeira vez que nos encontrávamos pessoalmente, mas já trabalhávamos juntas havia mais de um ano. Camille, simpática e falando inglês com um leve sotaque francês, estava comendo uma salada; e eu, um hambúrguer e anéis de cebola. Ela falou que tinha algo para me dizer: "Sinto muito, Maria, mas acho que não vamos publicar o estudo".

Ela estava pegando a salada com o garfo, mas então deixou o garfo de lado. Tínhamos aprovado uma versão final em agosto; isso foi quase dois meses depois.

"É muito importante que este estudo seja publicado", falei.

"Infelizmente, não posso fazer grande coisa", disse ela.

O Google não permitiria a publicação.

Se o relatório tivesse sido publicado, tenho certeza de que o efeito cascata teria evitado muitas coisas péssimas que nos aconteceram. Pressionei Camille para lutar contra a proibição, mas notei como ela era diplomática. E não fiquei surpresa quando, alguns meses depois, ela anunciou que estava saindo do Jigsaw.

Até hoje não sei o que levou o Google a matar o relatório. Mas o caso me mostrou, mais uma vez, a lição que eu estava aprendendo: o silêncio é cúmplice.

Só porque os outros cedem não significa que você também tenha que ceder. Só porque outros se calam não significa que você também tenha que se calar.

Pouco mais de uma semana após o ataque de Duterte em nível nacional, recebemos nossa primeira intimação para depor. Começaram várias investigações sobre o Rappler, alegando atos criminosos em torno de três grandes temas: propriedade estrangeira, evasão fiscal e difamação cibernética.

Tivemos de contratar advogados, e os que aceitaram nosso caso sabiam que poderia haver repercussões contra eles também. Em seis meses, cerca de um terço da nossa verba operacional estava sendo sugada pelas crescentes despesas advocatícias. Foi o início de catorze investigações contra nós.

Se havia um lado positivo, foi que o descaramento dos ataques de Duterte contra nós começou a atrair a atenção mundial. Em outubro, Lauren Etter,[54] repórter investigativa da Bloomberg News, veio para as Filipinas passar um tempo conosco. Em dezembro, a Bloomberg Businessweek publicou sua matéria de capa com o título "Como Rodrigo Duterte transformou o Facebook numa arma — com uma pequena ajuda do Facebook". Para me proteger (e mostrando como os tempos eram incertos), eles mudaram o título on-line para "O que acontece quando o governo usa o Facebook como arma?".[55]

Foi o começo de uma onda de atenção internacional direcionada para as Filipinas, para o Rappler e para mim.

PARTE III

MEDIDAS ENÉRGICAS: PRISÕES, ELEIÇÕES E A LUTA PELO NOSSO FUTURO

2018-PRESENTE

9. Sobrevivendo a milhares de feridas
Acredite no bem

No escritório do Rappler, pouco depois de recebermos da Comissão de Valores Mobiliários, em 15 de janeiro de 2018, uma ordem inédita de fechamento. Foto de Leanne Jazul/Rappler.

Sabíamos desde 2016 que o procurador-geral, Jose Calida, intimara à Comissão de Valores Mobiliários (CVM) que conduzisse e desse entrada no processo principal contra o Rappler, alegando controle e propriedade estrangeiros.[1] Ao longo dos meses em que a questão se desenrolou, nossas fontes às vezes nos punham a par dos avanços da investigação do governo, mas não sabíamos direito como o jogo acabaria. No fundo, eu ainda era incapaz de acreditar que o comportamento grotesco do governo teria de fato alguma consequência. Tudo isso terminou em janeiro de 2018, quando a CVM revogou nossa licença para funcionar.[2]

Precisei perguntar aos nossos advogados o que isso significava.

Era simples: o governo queria fechar o Rappler. "A ordem de execução imediata da CVM, revogando a licença do Rappler para funcionar, é a primeira desse tipo na história — tanto para a Comissão como para a imprensa filipina", escrevemos em nosso comunicado em resposta à decisão. "O que isso significa para vocês, e para nós, é que a Comissão está exigindo que encerremos nossas atividades, que paremos de lhes contar histórias, que deixemos de falar a verdade sobre os poderosos e que abandonemos tudo o que construímos — e criamos — ao lado de vocês desde 2012."[3]

É claro que não obedecemos. Sabíamos dos nossos direitos. Primeiro a pessoa sente medo; depois, o enfrenta.

As *manangs* se reagruparam. Na mesma hora, Glenda tomou providências para voltar de Boston, onde tinha uma bolsa em Harvard. Beth, Chay e eu permanecíamos juntas enquanto filtrávamos e dávamos telefonemas. Mesmo separadas pela geografia, nós quatro percorríamos caminhos paralelos, todas com uma tarefa a cumprir, todas voltando, com alguma frequência, para contar os resultados, de modo que pudéssemos ver o quadro tomando forma.

No meio da manhã, convocamos uma reunião da empresa, o que chamamos de assembleia geral, e dissemos ao nosso pessoal que enfrentaríamos a situação. Fiquei de pé na ponte do *Star Trek*, no meio do escritório, e garanti a todos que sobreviveríamos àquilo — isso enquanto eu ainda tentava entender a medida sem precedentes da parte do governo. Apesar de tudo, a equipe estava de bom humor, e na foto que tiramos depois todos dávamos sorrisos largos.[4] Sabíamos o que era preciso fazer.

Quando a CVM anunciou a decisão formalmente e os repórteres nos procuraram querendo entrevistas, resolvemos organizar uma coletiva de imprensa. Não tínhamos nada a esconder. Nossos advogados fizeram objeções, pedindo um tempo para estudar a decisão antes que fizéssemos declarações públicas. Bom, tarde demais. Já tínhamos divulgado nosso comunicado[5] quando percebemos que não tínhamos nos lembrado de mostrá-lo aos nossos advogados. Imagino que servisse de alguma coisa as *manangs* já terem lidado com tudo aquilo antes: tínhamos experiência, sabíamos quais limites não podíamos cruzar. Sabíamos do ódio que esse gesto provocava no governo e não podíamos nos calar, porque quem cala consente.

Como aprendi ao longo da minha carreira: nos momentos cruciais, não deixe outra pessoa contar a sua história.

Beth organizou a cobertura ao vivo da coletiva de imprensa a tempo dos noticiários do horário nobre, às 18h30. Chay e eu resolvemos que começaríamos com declarações individuais antes de respondermos perguntas. Não tínhamos nada preparado. Apenas trocamos algumas ideias, às pressas. E em seguida saltamos no despenhadeiro.

"Muito obrigada pela presença de todos", comecei, sorrindo para os jornalistas. "Nós não vamos encerrar as atividades! Acho que é melhor eu já ir dizendo isso de uma vez. A rapidez com que isso aconteceu, e os tipos de ataques que a imprensa em geral vem sofrendo, demonstra a natureza totalmente política dessa decisão. Vamos questioná-la na justiça."[6]

Expliquei a essência da decisão da cvm. Era absurda. Um pequeno órgão administrativo alegava que nossos Certificados Depositários Filipinos, uma espécie de garantia, da qual uma parcela era de propriedade de investidores de fora do país, constituíam controle estrangeiro e infringiam a Constituição. Eu disse à imprensa que os certificados eram legais, segundo a nossa Constituição, e que tínhamos entregado nossa documentação à cvm em 2015.

A julgar pelos ataques virtuais, entendi que precisava simplificar o juridiquês. Caso contrário, seria facílimo para os que faziam propaganda em defesa do governo enganar e mentir, como já tentavam fazer.

"Pôr dinheiro em um certificado é igual a apostar em um cavalo de corrida", expliquei. "Não quer dizer que a pessoa vá ditar o que o cavalo come ou quem vai ser o jóquei que vai montá-lo. A pessoa não tem controle de nada, mas aposta em um cavalo. Se o cavalo vencer, ótimo, você ganha alguma coisa. Se não vencer, você não ganha nada."

Também adverti que a decisão da CVM não impactaria somente as Filipinas, mas também as empresas que haviam investido nas Filipinas: nesse caso, a Omidyar Network e a North Base Media. A insinuação do processo da CVM era de que firmas estrangeiras controlavam o Rappler. Mas os certificados, tanto da Omidyar Network como da North Base Media, estavam abaixo da cota de 10%, e esses instrumentos financeiros derivativos, pela própria natureza, não lhes conferiam nenhum controle. Eles nem sequer tinham ações nossas.

"As pessoas que detêm a maioria e que ditam os rumos do Rappler são os jornalistas", declarei. "Somos nós."

Fiquei chocada porque o governo se dispôs a correr um risco imenso com o meio empresarial. Uma decisão pública notória como essa era um mau sinal para os negócios e para o estado de direito — algo que os jornalistas compreendiam, mas ao que parecia o governo ou não compreendia ou era tão arrogante a ponto de considerar irrelevante.

Chay foi quem falou em seguida. Ela tem uma voz sonora, doce; viera da reportagem televisiva e se pronunciava em tom ponderado. "Para a gente, vai ser só mais um desafio, como qualquer outro", disse. "Não vamos fazer mudanças. Nossa ordem a nossos repórteres é de que continuem correndo atrás de histórias, escrevendo matérias e informando com a agressividade de praxe — que vocês, como imprensa, também têm como praxe. E vamos continuar a responsabilizar os poderosos, vamos continuar dizendo a verdade, aconteça o que acontecer.

"Temos sofrido uma onda de assédio desde o ano passado", ela prosseguiu. "E já prevíamos essa decisão da CVM, e ela finalmente veio. Então agora é tudo de conhecimento público. Nós sabemos como lidar com isso."

É estranho, mas era um alívio que o antigo conflito de baixa intensidade com o Estado agora estivesse escancarado.

"Supondo-se que haja estado de direito neste país", Chay continuou, "vamos enfrentar o processo... Vamos até a Suprema Corte porque esse é claramente um caso constitucional... é um caso de liberdade de imprensa."[7]

A CVM não tinha seguido nem mesmo as regras processuais. Como órgão administrativo, ela normalmente assinalaria ter identificado um possível problema. Na eventualidade de haver algo errado na empresa, deveríamos ter até um ano para corrigir o suposto problema. Por exemplo, a maior empresa do setor de telecomunicações, a Philippine Long Distance Telephone Company, chegou a ter, de fato, um presidente estrangeiro. E a ela foi concedido um ano para que apontasse um presidente filipino, e ela o fez. Mas, no nosso caso, não seguiram o devido processo: emitiram um mandado para fechar nossa empresa sem nos dar a oportunidade de responder ao que o comitê especial tinha encontrado. Baseando-se em uma interpretação obscura, técnica, afirmavam que o Rappler havia cedido controle a estrangeiros, o que era uma fantasia.

As leis eram transformadas em armas bem diante de nossos olhos. E não éramos os únicos. A senadora Leila de Lima continuava na prisão por conta de acusações que nunca deviam ter chegado aos tribunais, e havia pouco tempo o Estado tinha usado métodos jurídicos bizarros para expulsar da Suprema Corte a ministra Maria Lourdes Sereno.[8]

Menos de um mês depois de o governo tentar revogar nossa licença de funcionamento, Pia Ranada, do Rappler, que fazia reportagens sobre Duterte e o Poder Executivo, foi impedida de

Jornalista e cofundadora do Rappler, Chay Hofileña, durante uma coletiva de imprensa improvisada em nosso escritório, em 15 de janeiro de 2018. Foto de Leanne Jazul/Rappler.

entrar no Palácio Malacañang.[9] Ela agiu conforme tínhamos instruído nossa equipe dias antes: pegou o celular e entrou ao vivo no Facebook e no Twitter, perguntando ao soldado de plantão por que não podia entrar na sede da presidência.

Pia estava com medo, mas foi implacável. As mãos tremiam, em certa medida porque estava com raiva. "Não queria que eles ficassem impunes", disse ela.

A ordem tinha vindo do vingativo Duterte,[10] pelo que nos disseram, até certo ponto numa retaliação pela matéria investigativa contundente do Rappler, que expunha a corrupção em compras da Marinha ligadas ao assessor de Duterte, Bong Go.[11] O banimento do palácio, declarado por Duterte, me incluía, e mais tarde extrapolaria a sede da presidência, abrangendo qualquer lugar do mundo para onde Duterte viajasse.[12]

Com mais quarenta jornalistas, ativistas e acadêmicos, contestaríamos essas iniciativas arbitrárias, uma clara censura prévia que violava a Constituição,[13] na Suprema Corte. Mas a morte gradual continuava, causada por milhares de feridas, e nossa única opção era aguentar.

É nesse momento que você percebe como é impotente. Cada dia trazia novos desafios, novos pontos baixos.

Nessa época, Mark Zuckerberg anunciou que o Facebook reestruturaria o feed de notícias.[14] As mudanças seriam uma reação patética ao clamor público crescente contra a desinformação que a plataforma tinha deixado correr solta. Agora dariam prioridade ao que os amigos e parentes compartilhavam,[15] e não a conteúdos de veículos de mídia e de marcas (só a ideia de pôr na mesma categoria jornais e publicidade já é fundamentalmente errada). Na verdade, isso só enfraqueceu ainda mais jornalistas e agências de notícias, reduzindo bastante o tráfego,[16] gerando uma queda de 20% a 60% para canais pequenos de notícias[17] do mundo inteiro. Ou seja, os fatos chegavam a menos pessoas. E se não há fatos para contradizer as mentiras que chegam de operações de informações aos amigos e parentes, a desinformação se espalha exponencialmente.

A decisão do Facebook, de parar de priorizar as notícias,[18] era uma maneira absurda de enfrentar a questão das fake news. Alegavam querer aumentar o engajamento por meio dos comentários e discussões, não de compartilhamentos e curtidas. Assim como a ideia de um feed personalizado ou de emudecer ou bloquear em vez de remover, diziam que a "interação relevante" viria dos parentes e amigos. Pesquisas mostram que a maioria é predisposta a compartilhar o que os amigos e parentes dizem. O resultado, muito previsível, de fazer com que algoritmos suprimam as notícias?[19] Mais ódio, toxicidade e fake news.[20]

Foi exatamente isso o que aconteceu.

Três meses depois, o escândalo da Cambridge Analytica veio à tona. Bons jornalistas veem um fio solto, começam a puxá-lo e seguem o rastro. Carole Cadwalladr,[21] repórter indicada ao prêmio Pulitzer e articulista do *Observer*, veículo irmão do *Guardian*, expôs, junto com o *New York Times*, como a empresa de consultoria política Cambridge Analytica tinha colhido ilegalmente dados de milhões de contas do Facebook para atingir eleitores e favorecer campanhas políticas, inclusive a da candidatura vitoriosa de Donald Trump à presidência, em 2016. O país com o maior número de contas comprometidas foram os Estados Unidos.

O segundo? As Filipinas.[22]

A Cambridge Analytica agiu da mesma forma durante o referendo do Brexit e, como descobriríamos, em campanhas nas Filipinas.[23] Todas essas votações tinham sido corrompidas, e o que possibilitou que isso acontecesse foi o Facebook.

Muito por causa da tenacidade de Carole, o Congresso dos Estados Unidos convocou Mark Zuckerberg a testemunhar. A Comissão Federal de Comércio dos Estados Unidos aplicou uma multa de 5 bilhões de dólares ao Facebook, a maior penalização já imposta a uma empresa de tecnologia. Carole disse que não bastava. Embora tivéssemos muito mais informações sobre o que tinha acontecido nas eleições de 2016, não era possível responsabilizar ninguém.

Àquela altura, o velho poder, tal como governos e agências de notícias, ainda não fazia ideia de como o novo poder — as plataformas de tecnologia — tinha corroído as estruturas consagradas que antes, ao menos em certa medida, mantinham a ordem e a estabilidade do mundo.

Isso me veio à cabeça em junho, quando o Atlantic Council reuniu quinze pessoas em Berlim para estudarem a desinformação e seu impacto sobre o poder. Entre os participantes estavam Madeleine Albright, ex-secretária de Estado americana; Carl Bildt, ex-primeiro-ministro da Suécia; Steve Hadley, ex-conselheiro de segurança nacional dos Estados Unidos; e representantes do Facebook e da Microsoft.

O velho poder e o novo poder tentavam encontrar uma linguagem para transpor o fosso monstruoso existente entre os dois. Havia um conflito fundamental: autoridades do governo se movimentavam a uma velocidade lentíssima, construindo consensos, mapeando pontos negativos e fazendo dos debates públicos uma parte do processo. Empresas de tecnologia caminhavam a passos rápidos, muitas vezes eliminando salvaguardas, e não tinham o escrúpulo de não estragar coisas que não entendiam ou não achavam relevantes.

Naquela semana, aprendi muito com Madeleine Albright, que tinha acabado de lançar o livro *Fascism: A Warning* [Fascismo: Um alerta], sobre a ascensão do autoritarismo mundo afora.

O uso dessa palavra não tinha me ocorrido antes, mas não saiu da minha cabeça. Comecei a reavaliar tudo o que estávamos vivendo. Os jornalistas sabem apontar o problema, mas raramente encontram soluções. Meu papel nessa luta estava mudando: tentei imaginar o que poderíamos fazer para evitar um futuro distópico.

Em setembro, fui a Paris para participar da Comissão sobre a Informação e a Democracia, um grupo que tentava estabelecer os princípios e valores que deveriam reger a internet.[24] De novo, minha perspectiva a respeito das nossas lutas nas Filipinas começou a se expandir. Viagens internacionais como essas me permitiram contextualizar nossas experiências: mais alguém estava passando pelo que passávamos? Quais eram as origens disso? Como reforçar a trama da nossa democracia?

Na abertura formal da comissão, senti minha função se ampliar. Agora eu era a jornalista, o alvo e a pesquisadora, noticiando a comissão e participando dela.

"A liberdade de expressão está sendo usada para reprimir a liberdade de expressão", eu disse à plateia.

Nossa missão em Paris era começar a rascunhar a Declaração Internacional sobre Informação e Democracia, que serviria de base a uma parceria entre governos, empresas do setor privado e sociedade civil para proteger a democracia. Dois anos depois, a comissão divulgaria o relatório que eu copresidi com uma dúzia de soluções estruturais e mais de 250 medidas táticas para enfrentar o que chamamos de infodemia.[25]

No entanto, minha lembrança mais vívida daquela semana de setembro é do sol radiante quando eu estava em frente ao Palácio do Eliseu, a residência oficial do presidente francês, com a Nobel iraniana Shirin Ebadi e o jornalista turco Can Dündar, esperando nossa audiência com Emmanuel Macron.

Foi a primeira vez que me dei conta de que meu mundo poderia sofrer uma mudança drástica.

Em 2003, Shirin foi a primeira mulher muçulmana e a primeira iraniana a receber o prêmio Nobel da Paz, por sua luta pela democracia e pelos direitos humanos no Irã, sobretudo para mulheres e crianças. Can, ex-editor-chefe do *Cumhuriyet*, um jornal de oposição da Turquia, havia se exilado na Alemanha depois da condenação por espionagem devido à publicação de uma matéria sobre a remessa de armas turcas para rebeldes sírios.

Hoje em dia, tanto Shirin como Can vivem no exílio, longe de casa e de suas famílias. Shirin está exilada no Reino Unido desde 2009, apesar de sua família permanecer no Irã. Can vive em Berlim, mas o governo turco apreendeu o passaporte de sua esposa, impedindo-a de viajar.

"Onde você mora?", Shirin me perguntou. "Em Manila?"
"Em Manila", respondi.
Conversamos sobre como era viver longe da família. Amenizei minha situação. Expliquei que de qualquer modo meus paren-

tes estavam espalhados pelos Estados Unidos e pelas Filipinas. Imagino que estivesse apelando para a racionalidade. "Não quero me exilar", eu disse aos dois.

Eu ainda achava que as Filipinas não eram a Turquia, que a certa altura tinha mais de 70 mil pessoas encarceradas, nem o Irã, que havia muito tempo já reprimia jornalistas, ativistas e opositores políticos.

Eu tinha escolhido fazer minha vida nas Filipinas e queria continuar nesse caminho, fossem quais fossem as consequências. Não muito tempo antes, de brincadeira, minhas cofundadoras e eu fizemos um pacto quanto ao que cada uma me traria na cadeia (comidas, cobertas, um ventilador, livros), se fosse o caso.

O mundo prestava ainda mais atenção ao que Duterte estava fazendo: a violência, a ditadura que avançava pouco a pouco, a transformação da lei em arma. Àquela altura, estavam em curso catorze investigações do Rappler. Uma continha a acusação completamente ridícula de "ciberdifamação". Estavam tentando nos calar.

Ao mesmo tempo, o Rappler ganhava reconhecimento mundial. Um evento importante aconteceu em novembro, quando recebemos o prêmio Knight de Jornalismo Internacional, oferecido pelo International Center for Journalists, em Washington, DC, em um salão com quinhentas pessoas. "Batalhamos contra a impunidade do governo filipino e do Facebook", eu lhes disse. "Ambos semeiam violência, medo e mentiras que envenenam nossa democracia. Essas mentiras nas redes sociais são a base dos inúmeros processos do governo contra nós."[26]

Eu sabia que precisava que essa plateia autocentrada se importasse com o meu país tão longínquo, onde táticas que serviriam para manipulá-la eram testadas.[27]

"Por que vocês deveriam se preocupar com isso?", indaguei. "Não vai demorar muito para que nossos problemas se tornem os problemas de vocês."[28]

Os eventos de 2018 reforçaram em mim a ideia de que, por mais que eu tivesse aprendido meu ofício e tivesse algum poder, havia muita coisa que escapava ao meu controle. O estado de direito pode ser uma ilusão e pode sumir num piscar de olhos — lição que eu havia aprendido na Indonésia, quando era uma jovem jornalista. Naquela noite, no salão da cerimônia de premiação, pedi que meus colegas de profissão perseverassem na responsabilização de governos e de grandes empresas de tecnologia pela corrosão da democracia em busca de mais dinheiro e poder.

Encerrei com o que se tornou nosso grito de guerra global: "Somos o Rappler e vamos defender a linha".

Essa foi a gênese do #HoldTheLine: a linha na Constituição do nosso país que define nossos direitos. Usando o medo e a violência, os detentores do poder tentavam nos obrigar a recuar e a abrir mão de nossos direitos. Na minha cabeça, nos dávamos os braços para formar uma linha diante de qualquer tentativa de violá-los. E jamais abriríamos mão voluntariamente de nossos direitos, por maior que fosse o perigo.

Quando aquele ano exaustivo estava chegando ao fim, me deparei com a constatação desanimadora de que tudo o que eu dizia em particular e em público não bastava.

Era evidente que o reconhecimento internacional contrariava o governo Duterte. Enquanto eu recebia um prêmio do Comitê para a Proteção dos Jornalistas, em Nova York, no fim do ano, o Departamento de Justiça das Filipinas divulgava um comunicado à imprensa dizendo que indiciaria a mim e ao Rappler,[29] sem nos enviar nenhum documento jurídico.[30] Foi o que ganhei por aceitar esses prêmios e falar o que pensava.

Voltei para Manila no dia seguinte. Como o indiciamento era iminente, meus advogados da empresa ACCRALAW, uma das melhores do país, preocupados com a possibilidade de que já houvesse um mandado de prisão contra mim, enviaram advogados para me encontrar no aeroporto no caso de detenção. Nosso repórter Paterno Esmaquel II me recebeu assim que desci do avião, e Beth se juntou a nós na retirada das bagagens, depois que passei pela imigração. Mas, por sorte, nada aconteceu.

Houve alguns dias de muito estardalhaço em Manila. Eu só ficaria ali um fim de semana, para fazer algumas reuniões, mas comecei a pensar no estrago psicológico — e no dinheiro — que o medo da prisão nos custaria.

Portanto segui em frente. Queria levar a minha vida como se nada tivesse mudado. Primeiro fui a Londres, depois a Paris. Enquanto fazias as malas em Paris, para embarcar no voo de volta para Manila, ouvi manifestantes em frente ao hotel. Eram as manifestações dos "coletes amarelos", desencadeadas pelo aumento dos preços do combustível para ajudar a França a lidar com a mudança climática.

Nem parei para pensar: peguei meu casaco, o tripé, a câmera, e os segui pelas ruas. Fazia frio e chovia, mas foi ótima a sensação de voltar a ser repórter — de conversar com as pessoas nas ruas, caminhar e falar para o Rappler.[31] Esses protestos eram a objeção mais enérgica e mais violenta contra Macron até então, com a esquerda e a direita achando um denominador comum na oposição a uma medida impopular.

A polícia francesa disse que cerca de 136 mil manifestantes foram às ruas naquele dia e 268 pessoas foram presas. Essas manifestações eram diferentes porque a organização era descentralizada: orquestradas pelas redes sociais, principalmente o Facebook, segundo minhas entrevistas, onde a desinformação enganava e fomentava ressentimentos passados, muitos dos quais talvez até fossem legítimos, mas agora eram amplificados a ponto de gerar violência. Quando cheguei ao aeroporto, ainda ouvia os jatos d'água sendo descarregados, as sirenes soando.

Em um celular, eu via carros queimando em Paris. No meu outro celular, trocava mensagens com as *manangs* e com nossos advogados, que me diziam haver um mandado de prisão expedido contra mim — dessa vez, ao que constava, por algo ligado a ações e sonegação de impostos. Tive a breve sensação de que afundava. Mas então absorvi a informação e me concentrei no que aconteceria em seguida. Devido à minha época como repórter de guerra, já era treinada para esse tipo de crise havia bastante tempo. Eu simplesmente não me daria nenhuma brecha para chafurdar nos meus medos e ansiedades, embora às vezes eles parecessem avassaladores.

Meu voo de Paris estava programado para chegar em Manila às 21h40 de domingo, dia 2 de dezembro. Minha família pediu que eu não voltasse para Manila. Essa não era uma opção; eu tinha uma empresa para administrar e pessoas contando que cumpriria meu papel. Minha raiva era crescente diante da injustiça que o governo propagava, redefinindo e violando o estado de direito. Meu plano era ir até o fim e responsabilizar o governo.

Um dos nossos advogados perguntou se eu adiaria meu voo para casa. Pensei nisso, mas daria muito trabalho e sairia muito caro. Preferia o confronto, porque ele poderia gerar uma resolução. Eu não faria um esforço para me dobrar às extravagantes táticas de intimidação do governo.

Ao chegar ao aeroporto Charles de Gaulle, me preparei para o pior, inclusive para passar a noite na cadeia. Abri a bagagem e peguei pijama, escova de dentes e uma muda de roupas, que guardei na mala de mão. Depois fui para o aeroporto, fiz o check-in e embarquei no avião. Estava tão cansada que passei boa parte das vinte horas de viagem dormindo.

Minha chegada envolveu muitas pessoas: meia dúzia de advogados da ACCRALAW e uma equipe de pelo menos seis jornalistas do Rappler. Era a segunda vez que fazíamos isso. Imagine só o contratempo para nosso funcionamento e nossa vida: eu não sabia se devia ficar com raiva ou com medo — acho que sentia os dois.

Horas antes de o avião aterrissar, Francis Lim, da ACCRALAW, ex-presidente da Bolsa de Valores das Filipinas e nosso principal conselheiro, divulgou uma declaração: "Estou torcendo fervorosamente para que Maria Ressa não seja detida ao chegar a Manila hoje. Não é comum que mandados de prisão sejam cumpridos no domingo à noite. Fazê-lo só dará mais peso à percepção bem fundamentada de que nosso governo vem injustificadamente acelerando processos contra os funcionários do Rappler devido às suas destemidas reportagens sobre a verdadeira situação das Filipinas".

Após quase vinte horas de viagem, o avião pousou em Manila. Liguei meus celulares e recebi uma torrente de mensagens. De nossa rede de *manangs* me chegou uma síntese do que tinha acontecido

Chegando ao Aeroporto Internacional Ninoy Aquino, em Manila, no domingo, 2 de dezembro de 2018. Foto do Rappler.

e do que esperar. Minha irmã, Michelle, informava que estava muito ocupada impedindo nossa mãe e nossas tias de irem ao aeroporto. Pensei que talvez fosse melhor meus pais voltarem para os Estados Unidos, o que seria uma enorme mudança, já que tinham resolvido, com o meu incentivo, se estabelecer em Manila.

Desci do avião e vi que a polícia do aeroporto me esperava.

Logo atrás deles estavam dois de nossos advogados e nosso repórter, Paterno Esmaquel. Enquanto seguíamos para a imigração, eles explicavam que só queriam me ajudar a acabar logo com aquilo. Ufa. Não via nenhum sinal de policiais querendo me deter. Quando deixamos a área de desembarque, me deparei com muitas câmeras e repórteres de televisão. As luzes se acenderam e as perguntas logo vieram.

"Eu não sabia o que esperar", disse depois de agradecer aos seguranças do aeroporto. "Nós sabemos o seguinte. Sabemos que um mandado de prisão foi expedido. Não sei exatamente o que isso significa, entendem? Quer dizer, imagine se um mandado de prisão fosse expedido contra vocês. Vou fazer o que for necessário para enfrentar tudo isso." [32]

"Você sabe o que vai acontecer com os processos?", um repórter perguntou, se referindo aos processos por sonegação de impostos.

"Não sei dizer", respondi. "Só sei que nós entramos com um requerimento pedindo revisão, mas, como deram entrada nos processos antes que o nosso requerimento fosse sequer considerado, vou contestar os processos. E vou contestar as acusações. As acusações reclassificam o Rappler como — e esta é uma citação direta — 'um negociador de títulos'. É bem óbvio que não somos uma corretora de ações, não é? Eu sou jornalista. Sempre fui jornalista. Então vamos lá — eu vou encarar a situação."

"Como você se sente em relação à possibilidade de ser presa?", uma repórter me perguntou.

Em uma coletiva de imprensa improvisada na noite de domingo, 2 de dezembro de 2018, no Aeroporto Internacional Ninoy Aquino, em Manila. Foto do Rappler.

"Bom, em primeiro lugar, vou responsabilizar o governo por me chamar publicamente de criminosa", respondi. "Em segundo, claro que isso faz com que me sinta vulnerável."

Fiquei horrorizada ao sentir minha voz embargar.[33]

"Mas eu acho que é essa a ideia, né? A ideia é que o governo faça você sentir o poder que ele tem e que ele pode fazer o que bem entender."[34]

Por precaução, paguei a fiança relativa ao mandado de prisão no dia seguinte, e no outro dia entramos com um requerimento para que fosse indeferido porque, entre outras coisas, o caso fugia da competência do tribunal que o tinha expedido.[35] A coisa toda parecia uma farsa.

Voltei ao tribunal alguns dias depois, quando o juiz aceitou nosso pedido e adiou minha citação.[36]

Ganhamos certo tempo, mas cada dia trazia consigo a possibilidade de algo ainda pior. O mero ato de fazer meu trabalho era complicado, dado o panorama tecnológico em transformação, que causava um impacto direto na sobrevivência de agências de notícias: afetava a distribuição e seu modelo de negócios do ponto de vista publicitário.

Com os ataques do governo, o que eu fazia era gestão de crise, comigo como alvo. Gastávamos muito com os honorários dos advogados e desperdiçávamos tempo em reuniões intermináveis com eles. Havia semanas em que eu passava 90% do meu tempo com advogados. Em alguns domingos, me lembro de passar horas a fio sentada à mesa com mais de meia dúzia de advogados. Sentia pena deles e também de mim pelo que nossa vida tinha virado pelo mais absurdo dos motivos.

Em uma manhã de dezembro, me levantei cedo, obrigada a ir à Vara Tributária e pagar fiança mais uma vez — agora por causa de mais quatro acusações de sonegação de impostos.

Depois fui para o escritório e ao meio-dia já estava exausta. Às 18h30, estava jantando no térreo do prédio onde fica nossa redação, tentando me livrar das sombras daquele dia, quando vi no Twitter a notícia de que eu havia sido nomeada uma das Pessoas do Ano pela revista *Time*. Cheguei a ligar para o nosso gestor de mídias sociais para saber se era verdade, e em seguida meu telefone tocou.

Era a CNN me perguntando como eu tinha reagido à capa da *Time*.[37]

Meu estômago ficou embrulhado. Meu primeiro pensamento foi de que essa exposição só traria mais ataques. Olhando para trás, talvez estivesse sofrendo de transtorno de estresse pós-traumático. E, na realidade, acredito que essa honraria tenha nos blindado. "Qual é sua reação?", perguntou Kristie Lu Stout, a âncora do horário nobre da CNN na Ásia, a respeito da capa.

"É agridoce", respondi. Eu titubeava e era incoerente. Mais tarde, vi no vídeo da CNN que meu rosto estava cansado e enrugado. "Sabemos que é um momento complicado para ser jornalista, mas acho que o que dá força a todos nós é saber que provavelmente não existe época melhor para ser jornalista, pois é agora que vivemos segundo nossos valores e vivemos a nossa missão." [38]

"Amanhã faz um ano que dois repórteres da Reuters foram condenados e presos em Mianmar", disse Kristie. Wa Lone e Kyaw Soe Oo tinham sido encarcerados por divulgar o assassinato de homens muçulmanos pelo estado do Arracão em Mianmar. Talvez eu nunca ouvisse essa pergunta de um âncora que estivesse nos Estados Unidos, que nem sequer consideraria relevante para o público ou os interesses americanos o destino dos repórteres de Mianmar. "Qual é a sua mensagem aos dois repórteres da Reuters e à família deles nessa luta por justiça?"

"Temos que continuar lutando", respondi. "Temos que permanecer íntegros. Temos que garantir que continuemos a contestar as autoridades de qualquer lugar do mundo sempre que elas deem passos para trás.

"Eu acho que Mianmar demonstra o que anda acontecendo nas Filipinas: o impacto das redes sociais e como as redes sociais podem ser usadas para incitar o ódio, para destruir a credibilidade de jornalistas mundo afora."[39]

Na noite de Ano-Novo, eu estava em Nova York. Tinha sido um longo ano — um ano durante o qual eu tinha me dado conta do quanto considerávamos nossa liberdade e nossos direitos inabaláveis. Como eu não tinha nem certeza se a justiça me daria permissão para viajar, andar por Nova York com minha irmã Mary Jane foi uma felicidade inimaginável.

A Times Square Alliance convidara quase uma dúzia de jornalistas para honrar nosso trabalho e ajudá-la na contagem até a queda da bola que anunciaria o início de 2019. Olhei meu celular enquanto nos chamavam ao palco, e minha irmã Mary Jane, a essa altura em casa com a família, me perguntava que canal deviam assistir. Minha irmã Nicole me mandou uma mensagem de Los Angeles, dizendo que já estava assistindo, enquanto meus pais e Michelle me mandavam mensagem de Manila declarando estar acompanhando pelo Rappler.

Começamos a subir ao palco, mas caiu uma chuva e cobri a cabeça com o capuz. Queria ser capaz de passar aquela energia e expectativa aos jornalistas como eu, que tinham que reunir esperanças para perseverar em meio a momentos difíceis. Só me restava ser grata.

A estrela pop Bebe Rexha foi ao palco para cantar "Imagine", de John Lennon. Houve um momento de silêncio, e então a voz potente da moça começou a entoar aquela canção tão conhecida e encher o Times Square e lares do mundo inteiro. Fazia sentido que uma cantora americana cujos pais são albaneses transformasse as palavras de John Lennon, dando-lhes um novo contexto e significado, nos instigando outra vez a imaginar um mundo melhor.

Era o T.S. Eliot todo de novo: o presente transformando a primeira vez que ouvi John Lennon cantá-la e vice-versa. Passamos a cantar juntos aquela letra tão familiar.

"Você pode até dizer que sou um sonhador", cantou Rexha, "mas não sou o único. Espero que um dia você se junte a nós… e o mundo seja um só."

Enxuguei as lágrimas dos olhos.

"Feliz Ano-Novo, pessoal!", exclamou Bebe. E uma alegria empolgante surgiu da plateia. Em seguida veio o minuto de contagem regressiva.

Contamos os últimos dez segundos aos berros e 2018 terminou.

10. Não vire um monstro para lutar contra um monstro
Aceite seu medo

Depois de passar a noite detida, chego ao tribunal para pagar fiança, em 14 de fevereiro de 2019. Foto de Alecs Ongcal/Rappler.

Era 13 de fevereiro de 2019. O sol entrava pelas janelas do meu escritório, e — como costumo fazer — parei para contemplar as cores do poente no horizonte de Manila. Estava para começar uma reunião com a nova equipe do Facebook em Cingapura, cuja função seria rastrear as operações de informação. Dessa vez, tinham nos procurado.

Era a primeira visita deles às Filipinas. O que me espantou neles, e também havia me espantado em Mark Zuckerberg, foi a juventude. Mas eu tinha aprendido a confiar na supervisora deles, uma ex-investigadora do FBI. Gemma Mendoza, que encabeça nossa pesquisa sobre desinformação, estaria junto comigo para explicar à equipe do Facebook as táticas e metodologias das redes de ataque que havíamos descoberto.

Essa era minha penúltima reunião do dia, e eu pegaria o voo das seis da manhã rumo à Malásia no dia seguinte para entrevistar o primeiro-ministro Mahathir Mohamad. Queria dizer-lhes logo de uma vez tudo o que eu pensava, deixar a equipe do Facebook com Gemma e confirmar a entrevista com Mahathir antes de proferir um discurso na Universidade das Filipinas e ir para casa arrumar as malas.

Na sala de reuniões envidraçada, de costas para a redação, dei início à minha apresentação. De repente, a certa altura, Beth entrou na sala. Um bocado surpresa, parei e apresentei-a à equipe do Facebook.

"Oi, Beth, esta é a nova equipe que está pesquisando as redes de desinformação no Facebook", expliquei. "Pessoal, esta é uma das fundadoras do Rappler, Beth Frondoso."

"Maria, não vire para trás", ordenou Beth, lacônica. "Vieram te prender."

É claro que me virei no mesmo instante. Por cima do ombro, vislumbrei Glenda ao celular e Chay falando com um grupo do que pareciam ser policiais à paisana. Os outros se espalhavam pela redação. Então olhei para o meu celular, que eu tinha deixado no silencioso, e vi uma montanha de mensagens de jornalistas, entre elas uma de Alexandra Stevenson, do *New York Times*.

"Nossos repórteres estão ao vivo, Maria", Beth continuou, o rosto tenso. "Glenda está ligando para os advogados. Chay está segurando os policiais."

"Está bem", respondi, deixando as emoções de lado. "Todos, olhem para mim."

Dois rostos jovens do outro lado da mesa se enrijeceram.

"Gemma, dê um jeito de tirar esse pessoal daqui sem estardalhaço", instruí enquanto me virava para nossos parceiros do

Facebook. "Vocês não vão querer estar aqui se a situação piorar. Bom, vocês estão vendo o que a gente enfrenta só por cumprir nossa função, então por favor nos ajudem."

Tentei manter a leveza. Eles começaram a juntar seus pertences. "A gente se fala depois", continuei. "Quem sabe não jantamos no hotel de vocês. Só não sei quanto tempo vai demorar para eu pagar a fiança. Bom, é melhor vocês saírem daqui depressa."

Enquanto tudo isso acontecia, uma das nossas repórteres, Aika Rey, de 24 anos, transmitia tudo ao vivo pelo Facebook, apesar de intimidada por um dos policiais à paisana da Agência Nacional de Investigação, o nosso FBI.[1] "Boca fechada, senão você vai ser a próxima", o policial lhe disse.

Aika não cedeu. Estava apavorada e suas mãos tremiam, mas se lembrou das lições de nossos treinamentos de equipe e sabia da importância de levar a transmissão adiante.

Um policial de patente mais alta também a abordou, a voz firme e inflexível. "Você pode parar o que está fazendo?", disse a Aika. "Pode ser? E diga aos seus colegas: se dermos de cara com vocês na rede, vocês vão se arrepender. Vocês vão se arrepender. A gente vai atrás de vocês."

Aika o ignorou e continuou a transmissão ao vivo. Ele reagiu pegando o celular e gravando um vídeo dela fazendo a transmissão. Dá para ouvir a conversa toda deles no vídeo ao vivo do Rappler no Facebook. Também se veem outros dois policiais à paisana fazendo vídeos com seus celulares do escritório do Rappler, enquanto a maioria dos nossos funcionários continuava cumprindo suas funções. Sofia Tomacruz, que começou no Rappler na mesma época que Aika, também gravava um vídeo do policial que tentava intimidá-la.

Aika e Sofia eram da nossa terceira geração de repórteres. Fazia apenas um ano que Pia Ranada, parte da nossa segunda geração, tinha usado o celular para fazer uma transmissão ao vivo dos policiais que tentavam bani-la do Palácio Malacañang. Não importa o que o governo faça contra mim ou o Rappler, a próxima geração de repórteres está ali, imbuída de uma missão ajustada a esta época e de posse de uma característica de que os bons jornalistas do mundo inteiro sempre precisaram: coragem.

Os cerca de uma dúzia de agentes da Agência Nacional de Investigação esperaram nossos advogados chegarem. Eu ainda estava na sala de reuniões quando um dos policiais recitou meus direitos — o direito de permanecer calada, o direito a um advogado. Parte de mim ainda não acreditava que aquilo estivesse acontecendo de fato. Então eles me tiraram do escritório.

Lá fora, fomos sitiados por jornalistas e câmeras. Eu não sabia o que dizer além de que iria para a sede da Agência Nacional de Investigação, conforme os policiais exigiam. Não queria dizer nada que lhes permitisse me tirar mais algum direito.

Havia pelo menos duas irregularidades nessa prisão: eles tinham chegado pouco antes de os tribunais fecharem, com um mandado incompleto, que não incluía a soma da fiança. Mas como eu já tinha imaginado os piores dos casos, sabia que havia um juizado de plantão que só fechava às 21 horas e poderia lidar com o nosso caso. Mesmo naquele momento eu achava que conseguiria embarcar no meu voo das seis horas rumo à Malásia.

Meu telefone não parava de vibrar com perguntas de repórteres. Pensando agora, eu devia ter conversado com a imprensa o tempo inteiro. Por que me amordaçar voluntariamente se o que o Estado fazia era tão grave? Mas foi o que eu fiz, e parte da razão era que não queria que os policiais tirassem meu telefone.

Quando cheguei à sede da Agência, acompanhada de Glenda, Beth e de nossos advogados, tivemos de aguardar na sala de reuniões. Depois de vinte minutos, olhei para o relógio e me dei conta de que estavam protelando para que o juizado de plantão fechasse, pois assim eu passaria a noite detida. Portanto resolvemos ignorar a placa de "Não entre" na porta e invadimos os escritórios deles, onde nos deparamos com os policiais jantando.

Foi o momento em que cheguei mais perto de levantar a voz. Eles sabiam o que estavam fazendo. Mas apesar de nossos protestos, continuaram procrastinando, e às 20h30 já estava claro que eu não conseguiria pagar a fiança. O plano deles tinha sido um sucesso. O governo queria que eu passasse a noite presa para me perturbar e me intimidar. Ver em primeira mão a mesquinhez deles e até que ponto chegariam só reforçou minha decisão de #HoldTheLine.

De novo me zanguei quando os agentes encarregados do cumprimento da ordem de prisão disseram que eu precisava fazer um exame médico depois de me ficharem. O Rappler já tinha um plano para esse processo de fichamento, com fotos prontas para desviar a atenção das fotos feitas pela polícia, que o governo distribuiria a blogueiros que o defendiam. Glenda e eu deixamos que os advogados negociassem com eles e voltamos à sala de reuniões.

No caminho de volta, fui parada pela esbaforida dra. June Pagaduan-Lopez, que eu conhecia da cerimônia de entrega de um prêmio que havíamos recebido, The Outstanding Women in the Nation's Service (Towns), concedido pela organização homônima, voltada para mulheres de destaque. Ela fora à sede da agência assim que soube da minha detenção porque não queria que eu ficasse sozinha durante meu exame médico, em que a pessoa é obrigada a tirar a roupa e está mais vulnerável que nunca. Ela sabia que eu podia trazer meu próprio médico, portanto me pediu que a declarasse minha médica, o que fiz.[2]

Fiquei estupefata com tamanha bondade — porque, por mais que você se planeje, não consegue pensar em tudo. Fiquei de olhos marejados: June estava sendo muito prestativa, movida por seu conhecimento do que poderia dar errado em situações como essa. A bondade de estranhos seria um tema recorrente dos anos seguintes, aumentando minha fé na generosidade da natureza humana.

Do lado de fora, ouvíamos os brados: "Libertem Maria Ressa!". Eu nem acreditava: jovens lideranças do partido Akbayan, Millennials PH e outros grupos apareceram para protestar contra a minha prisão.

Depois Beth nos botou a par da reunião anual na Universidade das Filipinas, onde eu discursaria naquela noite.[3] No meu lugar, Beth havia mandado Patricia Evangelista, que fizera as matérias da Série sobre Impunidade[4] relativa à guerra às drogas. Ela contou aos milhares de estudantes reunidos o que tinha acontecido e leu nossa declaração:

> Se essa é mais uma das diversas tentativas de nos intimidar, ela não será bem-sucedida, conforme as tentativas anteriores já demonstraram. Maria Ressa e o Rappler continuarão a exercer suas funções no jornalismo. Vamos continuar falando a verdade e divulgando o que vemos e ouvimos. Somos acima de tudo jornalistas. Somos os que contam a verdade.[5]

Beth nos mostrava o vídeo do discurso em tempo real. A certa altura, a área aberta foi engolfada por milhares de luzes[6] até onde os olhos alcançavam, pois os estudantes ergueram os celulares e bradavam: "Defendam, defendam, defendam a liberdade de imprensa!".

O dia em que fui presa pela primeira vez — o primeiro de dez mandados de prisão contra mim em menos de dois anos — me transformou. E deixou claro que o governo inaugurava uma nova fase na guerra contra a liberdade de imprensa e contra mim. Eu ouvia até um policial conversando ao telefone com alguém do palácio, relatando todos os passos que davam.

Glenda e Beth passaram a noite comigo, o que aliviou um pouco do estresse. Tentamos dormir na cadeira quando possível, mas na maior parte do tempo trabalhamos (pelo menos nos permitiram usar notebooks). Na manhã seguinte, as negociações da fiança começaram cedinho. Seria a sexta vez que eu pagaria fiança em mais ou menos dois meses. A quantia seria a maior até então, de 100 mil pesos filipinos, o que equivale a 2 mil dólares. Mas eu sorria enquanto repetia esses detalhes à imprensa ao deixar a sala de audiência.

Sorria porque tinha raiva. Só se vê um indício dessa raiva quando um repórter pede que eu reaja à declaração dada pelo ministro da Justiça Menardo Guevarra, de que minha prisão era culpa do Rappler.

"Deixe-me pôr a questão de outra forma", fui logo dizendo, antes de parar para me controlar. "Sr. Guevarra, ministro da Justiça, que eu imaginava ser um profissional. Essas atitudes são suas. O que sentimos na sociedade é um efeito dominó, mas o senhor não quer ser conhecido como o ministro da Injustiça. Eu também tenho o direito de lhe cobrar responsabilidade. Sou cidadã deste país e o senhor não pode infringir meus direitos."

Nessa noite, quando o meu governo tirou minha liberdade, a linha da repressão foi vinculada diretamente a mim. Esse foi o momento em que meus direitos foram violados, em que passei de jornalista a cidadã. Se podiam agir assim com jornalistas que tinham certo poder, sob a luz dos holofotes, o que não fariam com cidadãos vulneráveis que estavam literalmente nas sombras? Que recurso uma pessoa pobre tinha em um beco escuro?

"Para mim, são duas as questões: abuso de poder e a transformação da lei em arma", eu disse aos repórteres reunidos ali. Era a primeira vez que eu falava em público em tom tão duro: sempre que o governo fazia algo draconiano, ele me radicalizava. "A questão não sou só eu e não é só o Rappler. O recado que o governo está mandando é muito claro, e uma pessoa chegou a dizer a uma repórter nossa na noite passada: 'Boca fechada, senão você vai ser a próxima'. Então, estou suplicando que vocês NÃO se calem — mesmo se — e principalmente se vocês forem os próximos!"

A liberdade de imprensa não diz respeito apenas a jornalistas. Não é uma questão só minha; não é uma questão só do Rappler. A liberdade de imprensa é a base do direito que todos os filipinos têm de ter acesso à verdade.

Silêncio é cumplicidade porque silêncio é consentimento.

"O que estamos vendo é a morte da nossa democracia através de milhares de pequenos cortes", prossegui. "E rogo que vocês se juntem a mim... Eu sempre disse que daqui a uma década, quando olhar para trás, eu quero ter a certeza..."

Minha voz ficou embargada, por isso me repeti.

"Eu quero ter a certeza de que fiz tudo o que era possível. Não vamos nos esquivar. Não vamos nos esconder. Vamos defender a linha."[7]

Não foi nenhuma surpresa, mas me prender não fez com que eu miraculosamente me calasse, nem impediu o Rappler de noticiar casos de corrupção e abusos de poder. Por isso, o governo filipino me prendeu de novo pouco mais de um mês depois. Até certo ponto, eu me perguntava se ser presa todo mês se tornaria algo normal para mim. Aceitei que fosse assim.

Àquela altura, já tinha aumentado minha segurança, às vezes usando um segundo carro para seguir o meu quando recebíamos pistas de possíveis ameaças. Essa medida veio acompanhada do aumento da segurança em torno do Rappler e dos funcionários mais vulneráveis da empresa. Esse processo todo mudou nossa vida. A certa altura, minha permanência em Manila ficou dispendiosa demais.

Assim, comecei a aceitar mais convites estrangeiros para dar palestras. Afinal, poderia trabalhar de qualquer lugar, e os fusos horários me possibilitariam encher mais meus dias. Discursar fora do país também era um jeito eficaz de acionar o alarme da comunidade global: se isso estava acontecendo conosco, também aconteceria com os outros. Se não hoje, em breve.

À medida que os mandados de prisão e processos contra mim aumentavam, aumentava também o número de juízes que precisavam me dar autorizações para viajar. De dezembro de 2018 a março de 2020, tive de obter 36 autorizações.

No dia 27 de março de 2019, uma quarta-feira, pouco depois das 22 horas, eu esperava no aeroporto de San Francisco, logo após fazer o check-in em um voo direto para Manila que duraria treze horas.

Meu telefone começou a se encher de alertas. Sentindo a já conhecida onda de pânico, olhei o chat do grupo das *manangs* e dos nossos advogados da ACCRALAW, que a essa altura eram pressionados pelo governo a abandonar nossos processos. Os advogados me avisavam que previam um mandado de prisão expedido contra mim em breve — meu sétimo. Um deles resumiu a pior das hipóteses. Esta é a mensagem dele, exatamente como a recebi:

1. Policiais vão entrar no avião e retirar a Maria antes que os passageiros sejam desembarcados;
2. Após a detenção, a Maria não vai passar pela imigração e será levada do aeroporto para o centro de detenção;
3. Os policiais que fizerem a prisão vão confiscar seu telefone e ela não terá como se comunicar com nenhum de nós;
4. A Maria será detida indefinidamente e não terá acesso a nós.

Depois que li as mensagens, precisei parar, respirar fundo e me apoiar na parede. Mais uma vez, o governo subia um degrau em termos de tática. Estariam as Filipinas virando uma Coreia do Norte?

As *manangs* já atualizavam em que pé se encontravam em suas tarefas predeterminadas: Glenda estava entrando no carro para ir ao tribunal pagar a fiança. Beth cuidava da imprensa e da segurança, e fazia perguntas a nossos advogados para poder repassar informações a nossos motoristas e escoltas. Chay solicitava a documentação toda para poder começar a elaborar nossa matéria no Rappler.

Eu? Eu tinha que lidar com o medo.

Nos últimos meses, tinha me habituado a me preparar para os piores dos casos. Deixava na bolsa dinheiro para pagar fiança e tinha uma "bolsa de emergência" no carro para o caso de outra prisão: nela, guardava roupas, uma toalha, uma escova de dentes e até uma fronha. Já tinha me imaginado sendo detida em um aeroporto ao sair de Manila e já tinha adquirido um segundo computador, mais novo, com menos documentos guardados, para o caso de meus aparelhos eletrônicos serem confiscados.

Dessa vez, no entanto, estava despreparada. Corri pelo aeroporto para achar uma loja que vendesse uma muda de roupas para o caso de ser realmente detida e presa na volta. Acima de tudo, precisava desanuviar a cabeça. Acabei me dirigindo à sala de espera do aeroporto e me sentei em uma cadeira de canto. Peguei meu notebook e comecei a deletar os documentos mais sigilosos.

Quando os ratos abandonam o navio, é sinal de perigo.

Eu já tinha sentido isso antes, ao encabeçar a negociação da libertação de nossos jornalistas com um grupo terrorista, o Abu Sayyaf, quando estava na ABS-CBN. Quando se é parte de uma empresa gigantesca, a política dita o alinhamento e as pessoas têm como evitar riscos pessoais. Nos momentos mais cruciais, os que se preocupam com poder lavam as mãos se eximindo de qualquer responsabilidade, tirando seu apoio no momento em que ele é mais relevante.

Num grau menor, a apresentação de acusações criminais contra o conselho diretor do Rappler em 2019 teve o mesmo efeito.

Nossos diretores eram os melhores nos seus ramos de atuação e também eram meus amigos. As acusações que enfrentaram — e os mandados de prisão contra eles — se deviam ao fato de acreditarem em mim e no Rappler. Mas não foi uma surpresa — embora tenha sido desanimador — que as pessoas mais bem-sucedidas de suas áreas se sentissem obrigadas a se afastar de nós, os jornalistas.

Foi essa a situação que Glenda me descreveu ao telefone antes de eu chegar em casa. Em um restaurante perto do tribunal, ela estava com nossos advogados, bolando estratégias, enquanto numa mesa vizinha três de nossos diretores debatiam o caso com os advogados deles, apesar da nossa proposta de juntarmos nossas defesas. No passado, tínhamos permanecido unidos, mas agora tínhamos reações diferentes aos ataques do Judiciário. Um de nossos diretores não pagou fiança e evitava a volta às Filipinas, um enorme sacrifício, já que sua família morava no país. Outro, que já tinha sido presidente da IBM nas Filipinas, pagou fiança no fim daquele dia.

"Estou muito preocupada com a possibilidade de que a estratégia de dividir para conquistar funcione, Glenda", comentei.

"Você não tem o que fazer quanto a isso, Maria", Glenda respondeu.

"Posso ligar para eles", eu disse. "Que acordos o governo pode oferecer? Você acha que a gente deve se preocupar com isso?"

A capacidade que o governo tem de semear discórdia é desconcertante. Não sou ingênua: tinha passado minha carreira observando como nosso país sempre tinha funcionado através de acordos por debaixo dos panos. Ainda assim, sempre evitei a corrupção. Agora meus amigos — cidadãos bem-sucedidos, honrados — viam-se em uma situação em que sofriam ataques pessoais, em que seus negócios eram ameaçados. Eu me senti culpada por tê-los arrastado para dentro daquela crise.

Àquela altura, as quatro *manangs* já tinham se tornado peritas em lidar com as intimidações do governo. Quando uma crise acontecia, estávamos um passo à frente do nosso inimigo, as quatro tomando decisões rápidas condizentes com nossos valores e impregnadas de nossas experiências. Nos aconchegávamos em uma ligação que abarcava as quatro, com Glenda nos botando a par do que os advogados diziam: a acusação, a soma da fiança. Chay fazia perguntas que serviriam para rascunharmos a matéria que seria publicada.

Eu lhes fiz a mesma pergunta que ardia dentro de mim: qual era a reação delas à pior das hipóteses desenhada pelo nosso advogado? Cheguei a ressuscitar o fantasma do assassinato de Ninoy Aquino, que em 1983 foi retirado de um avião e baleado na pista de decolagem.

Elas riram, aliviando minha tensão. Todas deram respostas calculadas, ponderadas, ao meu questionamento. São os medos de que as pessoas nunca falam: você é capaz de imaginar infinitas possibilidades horrorosas, e, caso seja o alvo, precisa de um choque de realidade nos momentos mais importantes. Os rapplers seguram as pontas uns dos outros.

Um anúncio pelo alto-falante do aeroporto interrompeu a ligação. Era hora de embarcar. Eu me despedi, arrumei minhas coisas e me dirigi ao portão. Quando cheguei ao meu assento no avião, guardei minha mala e pedi suco de laranja.

Eram quatro horas da tarde em Manila, faltava menos de uma hora para os tribunais encerrarem o expediente. Ainda não havia mandado de prisão expedido contra mim. Talvez a pior das hipóteses não extrapolasse nossas imaginações. Tomei meu suco e comecei a me sentir melhor.

A porta do avião se fechou. Foi quando recebi uma mensagem que me fez passar as treze horas de voo praticamente sem pregar os olhos.

"O juiz expediu o mandado de prisão. Se prepare para ser detida."

Minha adrenalina estava nas alturas quando aterrissamos. Por sorte, o avião não foi parado na pista. Enquanto juntava minhas coisas, eu repassava meu plano de ação, passo a passo, deixando meus dois celulares engatilhados para que bastasse apertar um botão e entrar ao vivo na página do Rappler, dedicando os pensamentos à memória muscular.

Quando a porta do avião se abriu, fui a primeira a descer. Ao sair, comecei uma transmissão ao vivo pelo Facebook em um dos celulares, com o outro já preparado no bolso de trás. Assim que desembarquei do avião, policiais me abordaram, com duas mulheres à frente. Uma me puxou de lado e começou a recitar meus direitos. Havia pelo menos outros seis policiais, e um homem que parecia ser o supervisor deles estava à espreita ali perto.

Eles pediram que eu cobrisse as mãos com meu casaco. Perguntei o porquê. O protocolo exigia que me algemassem, mas deviam ter achado aquele ato esquisito ou difícil por algum motivo. Aguardei enquanto tentavam achar um meio-termo. A desavença sutil do grupo era reveladora. Os indivíduos de um país que está resvalando para a autocracia não perdem a ação pessoal de um dia para o outro: todo dia, eles escolhem ceder ou não às exigências do autocrata.

Falei para eles que não fingiria estar algemada. Um advogado da ACCRALAW intercedeu quando comecei a levantar a voz. Após uma breve discussão, o grupo me escoltou pela imigração e a área de retirada de bagagens, minhas mãos livres das algemas.

Seis agentes com equipamentos da SWAT esperavam dentro do furgão, totalmente armados. Acho que, para um governo que vive de falsidades, jornalistas são terroristas, disparando bombas que explodem suas mentiras.

Quando uma das policiais segurou minha cabeça, no momento em que eu entrava no furgão, eu a rechacei. De certa forma, aquela mão na minha cabeça simbolizava todas as injustiças a que me submetiam.

Então me lembrei: recue. Reprima as emoções. Procure pensar com lucidez.

E de novo, paguei fiança e segui em frente.

No mês seguinte a essa prisão, fui a Nova York para o lançamento oficial do TrialWatch, um sistema de observação de julgamentos do mundo inteiro, criado pela Clooney Foundation for Justice.[8] O governo das Filipinas ainda me permitia sair do país, mas, como sempre, antes de qualquer viagem, eu tinha que passar por um processo árduo e enfurecedor de pedir autorizações a juízes. Precisava gastar tempo e dinheiro para entrar com essas documentações jurídicas, e toda vez que aguardava, apesar das incertezas, e acabava pagando fiança, a vontade de garantir meus direitos aumentava.

Também estava exausta. Minha falta de sono fica evidente na minha pele. Tenho dermatite atópica e eczema, uma pele extremamente seca que rompe — a pele fica rachada quando estou estressada. Ao longo dos anos em que venho lidando com isso, fui percebendo como minha cabeça e minhas emoções têm um papel tão relevante quanto os remédios que meu dermatologista me receita, mas fazia semanas que eu vinha ignorando o último surto nos meus pés — semanas que agora já tinham virado meses. Estava tão ruim no avião que uma amiga me levou ao médico logo depois.

Fazia frio e ventava muito na manhã do TrialWatch, cuja cerimônia aconteceria na Escola de Direito da Universidade Columbia. Fui para a última fileira do auditório e montei o tripé e a câmera. Faria a transmissão do evento ao vivo no Rappler. Quando subi ao palco, me vi diante de um panteão de ativistas pelos direitos humanos, advogados, figurões da tecnologia e jornalistas. George e Amal Clooney estavam na primeira fila.

O painel falou de como a lei tinha sido transformada em uma arma contra jornalistas mundo afora e de por que era tão importante ter observadores internacionais nos tribunais. Não havia exemplo melhor do que nós três, que estávamos no palco: à minha direita estava Mohamed Fahmy, um egípcio-canadense que passara 437 dias encarcerado no Egito;[9] à minha esquerda estava o iraniano-americano Jason Rezaian, que ficara 544 dias preso no Irã.[10]

Ao escutá-los, me dei conta de duas coisas: de que ainda não tinham me detido por mais de uma noite, só para me amedrontar, portanto era provável que a minha situação piorasse; e de que ter uma identidade hifenizada, como a de filipino-americana, talvez me ajudasse quando isso acontecesse.

Depois que a apresentação terminou, sussurrei para Fahmy: "Então, que conselho você me daria?".

"Chame a Amal para ser sua advogada", ele declarou.

Depois do painel, fui conduzida a uma das salas do andar de cima. Passado pouco tempo, Amal e George entraram. A porta se fechou e Amal se sentou à mesa dela. "Tenho pensado no que importa de verdade", Amal começou, "e acho que você tem uma escolha a fazer quanto ao envolvimento que quer que eu tenha."

Em seguida, sem parar, ela passou a explicar exatamente o que me aconteceria, oferecendo como exemplo suas próprias experiências com vários jornalistas em diversos países. Peguei meu caderno e comecei a escrever desesperadamente.

Amal resumiu as duas maneiras como poderia se envolver: ou como chefe da TrialWatch, mandando observadores aos meus julgamentos, caso em que teria de ser mais cautelosa quanto à minha situação. Ou poderia me representar, caso em que atuaria como minha advogada.

Bom, a escolha me parecia fácil. Ela resumiu algumas das lições que tinha aprendido com os casos nos quais havia trabalhado, trazendo referências de inúmeros países, como Azerbaijão e Egito, além da negociação que estava em andamento pela libertação dos jornalistas da Reuters Wa Lone e Kyaw Soe Oo, encarcerados em Mianmar. Ela esperava que fossem soltos em até duas semanas, com o perdão presidencial.

"Mianmar não tomou outra atitude linha-dura ontem à noite?", indaguei.

"É preciso dar a governos como esses um espaço para que mantenham as aparências, Maria", Amal respondeu. "Tem coisas que acontecem publicamente e tem coisas que acontecem por trás dos panos. Eu nem posso falar de boa parte do trabalho que faço."

Em seguida, Amal perguntou sobre especificidades dos meus processos. Quem mais além de Duterte poderia exercer influência sobre os meus casos? Seria possível que eu e o Rappler tivéssemos julgamentos justos? Eu lhe disse que até então nem uma decisão sobre esses processos ridículos tinha sido a nosso favor.

E depois que o Estado entra com um processo penal contra alguém, as pessoas o olham de outro jeito — assim como eu tinha olhado para Leila de Lima. A pessoa não é exatamente inocente até prova do contrário: você precisa provar sua inocência. Por alguma razão, nosso instinto nos manda confiar na ideia de que o Estado não usará seu poder de uma forma absurdamente vingativa — até que as provas de que usará se tornem avassaladoras. Eu estava grata porque, embora Amal dissesse que precisava estudar nossos processos, ela sabia que eu estava sendo acusada injustamente por fazer o meu trabalho.

Ela perguntou por que eu não ficava nos Estados Unidos, já que tinha dupla cidadania e minha família morava lá. É uma pergunta que volta e meia escuto, e minha resposta nunca mudou. Eu administro o Rappler: sou responsável pela empresa. Se eu ficar com medo, quem será o próximo a aguentar o impacto desses ataques? Seria uma traição com todo mundo que acredita na missão do Rappler e que nos apoia.

Mas a conversa com Amal me mostrou como eu estava ainda mais despreparada do que havia imaginado para os piores dos casos. Sabia muito pouco sobre direito internacional e os processos da ONU e sobre o que poderia ter de enfrentar nos dias seguintes.

Detesto me sentir despreparada, pois é aí que fico com medo. E fiquei mesmo.

Quase duas semanas depois, Wa Lone e Kyaw Soe Oo saíram da prisão de Mianmar, tendo ficado mais de quinhentos dias encarcerados, uma parte da pena de sete anos a que tinham sido sentenciados por supostamente infringir a Lei de Segredos Oficiais do país. Estavam entre os 6620 prisioneiros soltos sob indulto presidencial, assim como Amal Clooney previra.

As notícias reforçavam a dolorosa constatação que eu vinha formulando: eu não poderia permitir que nossa equipe editorial soubesse que Amal havia previsto aquilo. Já não podia contextualizar as notícias de última hora porque agora minha principal tarefa era lutar pelos meus direitos. Que ironia para uma repórter: quanto mais você descobre, menos pode contar.

Amal concordou em ser minha assessora jurídica e ajudar o Rappler. À medida que íamos trabalhando juntas, eu me dava conta do quanto ela é singular:[11] é extremamente atenta aos detalhes e tem uma mente estratégica que, assim como a minha, se prepara para o pior. A objetividade de suas mensagens públicas demonstra a influência que sofreu de sua mãe jornalista. Eu brincava que, se eu tenho uma lanterna para jogar luz sobre as coisas, Amal tem enormes holofotes. Embora no início se concentrasse nos direitos humanos, nos anos seguintes ela se viu lutando pelos jornalistas e pela mídia independente. Ela trabalha em prol da mudança tanto nas trincheiras, no nível micro, como nos salões do poder do palco global.

Amal reuniu uma equipe jurídica internacional brilhante, formada por profissionais inteirados dos riscos de ser jornalista. Uma delas, Caoilfhionn Gallagher, já tinha trabalhado no caso de Jamal Khashoggi e sido a principal advogada da família de Daphne Caruana Galizia, a jornalista maltesa que tinha sido assassinada.[12]

Aprendi muito ouvindo-os contar como todos trabalhavam e o que faziam. Acima de tudo, passei a enxergar como o direito internacional precisava ser reformulado, também por causa da raiz da questão: as transformações do nosso ecossistema informacional. Afinal, os fatos são o cerne do estado de direito.

"Me sinto, sim, pressionada quando trabalho em casos como o seu", Amal me disse. "Até certo ponto, seu caso me faz passar a noite em claro, e é para ser assim... Seu adversário é a pessoa mais poderosa do país."[13]

De vez em quando, brinco que tenho que agradecer ao presidente Duterte por nos atacar. Senão, não teria precisado de tanta colaboração: nem dos meus advogados, dos milhares de pessoas que contribuíram com o nosso fundo de defesa, nem de todo mundo que nos ajuda a defender a linha.

Em fevereiro de 2020, eu estava passando três dias e meio abarrotados em Londres. Mal sabíamos que dali a um mês um vírus pararia o mundo.

Em Manila, manifestações diárias aconteciam em frente à ABS-CBN, exigindo que sua concessão fosse restabelecida. Sobravam incertezas enquanto as Filipinas preparavam a celebração do 34º aniversário da Revolução do Poder Popular.

Eu estava tentando terminar alguns trabalhos, mas o calor no meu quarto era sufocante. Tinha conseguido trabalhar pelo menos uma boa hora, mas me sentia desconcentrada, desequilibrada. Estava tão cansada, minha cabeça tão confusa, minha pele agitada, me dizendo que eu precisava dormir.

Amal fazia questão de que eu fosse jantar na casa dela durante a viagem. Precisávamos conversar, explicou, sobre as preocupações que ela tinha desde o começo — era uma conversa que só poderíamos ter pessoalmente.

Era um daqueles momentos de ou vai ou racha: era como a sensação que se tem logo antes de mergulhar na cobertura de uma zona de guerra, quando se tenta prever tudo o que pode dar errado. E se eu simplesmente não voltar a Manila, escolher um caminho seguro e continuar onde estou? Mas já era hora de aceitar meu medo. Essas discussões com advogados acabaram desencadeando uma das minhas maiores crises de autoconfiança.

Na casa de Amal, naquela noite, ela trouxe à baila o caso de Daphne Caruana Galizia. Caoilfhionn Gallagher já tinha me falado bastante de Daphne e tinha inclusive me mostrado alguns dos ataques virtuais que ela havia sofrido, com sua cabeça enxertada em corpos de animais, depois que lhe mostrei alguns dos memes desumanizantes usados contra mim.

Contei a Amal que os filhos de Daphne também já tinham falado comigo. "Matthew e Paul fizeram questão de me dizer que estavam preocupados comigo. Matthew me chamou para almoçar e disse: 'Você está seguindo os passos da minha mãe'. Isso me assustou, Amal, porque ele estava na cozinha quando a bomba do carro explodiu e matou a mãe dele."

A certa altura, a família de Daphne pegou o que me dizia em particular e divulgou uma declaração:

Ao longo dos anos, vimos o ex-primeiro-ministro de Malta Joseph Muscat e seus amigos lançarem ataques cada vez mais loucos contra Daphne... Esse assédio direcionado, cuja similaridade com o que é perpetrado contra Maria Ressa é horripilante, foi o que criou condições para o assassinato de Daphne. O governo das Filipinas está criando a possibilidade de um ataque violento contra Maria e contra outros jornalistas. O assédio judicial direcionado a Maria a identifica, para os funcionários e apoiadores de Duterte, como inimiga, e lhes dá uma permissão implícita para que façam mais investidas.[14]

"A situação é muito volátil", disse Amal, "e você está à mercê deles."

Tentei escutar e me abrir para as ideias de Amal. Sabia que precisava prestar atenção ao que me dizia. O jantar ensejou dois dias de intensas dúvidas e autoquestionamentos. E me deixou com medo. E fazia muito tempo que não me sentia só. Portanto imaginei novos rumos e os levei a cabo na minha imaginação.

De manhã cedo, entrei em contato com as *manangs*. Glenda, Beth e Chay estavam encerrando uma marcha de protesto em frente à ABS-CBN. Elas se amontoaram no estacionamento enquanto eu lhes expunha minhas preocupações. Será que estávamos enxergando apenas as árvores, e não a floresta inteira? Será que o sapo já estava dentro da água fervente? As vítimas de repressão e assassinatos pelo Estado sabem a hora de ir embora? Lembrei a elas que, no dia em que o jornalista do *Washington Post* Jason Rezaian e sua esposa Yeganeh foram mandados para a cadeia no Irã, eles tinham planejado sair do país.

A conversa foi muito difícil porque era um raro momento em que nossos interesses pessoais e profissionais divergiam. Elas sabiam que eu estava com medo e que se agisse segundo o medo, os fracassos graduais, as repercussões, recairiam sobre elas. A esta altura o leitor já sabe que amo as *manangs*: elas são o melhor exemplo da bondade da natureza humana, de como lutar contra nossos maiores demônios e tomar o rumo certo em prol do bem público. E eu não queria ser o rato que abandona o navio, provocando uma debandada que no final das contas faria o navio afundar.

Portanto, minhas cofundadoras lembraram que em épocas de crise sempre demos um passo para trás, avaliamos a situação e calibramos com muito cuidado nossa reação a ela.

"Olhe para a história", disse Glenda. "Nós sabemos onde isso vai dar. Nós sempre soubemos o que estávamos fazendo e nada mudou."

Ela ressaltou que os ataques do governo eram de natureza judicial, coordenados por Jose Calida, o procurador-geral. Que a arma escolhida pelo governo Duterte, pelo menos para nós, naquele momento, era a guerra judiciária.

"A gente tem que ficar de olho para ver se isso vai mudar", Beth nos lembrou. "E estamos de olho. Temos fontes suficientes para saber se isso vai mudar."

Mas, à medida que mais expurgos aconteciam no governo, nas forças policiais e nas forças armadas, aqueles que eram profissionais, competentes e tinham um histórico que justificava nossa confiança neles como fontes, aos poucos optavam por se retirar — ou se aposentavam ou simplesmente se calavam enquanto os nomeados de terceiro escalão assumiam o comando. Era uma mistura desastrosa de incompetência, arrogância e impunidade.

"Maria, você seria considerada foragida sob fiança", Chay me lembrou.

Embora o governo transformasse o estado de direito em uma farsa, eu seguia os princípios da legislação. Mas estaria infringindo a lei se não me sujeitasse quando acusada ilegalmente? Era uma ideia que Amal reforçava o tempo inteiro, a espiral descendente que acontece quando as pessoas encarregadas de preservar a solidez do estado de direito o distorcem e o infringem. Não resta nada.

Na manhã do dia seguinte, quando embarcaria no voo para Manila, fui tomar café da manhã com Caoilfhionn. Ela começou a enumerar os próximos passos, e, assim como Amal, foi muito firme ao exprimir sua preocupação com o dilema que eu vivia. Caoilfhionn estava profundamente imersa no trabalho judicial e advocatício de ajudar jornalistas e ativistas pelos direitos humanos em alguns dos lugares mais complicados do mundo. Tinha coragem de visitar países dos quais outros advogados guardariam distância. Eu confiava nela também.
Mas eu estava de volta à terra firme em termos emocionais. Quando a acompanhei até a porta do hotel, trocamos um abraço.
"Você vai embarcar, não vai?", Caoilfhionn me perguntou.
"Vou, sim", confirmei. "É lá que eu tenho que estar e é isso o que preciso fazer."
Desde 2019, sou sempre questionada pelos entrevistadores sobre o porquê de escolher voltar às Filipinas, e minha resposta é simples: não tenho alternativa.
Com o passar do tempo, a pessoa se acostuma ao medo. Ele diminui. Aceita-se o que pode acontecer, e se acontecer, então como agir? Sou capaz de fazer uma dissecção clínica da pior das hipóteses. Sei que consigo sobreviver. Há lados positivos até nas piores coisas. Se eu for para a cadeia, posso dormir, por exemplo.

Nos últimos meses de 2019, e certamente quando o mundo entrou em lockdown devido à covid, em março de 2020, minha exaustão era tanta que eu estava às raias de um colapso nervoso.

A máquina de propaganda de Duterte vinha me atacando fazia quase quatro anos, e não somente com postagens misóginas e sexistas viscerais, mas também com metanarrativas sobre minha suposta criminalidade a fim de preparar o palco para os futuros atos do governo contra mim. Os processos foram se amontoando, até que, em determinado momento, passei a precisar da autorização de juízes para deixar as Filipinas — o que, até aquele instante, ainda me era garantido. Talvez o governo quisesse me transformar numa foragida sob fiança. Mas, conforme as *manangs* diziam, isso faria da mentira deles uma verdade. Fugir após pagar fiança seria violar a lei. Eu me tornaria uma criminosa.

Tudo havia ficado claro para mim: ninguém pode obrigar alguém a fazer algo que não queira. Todas as atitudes do governo — os ataques na internet, as ameaças do presidente, os processos que apresentavam — tinham o objetivo de me assustar, de modo que eu ficasse tão amedrontada que deixasse de ser eu mesma. Queriam que eu agisse como eles.

Porém: Eu. Não. Sou. Igual. A. Eles.

O termo *gaslighting* — em que o abusador se nega a ser responsabilizado, alegando que a vítima do abuso é maluca ou acusando-a de cometer as ações do abusador — adquiriu um novo sentido na época das redes sociais, em que o abuso é exponencial e cria um efeito manada. Portanto, ainda que as mentiras reiteradas provavelmente convencessem alguns de que eu era uma criminosa, elas também me convenciam de que o governo estava disposto a infringir a lei para consolidar seu poder. Eu falava por experiência própria. Tinha provas.

E com isso cheguei a duas constatações, uma a meu respeito, outra a respeito deles.

Vamos começar pelos operadores políticos e outros cujo senso de moralidade é tão reduzido que eles se dispõem a manipular os órgãos do governo e a lei para atacar uma jornalista. Lacaios que não só infringem a lei constantemente como usam o poder que têm para se justificar. Os valores implícitos nas palavras e nos atos[15] do governo Duterte eram iguais aos da máfia: use seu poder em benefício próprio; escape ileso sempre que possível. Funciona na política feudal norteada pelo clientelismo e funciona também quando se constrói uma cleptocracia em escala nacional.

Todas essas palavras difíceis, esses problemas sociais são causados pela forma como as pessoas que elegemos exercem o poder: a ganância (também conhecida como corrupção) serve de âncora para isso tudo. Com o tempo, a manutenção do poder se torna imprescindível, pois tudo o que foi feito por dinheiro seria exposto se esse poder mudasse de mãos.

À medida que nos aproximávamos das eleições presidenciais seguintes, em maio de 2022, mais os aliados de Duterte ficavam desesperados diante da possibilidade de sair do poder. Tomavam medidas cada vez mais ousadas, desde mudar a Constituição a aumentar o nível de violência para evitar que outras pessoas sequer se candidatassem, passando pelo suborno dos militares e da polícia com benefícios e aposentadorias cada vez maiores. Duterte admitia: ele liderava através da violência e do medo.[16]

Era por isso que eu sempre voltava para a minha terra e por isso que vou continuar nela e lutar até o fim: acredito que o modo de revidar é expor cada passo abusivo que esse governo está tomando contra mim, o Rappler, outros jornalistas, ativistas pelos direitos humanos e cidadãos filipinos.

Há uma ótima citação de Ursula Le Guin (que usava "menino" e "homem" neste parágrafo; eu, contudo, usarei, no lugar deles, "menina" e "mulher"): "Você imaginava, quando menina, que um mago é alguém que pode fazer qualquer coisa. Foi o que imaginei, no passado. Todos nós imaginávamos. E a verdade é que à medida que o poder real de uma mulher cresce, e seu conhecimento se amplia, o caminho que ela pode seguir vai ficando cada vez mais estreito, até que, por fim, ela não escolhe nada e faz única e exclusivamente o que *precisa fazer*".

Enquanto as redes sociais martelavam as rachaduras da sociedade, tirando proveito de nossas inseguranças, o caminho à frente era simples: precisávamos superar o ruído.

Você sempre tem a opção de ser quem é. Eu escolho — como sempre escolhi — viver segundo os valores que definem quem sou.

Não vou me tornar uma criminosa para lutar contra um criminoso. Não vou virar um monstro para lutar contra um monstro.

Você dá mais valor à vida quando a está vivendo sob ameaça, e luta a cada passo, momento a momento, em busca de sentido. Essa foi a maior lição que Twink me ensinou.

Àquela altura, seu primeiro casamento já tinha sido anulado, e ela tinha enfim encontrado o grande amor de sua vida e dado à luz um filho chamado Juancho, de quem fui uma madrinha (ou *ninang*) ausente. Depois que inauguramos o Rappler, ela se tornou a diretora do canal Bloomberg TV Philippines, colunista do *Philippine Star* e âncora da TV5. Mas continuamos próximas, uma se atualizando sobre a vida da outra em jantares demorados e inesquecíveis e longas horas de conversa divagante de manhã cedinho, que reduziam a distância entre os universos diferentes em que agora vivíamos.

Em 2016, o câncer dela, que havia entrado em remissão, voltou com tudo.[17] Não só retornou como havia entrado em metástase na lombar e estava no estágio 4. O estágio 5 não existe.

"Como lutar contra uma doença que não joga limpo?", Twink perguntou a seu grupo de apoio a pacientes com câncer depois de receber a notícia. "Para que lutar se lutar é inútil; se lutar não vai te curar: se a derrota é inevitável e a única razão para lutar é só 'não sucumbir sem lutar'?"

Sejamos nós sobreviventes de um câncer, pacientes ou indivíduos totalmente sadios, todos morremos um pouquinho a cada dia, eles lhe disseram. Cada dia vivido é também mais um dia que jamais vai se repetir. Pois só o que queremos é que os dias que nos restam sejam despendidos de maneira significativa.

Twink levou a sério.

Enquanto eu sentia que lutava pela minha vida, repelindo um governo que abusava de seu poder, Twink não me deixava perder a perspectiva: minhas provações não eram nada se comparadas às dela.

E apesar do que estava passando, ela estava sempre pronta para ajudar. Quando os ataques virtuais e as mentiras se intensificaram, Twink me avisou. Quando me senti inundada por eles, ela passou a responder às ofensivas. Ela sempre queria saber o que estava acontecendo, como eu estava me sentindo, tentando me dar força, xingando os outros por mim quando eu não podia.

Ela me ajudou a rastrear uma mentira inventada por um ex-jornalista, que havia tuitado que meus pais eram indonésios. As postagens dele nas redes sociais eram difundidas pela máquina de propaganda de Duterte.

Twink reagiu com agressividade aos tuítes. As postagens dela me encheram de energia. As minhas nunca tinham a mesma força.

Apesar da crueldade do diagnóstico, sempre imaginei que ela fosse vencer o câncer, assim como havia vencido da primeira vez. Fiquei em negação até o fim.

As mudanças em seu físico, em 2019, deviam ter me servido de alerta: a perda total do cabelo, a firmeza do corpo; em um dos nossos últimos almoços, ela precisava usar bengala. Eu me ofereci para ir à casa dela, mas ela reagiu declarando que me encontraria no meu escritório. Àquela altura, já precisava usar uma máscara cirúrgica, por medo de pegar alguma doença, e pediu que eu a ajudasse a caminhar.

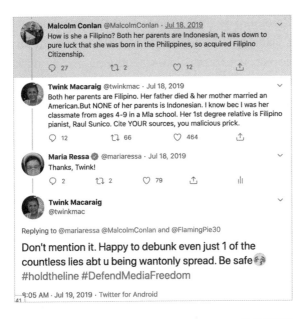

Apesar de tudo isso, eu achava que sua força de vontade acabaria prevalecendo sobre a doença. Suponho que essa seja uma crença fundamental que eu deveria reexaminar: a de que é possível reformular o mundo onde se vive usando a imaginação.

269

Em dezembro de 2019, a saúde de Twink degringolou, e Cheche e eu a visitamos no hospital. Ela fez pouco-caso de sua fragilidade e começou a traçar planos. Como queria ver os fogos de artifício na noite de Ano-Novo, ofereci meu apartamento, que tinha uma vista fantástica do horizonte. Ela, o marido, Paulo, e Juancho dormiriam lá em casa. Como o sistema imunológico dela estava comprometido em decorrência do tratamento contra o câncer, cancelei a festa que havia planejado.

Quando eles chegaram, depois que o sol se pôs no dia 31 de dezembro, já estava escuro lá fora. Paulo empurrava a cadeira de rodas de Twink, enquanto Juancho levava as coisas deles para o quarto de hóspedes. Twink estava aliviada por estar coerente. Os médicos já lhe tinham receitado fentanil, e mesmo um quarto da dose a impossibilitava de escrever ou pensar com clareza. No início de seu governo, e de novo em 2019, o presidente Duterte confessou tomar fentanil. Twink tinha certeza de que ele não conseguia ser coerente com as doses bem maiores que tomava.

Paulo levou Twink até a sala de estar e nos deixou a sós. Era evidente que ela queria conversar. Depois de uns quinze minutos de papo, Twink declarou que estava começando a ficar cansada. Vê-la tão frágil me partiu o coração.

"Maria, quando eu morrer, não quero velório", ela disse.

"Ai, Twink, pare com isso. Você vai sair dessa", retruquei. "O que eu posso fazer? Vamos planejar seus próximos passos."

"Lembra quando eu falei que queria uma festa quando morresse?", ela perguntou. "Eu não mudei de ideia."

Em 1986, logo depois do meu retorno às Filipinas, volta e meia eu chegava na casa dela às duas da madrugada. Dormia lá, e quando acordávamos, falávamos sem parar, da vida e de amor. Nesses momentos, quando estávamos apenas começando nossa vida, falávamos de como queríamos morrer. Até certo ponto, tocamos no assunto porque Twink estava me explicando por que os filipinos passavam dias (e noites) diante do caixão aberto de quem amavam, um dos costumes mais incômodos que eu estava descobrindo. Um velório, ou *lamay*, durava de três a sete dias, às vezes até mais.

"Eu não quero as pessoas me olhando", ela me dissera na época, "sem eu poder olhar para elas também. Então está decidido: nada de velório. Prefiro que todos os meus amigos façam uma festa para me celebrar."

Fiquei, é claro, horrorizada, e debatemos o assunto ao longo dos anos. Quando se cobre mortes e destruições, como era o nosso caso, havia tempo de sobra para isso.

À medida que fui envelhecendo, me dei conta de que os velórios não serviam aos mortos. Serviam aos vivos.

"Me promete que você vai dar uma festa", ela me pedia agora, segurando minha mão diante dos fogos de artifício que explodiam pela entrada de 2020. Não me lembro se prometi. Não precisava prometer, é claro, porque eu a obedeceria.

No comecinho do dia 14 de janeiro de 2020, antes que a pandemia obrigasse todo mundo a usar máscaras cirúrgicas, assim

Fogos de artifício do Ano-Novo, 31 de dezembro de 2019, com Paulo Alcazaren e Twink Macaraig. Foto de Patricia Evangelista.

como ela já usava, Twink faleceu. A ficha de que não estava mais entre nós só me caiu no dia do aniversário dela, 9 de maio, quando teria completado 56 anos.

Àquela altura, o lockdown global mantinha todos nós em casa, de quarentena, o que me possibilitou pegar nossas fotos antigas e uma coluna escrita por ela em 2019. Eu sabia o quanto ela havia se esforçado para escrevê-la porque tinha me mandado rascunhos antes de publicá-la. No texto, aceitava a própria mortalidade, mas, ao fazê-lo, lançava um chamado à luta, comparando o câncer à luta do nosso país pela democracia. Ela dizia:

> Olho para este mundo em que estou lutando para permanecer e sinto apenas desespero. O déspota filipino eleito para a presidência contaminou o populacho com uma virulência incomparável à dos mais fatais dos cânceres. Ambos cortam suas liberdades.
>
> Por causa da minha doença, meus movimentos ficaram severamente limitados. Nunca mais vou correr, fazer um Surya Namaskara, jogar tênis ou cobrir uma notícia. Meu sistema imunológico está tão comprometido que me aventurar em uma sala cheia de gente equivale a rolar os dados. Não posso ficar em pé ou sentada por muito tempo e a visão dupla dificulta a escrita.
>
> Em suma, exercer o jornalismo, a profissão a que dediquei a maior parte da minha vida adulta, já é inviável.
>
> No contexto mais geral, Duterte enfraqueceu nossas instituições povoando-as de minions que compartilham de seu desprezo pelos direitos humanos, pelo devido processo legal e pelo verdadeiro sentido das palavras. Essas instituições que fazem parte do sistema imunológico da nossa nação deviam ter garantido a proteção de nossas liberdades. No entanto, são partícipes da repressão aos dissidentes, demonizando a oposição e evitando o escrutínio de uma impressa crítica. A Constituição, o último bastião da nossa democracia, e também um componente essencial do sistema imu-

nológico coletivo, está em processo de desmantelamento. Quando definhar, todas as salvaguardas, todas as liberdades que garante definharão junto.

Portanto, onde está a revolta? Onde está a resistência? Uma voz exausta na minha cabeça diz: não olhe para mim. Estou à beira da morte. Tenho que ser eximida.

Há tempos estou em paz quanto a meu falecimento [...]. Meu último testamento — escrito à mão, em meio a muitas lágrimas — está no cofre [...].

Eu poderia desistir. Sucumbir. Me entregar. Mas não vou fazer isso.

Não importa quantas vezes eu leia o texto, sempre choro.

Porque não lutar seria ignorar a opção bem real que ainda existe: o punhado de almas valentes, honradas, que arriscam a vida em nome da fé inabalável de que o povo filipino pode melhorar; pode escolher melhorar; merecer coisa melhor. Elas representam, se não a cura, o único caminho de uma cura que chega tarde demais para me beneficiar, talvez, mas que servirá à próxima geração.

Enquanto os parentes e os amigos, junto com os parentes e amigos deles, continuarem rezando o terço pela minha cura, ou me enviando chacras e feitiços; enquanto meu marido continuar a me comover com sua doçura e meu filho não esgotar suas piadas bobas, truques de mágica e histórias engraçadinhas sobre suas proezas diárias; enquanto meu próprio coração — aquela cavidade que guarda minha consciência e convicção, meus amores e sonhos, minha memória e amor-próprio — permanecer intacto, eu vou lutar.[18]

Eu também vou, em homenagem a Twink.
Descanse em paz, minha amiga.

11. Defenda a linha
O que não mata fortalece

Rey Santos Jr., Ted Te e eu respondemos a perguntas da imprensa após nossa condenação. 15 de junho de 2020. Foto de Rappler.

Um dos meus últimos jantares antes da pandemia foi em Londres, com Carole Cadwalladr, em fevereiro de 2020. Carole foi a repórter do *Observer* que, junto com jornalistas do *New York Times*, deu o furo da Cambridge Analytica. O empresário Arron Banks, o maior doador da campanha a favor do Brexit da Grã--Bretanha, tinha entrado com um processo de difamação contra ela um ano antes.[1] Carole reagiu virando o jogo e entrando com um processo contra ele.[2]

No decorrer da pandemia, Carole e eu trocamos ideias sobre os limites entre jornalismo e ativismo: como os ataques virtuais afetavam nosso trabalho, como lidávamos com os processos em andamento contra nós. Ambas precisávamos lidar com definições antiquadas das duas ocupações por conta das investidas contra nós. Os desafios enfrentados por Carole eram imensos: ela não tinha uma empresa para ampará-la. A fim de pagar os honorários dos advogados, fez uso de uma bem-sucedida campanha de financiamento coletivo, mas ainda assim precisou hipotecar a própria casa. Nos piores momentos, entrávamos em contato para ver como a outra estava.[3]

Os ataques à sua apuração pioneira puseram Carole numa situação parecida com a minha. Carole a explicou da seguinte maneira: "Na Grã-Bretanha, onde eu investigava a erosão da democracia e o papel das plataformas de tecnologia nisso, além do uso de agitadores, me vi no meio de uma guerra cultural. Então é diferente: em vez de defender o estado de direito, a questão é a defesa da segurança nacional. E fui percebida como uma pessoa ferozmente contrária ao Brexit. Fui vista como uma chata, e isso fustigou o linguajar misógino e os abusos [...]. Eu me tornei um alvo e sofri calúnias. Causou impacto por me impedir de fazer o trabalho que eu fazia antes porque agora sou considerada [...] uma militante, uma figura controversa, quando estava literalmente apenas tentando fazer meu trabalho".[4]

As campanhas virtuais direcionadas também me pintavam como antigoverno ou pró-Aquino, dando à minha apuração um viés político que nem o Rappler nem eu jamais tivemos; o quadro político das Filipinas, bem como a mídia, não era tão ideológico quanto o de lugares como os Estados Unidos e o Reino Unido, mas os ataques contra mim passaram a afetar meu trabalho e inclusive minha possibilidade de entrevistar funcionários do governo. Depois de um dos meus papos com Carole, liguei para as *manangs* e começamos a discutir um cronograma para que eu fosse deixando o editorial pouco a pouco. Concordamos que eu continuaria gerenciando as áreas de tecnologia, dados e negócios, mas não atuaria mais como editora executiva. A partir de novembro de 2020, Glenda Gloria assumiu o cargo principal do editorial do Rappler.[5]

Eu estava entrando em uma nova fase da vida. Fui de pesquisadora à pessoa que agia. Não tinha mais o que perder. Estava em lockdown, encarava processos que poderiam me botar na prisão pelo resto da vida, mas nesse mesmo ano o novo modelo de negócios do Rappler já estava funcionando. Isso me deu energia para tentar algo novo. Me dei conta de que o jornalismo não era o único elemento da solução. O jornalismo permitia que os fatos sobrevivessem. Mas são as comunidades que devem reagir. Precisávamos de um novo modelo global de engajamento cívico.

Durante alguns anos, a partir de 2016, eu ainda procurava os executivos do Facebook na esperança de que nossos dados e meus argumentos os incentivassem a mudar certos aspectos da plataforma. Em 2018, concluí que o Facebook não faria nada relevante. E em 2020 passei a considerar o Facebook um malfeitor. Naquele ano, Carole também pediu que eu participasse de sua invenção, que mais tarde chamaríamos de Real Facebook Oversight Board.[6]

Mark Zuckerberg tinha acabado de anunciar a criação da "Suprema Corte" do Facebook, um conselho supervisor[7] feito para levar a moderação de conteúdo a uma organização independente ao estilo de um tribunal. O conselho lidava com o assunto errado — o conteúdo, que nunca foi de fato um problema. O principal problema era o modelo de distribuição empregado pela empresa: um conselho supervisor de conteúdo jamais será capaz de acompanhar o ritmo da disseminação de informações na internet.

O Real Facebook Oversight Board criado por Carole era formado por especialistas que exigiam que o Facebook mudasse suas diretivas, que vinham destruindo nosso mundo. Uma delas era Shoshana Zuboff, a acadêmica que cunhou o termo "capitalismo de vigilância". Os outros participantes eram: Roger McNamee, um dos primeiros investidores do Facebook no Vale do Silício; Rashad

Robinson, presidente da ONG pelos direitos civis Color of Change; Derrick Johnson, CEO da NAACP; e Jonathan Greenblatt, CEO da Anti-Defamation League, ONG americana contra o antissemitismo. Descobri que ativistas são essenciais nesse tipo de iniciativa: acadêmicos e jornalistas podem ficar rodando em círculos, mas ativistas planejam as medidas a ser tomadas.

O Real Facebook Oversight Board foi lançado pouco mais de um mês antes das eleições presidenciais americanas de 2020. Com tanta coisa em jogo, achávamos que era hora de darmos um jeito nas insistentes esquivas de Zuckerberg às críticas, bem como na nossa impotência coletiva diante do poder inimaginável do Facebook.

"Nosso grupo se uniu com um objetivo", Shoshana disse. "Exigimos medidas abrangentes para garantir que o Facebook não sirva de arma para solapar os votos e consequentemente a democracia americana."

Resolvemos que, em vez de demandas amplas, grandiosas, nos concentraríamos primeiro em medidas que poderiam ser implementadas depressa,[8] principalmente devido ao tempo curto e o comportamento cada vez mais desvairado de Trump. Nós as destilamos em três exigências feitas ao Facebook: que ele aplicasse as próprias diretrizes e removesse postagens que incitassem a violência; que banisse anúncios que procurassem deslegitimar os resultados das eleições; e que tomasse atitudes para evitar desinformações e incorreções quanto aos resultados das eleições. Era um sinal dos tempos que 24 horas depois o Facebook já tivesse posto todas elas em prática.

No entanto, eles jamais assumiram que foi esse o caso. Preferiram atacar nossos membros. Naqueles meses, boa parte do que o Rappler descobriu sobre o Facebook e as redes sociais através dos próprios dados e investigações, bem como muitas de nossas desconfianças, aos poucos era confirmada por repórteres, informantes e até pelas próprias empresas.

* * *

Dentre os primeiros estava Christopher Wylie, o delator da Cambridge Analytica, que consegui encontrar duas vezes — uma vez como jornalista, para entrevistá-lo, e outra quando participei com ele do *Studio B: Unscripted*, um programa singular da rede Al Jazeera, gravado em Londres.[9] Queria que alguém averiguasse várias das descobertas do Rappler. Ele não só verificou nossos dados como me apresentou sua análise dos procedimentos e produtos que tinha ajudado a elaborar.

Chris aprendera sobre dados e direcionamento com a campanha de Obama, levara as informações à oposição canadense, aprendera sozinho a codificar, estudara direito na London School of Economics e fazia o doutorado em previsão de tendências de moda quando teve a ideia da "ferramenta de manipulação de guerra psicológica",[10] conforme a chamaria. Quando conversamos, ele também conseguiu explicar integralmente a relação entre a Cambridge Analytica e as Filipinas.

"Quando o escândalo da Cambridge Analytica veio à tona", eu lhe disse em nosso primeiro encontro, "a maioria das contas de Facebook expostas era dos Estados Unidos, mas o segundo país com mais..."

"Eram as Filipinas", ele respondeu no mesmo instante.[11]

A empresa para a qual Chris trabalhava se chamava Strategic Communications Laboratory, ou SCL Group, controladora da Cambridge Analytica, que tinha um histórico relativamente longo de trabalhos na política filipina. Mais tarde, trabalhando para a Cambridge Analytica, funcionários da empresa visitariam as Filipinas. A mensagem principal de Chris e a lição que aprendeu com a Cambridge Analytica foram: "O colonialismo nunca morreu. Só passou a ser virtual".

"A SCL e depois a Cambridge Analytica ganhavam dinheiro entrando em países com uma infraestrutura regulatória relativamente subdesenvolvida ou um estado de direito questionável", Chris explicou, "onde era mais fácil escapar ilesas e criar propagandas e apoiar políticos que mais tarde estariam dispostos a devolver os favores."[12]

Chris havia concluído que, embora os poderes ocidentais tivessem oficialmente se retirado de um país, certo tipo de influência não saía junto. "Só se tornava algo mais discreto, e a SCL era especialista em fazer isso", ele disse. "Funcionou nas Filipinas. Quando se olha para os países em desenvolvimento ou do Sul global, tem lugares que se destacam pelo índice altíssimo de penetração da internet e de uso de redes sociais. As Filipinas são um desses países em que tem muita gente on-line e muita gente usando redes sociais. Quando se tem esse tipo de ambiente, tem-se o alvo ideal."

"Com alvo você quer dizer laboratório de experimentação?", indaguei. Ex-gerentes de produtos digitais de empresas como Yahoo e fundadores de startups tinham me dito a mesma coisa: se quiser testar um produto digital do Ocidente, teste primeiro nas Filipinas.

"Sim!", disse Chris. "Manipular a opinião dos eleitores ou disseminar propagandas é mais difícil em lugares como os Estados Unidos, a Grã-Bretanha ou a Europa, onde existem medidas regulatórias robustas. O combate ao crime é sólido. Em países onde reina a corrupção, está criado um laboratório ideal, em que se pode experimentar táticas e técnicas que não seriam tão fáceis de se usar no Ocidente. E se não funcionar, não tem problema. Você não vai ser pego. Se funcionar, então você descobre como levar isso a outros países. A empresa trabalhou em diversos lugares do Sudeste Asiático e da África, além do Caribe, dando vazão a ideias na tentativa de desenvolver tecnologias antes de levá-las para o Ocidente."

"Seria justo dizer que a tentativa e erro, o laboratório das Filipinas, preparou o terreno para o Brexit e o Donald Trump?", perguntei.

Ele se calou. Então prosseguiu: "Bom, se você olhar para as Filipinas...", e se calou de novo. Achei que estivesse calculando como desviar de possíveis minas terrestres jurídicas.

"Recentemente, a política filipina meio que se parece bastante com a dos Estados Unidos", Chris continuou, revirando os olhos e gesticulando bastante. "Vocês têm um presidente que era um Trump antes de o Trump virar o Trump, e vocês têm uma relação com pessoas próximas dele no SCL e na Cambridge Analytica. E tem muitos dados sendo coletados — a segunda maior quantidade de dados, depois dos Estados Unidos, é coletada nas Filipinas. Além disso, olhe para a forma como a SCL e a Cambridge Analytica atuam em diversos países: uma das coisas de que elas falam é que usam... elas não entram no país como Cambridge Analytica. Não entram em um país como SCL Group porque seria escancarado demais. Então elas usam parceiras locais..."

"Representantes", esclareci.

"Usam representantes", ele prosseguiu. "Eles já confessaram isso diante das câmeras. Eles entram nos países, montam empresas de mentirinha, que não passam de fachadas, e mandam os funcionários. Isso torna bem difícil que agências reguladoras ou partidos de oposição realmente entendam o que está acontecendo. E também, como eles já admitiram, depois que a eleição acaba, eles vão embora. Então eles entram e saem. Põem o cara deles lá e depois podem voltar para pedir favores."

"Está bem", interrompi. "Alexander Nix [o presidente da Cambridge Analytica] foi às Filipinas no final de 2015, antes de as campanhas começarem, e houve uma foto dele..."[13]

"É, ele se encontrou com o pessoal de lá", confirmou Chris.

"... a equipe do Duterte", terminei.

"Isso! O que é que você acha que ele foi fazer lá?", Chris indagou.[14]

Cada nova revelação sobre as práticas do Facebook — do escândalo da Cambridge Analytica à série do *Wall Street Journal* que mostrava a documentação vazada pela delatora Frances Haugen — servia para validar tudo o que o Rappler vinha dizendo havia tempos e muito do que tínhamos sido os primeiros a noticiar acerca do Facebook. Tudo o que escrevi aqui, inclusive os dados granulares, nós compartilhamos com o Facebook em algum momento, na esperança pouco razoável de que a empresa tomasse alguma atitude.

E nos momentos em que de fato tomou atitudes, geralmente o Facebook tornou ainda piores o problema e a difusão de desinformações. Um exemplo foi a suspensão do API, a interface do programa aplicativo que possibilitava que terceiros coletassem dados. O objetivo dessa medida era evitar outro escândalo como o da Cambridge Analytica, mas também evitar que pesquisadores como nós compreendessem a plataforma. O Rappler foi um dos primeiros a se concentrar no astroturfing de comentários, que ludibriava o público, levando-o a acreditar que certas campanhas políticas tinham consenso e apoio populares. Mas os pesquisadores não tinham como fazer esse tipo de análise sem o API. Em vez de aumentar a transparência, como Mark alegava estar fazendo, a empresa garantia que ninguém além do Facebook tivesse dados para ver o quadro geral.[15]

E mesmo quando a pesquisa interna levava a empresa a descobertas perturbadoras, ela se recusava a agir. Uma apresentação interna de 2016 referente à Alemanha detalhava que "64% de todas as adesões a grupos extremistas se devem às nossas ferramentas de recomendação", como algoritmos que norteavam o "Grupos que podem lhe interessar" e "Descobrir". A conclusão do relatório era bastante clara: "Nossos sistemas de recomendação estimulam o problema".[16]

O Facebook tem tido a capacidade espantosa de decidir o destino de agências de notícias — e até do próprio jornalismo. Hoje em dia, o Facebook tem uma classificação interna para as notícias, supostamente determinada pelos algoritmos; contudo, não só um ser humano codificou esses algoritmos como o Facebook decide se o usuário vai receber mais ódio ou fatos. Depois da violência de 6 de janeiro de 2021, no Capitólio, o Facebook lançou seu modo de resposta aos piores dos casos (que chamou de medidas para "quebrar o vidro").[17] Um dos pontos era ressaltar os fatos. Isso significava que, na mistura algorítmica da distribuição, aumentariam o peso do que chamam de pontuação de "qualidade de ecossistema informativo",[18] um ranking interno secreto para editores de notícias baseado na qualidade do jornalismo. Sites de notícias como CNN, *New York Times* e NPR recebiam mais projeção, enquanto a de páginas hiperpartidárias, como o *Breitbart*, caía. Portanto, sabemos que o Facebook é capaz de agir.

Restaurar o que era um "feed de notícias mais agradável" é uma das exigências do Real Facebook Oversight Board e é algo de que as Filipinas precisariam com a iminência da eleição presidencial crucial de 9 de maio de 2022 e de que todos os países precisariam em suas eleições.

Sempre tive certeza da influência do Facebook sobre nossas democracias porque o Rappler tem os dados, e vivemos sob o impacto danoso que foi provocado. Ao longo do ano pandêmico de 2020, continuamos trabalhando, pesquisando e fazendo descobertas.

Atualmente, nossa base de dados Sharktank está à disposição de instituições acadêmicas e de pesquisadores que queiram entender como a operação de informação pode transformar uma democracia forte em um governo autoritário.[19] Em agosto de 2021, a base de dados Sharktank já havia captado 382 633 021 postagens públicas e 444 788 994 comentários de 68 097 páginas públicas, 23 736 grupos públicos e 4 759 678 usuários do Facebook. Também já tinha captado 11 400 241 links únicos de 235 265 websites. Desde que o YouTube derrubou o Facebook do posto de principal plataforma de mídia social das Filipinas, em 2021, começamos a monitorar canais públicos e agora temos constatações sobre o conteúdo de 331 471 canais do YouTube.

O gráfico adiante é um exemplo de como mapear o nosso ecossistema informacional. Cada círculo é uma página do Facebook, e seu tamanho é baseado na centralidade do autovetor, ou sua força de distribuição. De 2016 a 2019, vimos como agências de notícias tradicionais foram empurradas do centro para a periferia.

Àquela altura, o Facebook já havia lançado nas Filipinas seu programa internacional de checagem de fatos. O Rappler e o *Vera Files*, um pequeno órgão de imprensa sem fins lucrativos, se tornaram os parceiros locais do Facebook na checagem de fatos.[20] Faz muito tempo que afirmo que a checagem de fatos é um jogo em que você acerta um e aparecem outras dezenas, mas fazer isso nos

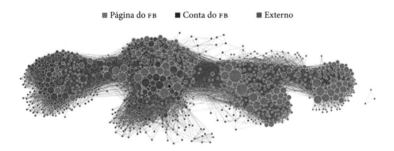

O mapa de rede acima é de outubro de 2018, logo antes das eleições de meio de mandato, que ocorreriam em maio de 2019. O centro é dominado por contas do governo, pró-Duterte e pró-Marcos — aquelas a que antes me referi como uma máquina de propaganda, que cospe meias-verdades e mentiras. Órgãos de imprensa foram empurrados para longe do centro — representados por alguns dos círculos à esquerda. Os dois agrupamentos à direita são, de modo geral, páginas de memes que crescem rapidamente no Facebook, prontas para serem empregadas em campanhas eleitorais (o que de fato ocorreu nas eleições de 2019).

possibilitou identificar as postagens que têm como objetivo confundir. O governo Duterte reclamou na mesma hora.[21]

A primeira etapa do nosso processo de checagem de fatos era descobrir as mentiras. Como já mencionado, as melhores mentiras são meias-verdades que servem de alicerce a uma metanarrativa, como "Duterte é o melhor líder" ou "Jornalistas são criminosos". A segunda etapa era usar o processamento de língua natural, fazendo com que os computadores analisassem grandes quantidades de texto a fim de extrair as mensagens consistentes dessas redes de desinformação. Isso nos levava à terceira etapa, de identificar os websites e outros recursos digitais associados a essas redes, inclusive os que lucravam com a empreitada.[22]

Duterte havia consolidado seu poder e polarizado a sociedade geralmente lançando uma guerra assimétrica, com grupos pequenos como o nosso tentando defender os fatos contra as informações falsas que tinham mais probabilidades de se espalhar por meio das redes de desinformação pró-Duterte e pró-Marcos.

Uma das primeiras vezes em que quase houve um empate no nosso ecossistema de informação foi quando fui presa, em 13 de fevereiro de 2019. Vê-se no gráfico a seguir como a maioria dos filipinos compartilhou e difundiu órgãos da imprensa tradicionais, dando uma maior centralidade do autovetor às notícias. Também é visível que as redes de Duterte/Marcos têm uma ligação direta com as contas do governo e compartilham ativamente grupos do Facebook como o VOV.PH, que já passaram por checagens de fatos inúmeras vezes e cuja participação e fomento em operações de informação já ficaram demonstrados.

Essas operações de propaganda governamental geralmente são auxiliadas e incitadas por agentes estrangeiros. Em dezembro de 2018, o Rappler Research descobriu conexões entre redes de desinformação russas[23] e a página de Facebook Daily Sentry, das Filipinas, que se tornou a conta mais influente a desferir ataques contra o Rappler.

Comunidades antiDuterte

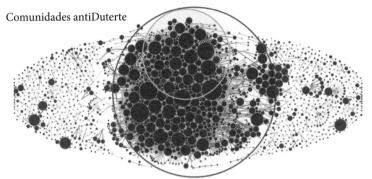

Comunidades pró-Duterte/Marcos

As comunidades pró-Duterte compartilham e disseminam ativamente o conteúdo umas das outras dentro de uma grande rede coordenada. Enquanto as comunidades antiDuterte começaram a se organizar on-line, elas ainda estão atrasadas em termos de quantidade absoluta.

Disponível em: <https://public.flourish.studio/visualisation/229794/>.

PRINCIPAIS FONTES DE CONTEÚDO
■ Linkers ■ Criadores de conteúdo (FB) ■ Criadores de conteúdo (Domínio)

Grupos antiDuterte

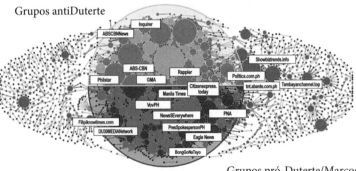

Grupos pró-Duterte/Marcos

As comunidades pró-Duterte on-line evitam compartilhar conteúdo das principais organizações de notícias e confiam principalmente em fontes alternativas de notícias (blog, organizações de nicho de notícias) e canais governamentais. Os principais criadores de conteúdo para a comunidade antiDuterte, entretanto, são as principais organizações noticiosas.

Disponível em: <https://public.flourish.studio/visualisation/229612/>.

O Facebook só derrubaria a página Daily Sentry em janeiro de 2019. Em setembro de 2020, a rede social derrubou páginas que me atacavam (operações de informações chinesas), burilavam a imagem de Marcos, apoiavam Sara Duterte, a filha do presidente, e criavam contas falsas usando fotos geradas por inteligência artificial, mirando a eleição presidencial estadunidense.[24] E, em certa medida devido às reportagens do Rappler, o Facebook também derrubou contas da polícia e das forças armadas que botavam na lista negra ou chamavam de "terroristas" ativistas de direitos humanos, jornalistas e políticos.[25]

Em 2021, o Rappler Research embarcou em um de seus projetos mais relevantes.[26] Queríamos mergulhar fundo na busca de sinais de alerta de que a violência virtual iria se transformar em violência no mundo real. Nosso objeto de pesquisa foi o grupo de defesa dos direitos humanos chamado Karapatan, que teve quinze de seus membros assassinados durante o governo Duterte. Descobrimos que as contas virtuais das vítimas não eram visadas individualmente: apenas figuras notórias e os grupos em si eram alvos. Mas ainda assim as mensagens violentas criaram o tipo de ambiente que incitou o assassinato de membros do Karapatan, inclusive Zara Alvarez,[27] que chegou a pedir proteção à Justiça, mas nunca a obteve.

Uma noite, Zara andava na rua com uma amiga. Tinha acabado de comprar seu jantar quando um matador atirou em suas costas. Em seguida, para ter certeza de sua morte, o assassino se aproximou do corpo caído e disparou mais balas.

Foi uma morte brutal e descarada motivada por política, que deveria ter causado uma revolta e um horror generalizados. Mas de novo a máquina de propaganda entrou em ação. O governo filipino havia criado uma entidade bem financiada, encabeçada por militares, chamada Força-Tarefa Nacional pelo Fim do Conflito Armado Comunista (NTF-Elcac, na sigla em inglês), que foi logo deslanchando uma cruzada anticomunista, macarthista.

O mapa a seguir compara a presença do Karapatan no Facebook com a da NTF-Elcac. Percebe-se que o alcance do grupo pelos direitos humanos é severamente restrito à sua própria câmara

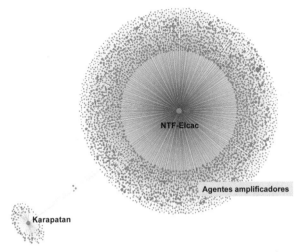

Mapa das conversas de Facebook sobre ativistas assassinados.

de eco, pois lhe faltava um funil digital que o levasse a centros públicos. A NTF-Elcac, por outro lado, usou tanto uma rede de listas negras construída a partir de contas do Estado como suas redes de desinformação. O resultado é que as matérias sobre os ativistas visados e mortos tendiam a permanecer dentro da bolha dos grupos progressistas e dos poucos órgãos de imprensa que divulgavam essas histórias.

Trata-se de um testemunho da evolução do ecossistema informacional das Filipinas e do porquê de a NTF-Elcac exercer um papel tão proeminente desde que foi formada. Usando métodos testados e aprovados na guerra às drogas e em decorrência das três derrubadas do Facebook entre 2018 e 2019, o mapa mostra o enorme poder que a junção de forças entre a NTF-Elcac e as agências do governo pode ter para amplificar as desinformações e abusos. Essa é a segunda onda de uso de violência e medo pelo governo Duterte: a criação de um ambiente de promoção de mais violência no mundo real, uma outra versão do "nós contra eles".

Vou dar outro exemplo de como monitoramos o cenário atual. A seguir, temos um mapa do discurso sobre o estado da nação proferido pelo presidente Duterte em 27 de julho de 2020. Ainda se vê um pequeno grupo que defende os fatos — marcado com a linha mais alta — sendo rotulado como um grupo anti-Duterte. Esse grupo inclui o Rappler e dois jornais de grande relevância: o *Philippine Daily Inquirer* e o *Philippine Star*.

As comunidades pró-Duterte aparecem marcadas na cor cinza: o tom mais claro se apoderou do nosso ecossistema informacional no Facebook, e o mais escuro representa suas novas táticas de hiperlocalização. Juntos, percebe-se que a guerra ainda é assimétrica. As contas com a linha mais abaixo se expandem, entrando em comunidades hiperlocais, com a nova estratégia basicamente semeada dentro delas feito cavalos de Troia. As contas

NÚMERO DE CURTIDAS DE AGÊNCIAS DO GOVERNO E DE ORGANIZAÇÕES DA MÍDIA

O gráfico mostra o crescimento das páginas do Facebook de agências do governo selecionadas e de organizações de mídia nas Filipinas de 1º de janeiro de 2020 a 30 de setembro de 2021. As barras apresentam a média de interação diária (com uma média móvel de sete dias), enquanto as linhas mostram o aumento cumulativo de curtidas (expresso em porcentagem).

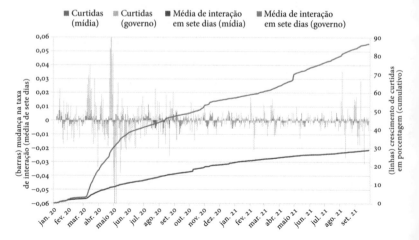

da NTF-Elcac, da comunicação presidencial e da estação de tevê estatal PTV prevalecem.

A situação foi agravada pela pandemia, um outro exemplo de como de boas intenções o inferno está cheio. A decisão do Facebook, de priorizar o Ministério da Saúde, significou uma diminuição ainda maior da possibilidade de os jornalistas responsabilizarem os poderosos, pois também permitia que o governo alimentasse suas páginas mais rápido — bem mais rápido do que os órgãos de imprensa. Entre as páginas do governo que tiveram um crescimento relevante estão as mantidas pela polícia e pelas forças armadas, envolvidas na hostilidade a ativistas e jornalistas. Ao priorizar fontes "oficiais", o Facebook tornou as investidas contra jornalistas feitas por contas do governo mais eficazes e mais difíceis de se neutralizar.

Então, o que podemos fazer? Quando me perguntam se os ativistas não deveriam criar contas falsas ou empregar as mesmas táticas, respondo sempre do mesmo jeito: não vire um monstro para lutar contra um monstro. Isso nos leva de volta às plataformas em si. A impunidade tem que acabar: as plataformas precisam ser responsabilizadas.

Quanto aos atores governamentais e políticos que exploram as plataformas, já tentei revidar de várias maneiras: ignorando (não dá certo — você perde sem nem se dar conta); reagindo (é um enorme desperdício de tempo devido ao excesso de fragmentação). Por fim, tomei uma decisão pela ideia que me norteou, que também foi a proposta do Rappler: construir comunidades de ação.

Em outras palavras, como criar uma abordagem global da sociedade que empregue tecnologia, dados e engajamento cívico para revidar? Foi o que nos propusemos a fazer para as eleições de maio de 2020.

Primeiro porém o Rappler tinha de descobrir como sobreviver.

Os reiterados ataques virtuais afetaram tanto o Rappler quanto nossa comunidade e tiveram um impacto financeiro sobre a nossa empresa. Os acessos à página, bem como a receita proveniente de anúncios, caíram após o começo dos ataques, em outubro de 2016.

Os ataques jurídicos, no entanto, foram a gota d'água. A ordem de janeiro de 2018, que revogava nossa licença para funcionar, tinha sido a sentença de morte do Rappler caso tivéssemos seguido um caminho natural. Alguns de nossos anunciantes principais receberam telefonemas de autoridades do governo (recado: fique longe), e o Rappler — outrora admirado e considerado arrojado — foi quase levado à bancarrota.

As dezenas de processos jurídicos e investigações que vieram em seguida fizeram com que em abril já tivéssemos perdido 49% dos anunciantes. Nosso futuro era evidente: caso seguíssemos esse rumo sem fazer nada de diferente, não conseguiríamos pagar nossos funcionários.

Precisávamos criar um novo modelo de negócios, mais sustentável, para não morrer.

O governo parecia ter a certeza de que venceria a guerra do desgaste, e durante um tempo a situação se afigurava calamitosa. Nossos gastos com advogados chegavam a quase um terço do nosso custo operacional mensal. O dinheiro que eu havia separado para comprar uma nova plataforma digital acabou pagando uma parte desses gastos, atrasando em anos nossos planos tecnológicos.

Mas esse momento existencial trouxe à tona nossas melhores ideias e a melhor faceta de nossas personalidades. Eu brincava que todo o atrito do gerenciamento de uma redação tinha sido esquecido: era um por todos e todos por um. Dava para sentir a energia de todos os membros do Rappler, a equipe editorial sob ataques públicos era apoiada pelas equipes de artes gráficas, de produção de vídeo, de tecnologia e dados, pela administração — os departamentos de recursos humanos, financeiro e, acima de tudo, o comercial.[28]

Nossa equipe comercial, junto com nossos gerentes gerais, encontrou a solução no nosso jornalismo investigativo: os mesmíssimos processos que tínhamos desenvolvido para monitorar as redes virtuais de desinformação se tornaram o alicerce do modelo de negócios baseado em dados e tecnologia que cresceu 12 000% entre 2018 e 2019, nos ajudando a ter nosso primeiro ano de lucratividade.

Até 2016, éramos financiados em grande medida pelos anunciantes. Depois que os ataques virtuais começaram e nosso lucro com os anúncios caiu, fizemos a empresa se voltar para outros serviços tecnológicos, o que nos preparou para o lockdown da pandemia.

Então nossa comunidade entrou em ação. Começamos uma campanha de financiamento coletivo que ajudou a pagar nossas contas jurídicas. No final de 2018, inauguramos o Rappler+, o primeiro programa de assinatura de um site de notícias das Filipinas. Os assinantes são nossos usuários mais fiéis, que têm um vínculo emocional com a nossa missão e nossos valores. Eles viviam nos perguntando: "Como podemos ajudar?". E realmente nos ajudaram.

Três anos de crescimento — foi o que os ataques do governo nos custaram, mas não sei se é uma troca justa. O modelo de negócios dos jornais — dependente de anunciantes — morreu. Os ataques do governo em 2016 apenas nos obrigaram a enfrentar a situação de frente, a encontrar uma solução, a aprender a inovar e a construir algo pensando no futuro. Em 2019, o Rappler chegou ao seu ponto de equilíbrio,[29] marcando os quatro anos em que fizemos da crise uma oportunidade. Resolvemos dar a cada funcionário do Rappler o mesmo bônus quando chegássemos a esse ponto, do mensageiro ao CEO. Foi pequeno, porém grande o suficiente para demonstrar nosso apreço pelos ideais, a criatividade e a coragem de nossa equipe.

Friedrich Nietzsche tinha razão: o que não mata, fortalece.

"Todos de pé", alguém bradou, fazendo com que nos levantássemos.

Era 15 de junho de 2020 e estávamos no Tribunal Regional de Manila, Seção 46. Ficava dentro de um prédio decrépito, condenado, com telhas quebradas, pintura lascada e descascada e buracos nas paredes. Na maior parte do tempo, o elevador não funcionava, e por isso eu precisava subir quatro lances de escada com degraus quebrados, andaimes, placas de que a manutenção do edifício estava tentando mantê-lo firme.

Estávamos lá por causa do meu processo: uma acusação de ciberdifamação feita em 2019.[30] Ela se devia a uma matéria publicada pelo Rappler em maio de 2012, antes que a lei que supostamente havíamos infringido sequer fosse promulgada. Mostrava as ligações entre um empresário e o então presidente da Suprema Corte, que estava envolvido em um processo de impeachment que mais tarde o tiraria do cargo. A matéria era uma reportagem normal: quando até a acusação é uma acrobacia, explicar suas minúcias é se perder nos labirintos do absurdo. Quando acusações e processos legais são tão insensatos, incoerentes e corruptos, explicá-los é quase conferir legitimidade a algo que jamais deveria ter sequer acontecido.[31]

Eu sabia que as condições nos eram desfavoráveis. As oito acusações que o governo tinha feito contra mim na época — de ciberdifamação, de sonegação de impostos, de fraude de títulos mobiliários — tinham uma pena máxima cumulativa de quase cem anos.

A juíza de 37 anos Rainelda Estacio-Montesa entrou na sala. Ao contrário de todo mundo, não usava máscara, o que ressaltava seu batom vermelho e a maquiagem recém-feita no tribunal lúgubre. O ambiente abafado, exíguo e sem janelas que ela regia fora transformado pela covid-19, por isso só algumas poucas pessoas puderam comparecer. Não permitiam observadores no tribunal; ninguém da comunidade diplomática poderia estar presente. Divisórias de plástico tomavam o espaço, fazendo com que parecesse menor — porém mais limpo.

Bem de frente para a juíza estava meu advogado, Ted Te, antigo porta-voz da Suprema Corte, ao lado de sua equivalente no Ministério da Justiça, a promotora pública Jeannette Dacpano (que tinha feito viagens financiadas pelo governo ao lado de nossa juíza).[32] Atrás dela estava sentada uma equipe de advogados da promotoria pública, contratados para reforçar o caso do governo. Em todas as audiências desse processo, a promotoria sempre estava em maior número do que nós da defesa.

Havia dois banquinhos atrás dos advogados de acusação. Meu coacusado e ex-colega, Rey Santos, se sentou comigo no primeiro banco. Rey, de biótipo miúdo, quieto e amável, de óculos com armação de metal, tinha sido primeiro pesquisador do Rappler, muitas vezes colaborando conosco em matérias investigativas, depois se tornando repórter. A ironia era que agora ele trabalhava para o governo.[33]

Em momentos como esse, preciso me ocupar, por isso tuitei o que acontecia. Encerradas as orações, ficamos sentados enquanto o oficial do tribunal fazia a chamada. Depois, ele nos mandou levantar para a leitura do veredito.

Eu me levantei, peguei meu caderno e comecei a fazer anotações.

"O direito de todos à liberdade de expressão é um direito garantido pela nossa Constituição", o oficial disse. "É o direito de falar livremente, sem medo de retaliação ou represálias. O direito da imprensa de divulgar livremente notícias e opiniões sem restrições indevidas é igualmente garantido."

Eu anotava tudo quase palavra a palavra. Comecei a sentir um quê de esperança.

"Esses direitos são imbuídos de vastos poderes de promoção do bem comum, de gerar mudanças e influenciar as mentes alheias na esperança de se construir uma sociedade em que todos possam ser livres. Mas, quando se abusa dela, essa liberdade pode semear a animosidade e provocar desunião e ressentimentos que podem levar à desordem e ao caos."

Foi nesse instante que minha esperança começou a morrer.

Fechei meu caderno, deixei-o no banco e olhei para a frente. Fitava Estacio-Montesa, seu batom vermelho. Tentava olhar nos olhos dela enquanto o oficial continuava a leitura. Ela olhava para baixo.

"Não existe restrição do direito à liberdade de expressão e de imprensa [...]. O que a sociedade espera é uma imprensa livre e responsável. É por meio de atos responsáveis que a liberdade ganha sentido. O exercício da liberdade pode e deve ser usado com o devido respeito à liberdade alheia. Como disse Nelson Mandela, 'ser livre não é apenas quebrar as próprias correntes, mas viver de uma maneira que respeite e aumente a liberdade dos outros.'"

Mandela devia estar se revirando no túmulo. Eu estava sendo condenada por uma matéria que não havia escrito, editado ou supervisionado, por um crime que nem sequer existia quando a matéria tinha sido publicada. E, para fazer isso, Estacio-Montesa não só mudou o tempo de prescrição da difamação de um para doze anos como também aceitou a tese inédita de "republicação". Eu podia ser presa porque alguém no Rappler tinha, em 2014, arrumado um erro de ortografia, trocando uma letra de uma palavra. O tribunal nos considerou "culpados sem dúvida razoável" e sentenciou cada um de nós a até seis anos de cadeia (que hoje talvez sejam oito, dependendo da interpretação da lei).

Estacio-Montesa fez questão de declarar que o governo não tivera nenhuma influência sobre sua decisão. Eu balancei a cabeça.

Ela permitiu que ficássemos em liberdade sob fiança até o nosso recurso ser julgado — e era óbvio que entraríamos com o recurso.

Soltei um longo suspiro. Tinha feito a mala e a colocado no carro naquela manhã. A pior hipótese que me ocorria era de ser jogada na cadeia na mesma hora. Então, de certo modo, a realidade era um pouquinho melhor.

Em seguida, ela se dirigiu diretamente a mim, disse que eu teria de pedir ao Tribunal de Recursos autorização para viajar. Depois perguntou se eu tinha algo a dizer.

Eu a fitei. Sorri.

Estacio-Montesa bateu o martelo, e um furor de agitação se sucedeu. Ninguém olhava nos meus olhos. Fomos até a Prefeitura de Manila para falar com a imprensa. Estava com um gosto esquisito na boca e um embrulho no estômago. Não sei como mantive o controle.

Graças à covid-19, essa era a primeira vez em três meses que saíamos de casa. Enquanto os jornalistas arrumavam os microfones e as câmeras para as entradas ao vivo, eu tranquilizava Rey, cujos olhos pareciam assombrados acima da máscara. "Não se preocupe", eu lhe disse. "A gente vai entrar com o recurso. A gente vai cuidar de você e da sua conta com os advogados." Eu o protegeria. Ted estava à minha direita, conversando com alguns dos jornalistas. Os microfones estavam montados à minha frente.

Comecei a falar. Minha voz ecoava no salão, e, enquanto procurava rostos conhecidos, me sentia como se estivesse flutuando. Não sabia com quem estava falando, por isso me concentrei no nó na boca do estômago.

"Rogo a vocês — os jornalistas que estão aqui, os filipinos que estão nos ouvindo — que protejam seus direitos", eu lhes disse. "A ideia é de que a gente sirva de exemplo. A ideia é de que nossa situação deixe vocês com medo, não é isso?" Minha voz ficou um pouquinho embargada. "Não tenham medo. Porque, se vocês não fizerem valer seus direitos, vocês vão perdê-los."

Às minhas costas, um dos membros do Sindicato Nacional de Jornalistas das Filipinas exibia um cartaz no qual era possível ler: "TIREM AS MÃOS DA IMPRENSA".

"A liberdade de imprensa é a base de todos os direitos que vocês têm como cidadãos filipinos", prossegui. "Se não pudermos apontar a responsabilidade dos poderosos, não poderemos fazer nada. Se não pudermos fazer nosso trabalho, nossos direitos estarão perdidos."

Antes do início do lockdown, em março de 2020, eu tinha avisado que não devíamos deixar que o vírus contaminasse nossas democracias,[34] mas foi justamente isso o que se deu. O poder consolidou ainda mais seu poder. Em 5 de maio, o governo fechou a ABS-CBN.[35] Mas, até certo ponto, isso aconteceu porque estávamos em quarentena. Duterte não precisou decretar a lei marcial como Marcos havia decretado na década de 1970. A pandemia evitou que houvesse essa necessidade.

Eu tinha perdido meu direito de viajar em agosto de 2020. Apesar de ter voltado para casa mais de trinta vezes após viagens internacionais, o Tribunal de Recursos que lidava com o processo de ciberdifamação decidiu quatro vezes em favor do gabinete do procurador-geral Jose Calida, que disse haver risco de fuga, me comparando injustamente (e absurdamente) a Imelda Marcos ao proferir sua decisão.[36]

Um dos pedidos que o Tribunal de Recursos negou data de quando minha mãe foi diagnosticada com câncer e precisou ser operada. Meus pais tinham envelhecido, e estarem isolados dos filhos e netos não lhes fazia bem. Eu queria estar presente para ajudar na logística e também para amenizar o impacto psicológico da pandemia. Além do mais, era Natal.

Foi uma reviravolta muitíssimo cruel: eu tinha recebido autorização para viajar de tribunais que lidavam com oito das agora nove acusações contra mim, e o Tribunal de Recursos divulgou sua recusa pouco antes das cinco da tarde, na sexta-feira. Meu voo estava marcado para a manhã de sábado. Meus pais tinham preparado meu quarto e estavam animados com a minha chegada. O governo os tinha arrastado para a montanha-russa emocional que seu assédio desencadeia. Eu aguento muito bem, mas me obrigar a levar meus pais, idosos e adoentados, para dentro dessa situação era desumano.

Engoli a dor, tranquilizei minha família e lidei como sabia lidar melhor: trabalhando.

12. Por que o fascismo está vencendo

Colaboração. Colaboração. Colaboração.

Cerimônia do prêmio Nobel da Paz, 10 de dezembro de 2021.

Na semana de 8 de outubro de 2021, o Rappler cobria o preenchimento de certificados de candidatura para as eleições de maio de 2022, pleito crucial no qual os filipinos votariam para preencher mais de 18 mil cargos oficiais, incluindo o de presidente.

Duterte, ao contrário de muitos outros autocratas, agora parecia disposto a abrir mão do poder. Presidentes filipinos podem cumprir apenas um mandato de seis anos, mas ele passou um tempo ameaçando se candidatar ao cargo de vice-presidente. Naquela semana de outubro, anunciou sua aposentadoria. A maioria dos filipinos suspeitava de que estivesse preparando um sucessor. Havia boatos de que a filha, Sara Duterte, concorreria à presidência: ela anunciou sua candidatura à vice-presidência para dar espaço a outro nome: Ferdinand Marcos Jr., ou "Bongbong", o filho de um ex-ditador. Quase 35 anos depois de sua família ser deposta em uma revolução popular, de seu pai ter encarcerado e assassinado milhares de pessoas e saqueado 10 bilhões do Tesouro nacional, um Marcos estava de volta. A líder da oposição, Leni Robredo, que havia muito tempo já era alvo de operações de desinformação diárias da parte do governo Duterte, também entregou sua ficha de candidatura à presidência, e seu apoio crescente parecia surpreender até ela mesma.

Menos de meia hora antes de a Comissão Eleitoral ser fechada, eu estava com dois outros chefes de órgãos da imprensa independente da Indonésia e da Malásia em um webinar intitulado "Press in Distress: Will Independent Journalism Survive in Southeast Asia?" [Imprensa em apuros: o jornalismo independente vai sobreviver no Sudeste Asiático?].

Devido à pandemia, Manila passava por outro lockdown, a única medida de mitigação imposta pelo governo Duterte nos quase dezenove meses de covid-19. O governo tentava correr atrás do prejuízo em relação às vacinas porque estava meio ano atrasado[1] na compra de uma quantidade viável, e, ao obtê-las, priorizou a Sinovac, feita na China, que tinha a menor eficácia entre as vacinas disponíveis. O rastreamento de contatos ainda era em grande medida um sonho, e agora o Senado investigava acusações de corrupção em alguns dos acordos pandêmicos mais vultosos, que pareciam ligar Duterte às empresas duvidosas de seu assessor econômico e amigo, o chinês Michael Yang.[2]

Àquela altura, dois dos meus processos tinham sido indeferidos. As constantes batalhas jurídicas cobravam seu preço, mas eu estava decidida a não deixar que me impedissem de sair pelo mundo disparando o alarme. Apenas três dias antes, apesar do que parecia ser uma proibição de fato às minhas viagens, tive de entrar na Justiça com outro pedido de autorização, dessa vez para aceitar uma bolsa de um mês na Kennedy School de Harvard. Eu queria um confronto às claras.

Então meu celular começou a piscar. Olhei para o número. Era da Noruega.[3]

"Alô, estou falando com Maria Ressa?"

"Está, sim", respondi.

"Meu nome é Olav Njølstad. Estou ligando do Instituto Nobel da Noruega, em Oslo. Estou ligando em nome do Comitê do Nobel, e é um grande prazer para mim, Maria, informá-la..."

Meus olhos se arregalaram. Me recostei. Não era possível.

"... que às onze horas no fuso de Oslo anunciaremos que a senhora foi agraciada com o prêmio Nobel da Paz de 2021..."

"Meu Deus do céu!", sussurrei. Peguei uma caneta, mas não sabia o que escrever.

"... por sua corajosa luta pela liberdade de expressão nas Filipinas, e a senhora dividirá o prêmio com outro candidato — cujo nome não posso dizer agora porque primeiro preciso avisar a essa pessoa..."

"Meu Deus do céu!"

"No momento vou apenas parabenizá-la em nome do Comitê, e mais tarde entraremos em contato com mais informações. Mas eu ficaria muito satisfeito em ouvir qual é a sua reação imediata, espontânea, à notícia."

"Eu... Eu... Eu não sei o que dizer. Na verdade, estou ao vivo em outro evento, mas meu Deus do céu! Meu Deus do céu! Não sei o que falar. Muito, muito obrigada." Eu estava perplexa.

Meu coração estava acelerado. Na mesma hora, mandei uma mensagem para as *manangs*: "Eu ganhei!" e respirei fundo, imóvel, sentindo meu coração bater cada vez mais rápido. Sabíamos que eu tinha sido indicada, mas ser de fato escolhida extrapolava nossa imaginação coletiva. Elas responderam rápido, as geralmente eloquentes *manangs* reduzidas a "MDDC!" e "Meu Deeeeus!".

Quando a notícia veio a público, vinte minutos depois, todos os aparelhos que estavam em cima da minha mesa — dois celulares, dois computadores — começaram a tocar. Corri para tirar o som de todos e ouvi o mediador pedindo que eu reagisse à novidade. Liguei meu áudio e comecei a falar.

"Isso é para todos nós", comecei. Depois me caiu a ficha. "Meu Deus, sabia que estou em choque? Entende o que estou falando..." Minha voz falhou, e em vez de disfarçar eu parei e recuei. "Desculpe. Acho que é um reconhecimento do quanto é difícil ser jornalista e do quanto é difícil continuarmos fazendo o que fazemos... é um reconhecimento das dificuldades, mas também, espero, de que vamos vencer a batalha pela verdade, a batalha pelos fatos. Nós defendemos a linha."[4]

A vitória não era só minha: era uma vitória e um desagravo para os rapplers — um momento particular em que choramos, rimos e celebramos juntos. No entanto, sou desconfiada com essas catarses emocionais, e lembrei à equipe que o prêmio poderia significar uma piora na nossa situação. Detestava ser uma desmancha-prazeres naquele momento de alegria, mas não queria que ficássemos enfatuados. Uma das *manangs* me fez um sinal: deixe que eles comemorem.

O reconhecimento ia muito além do Rappler. Fui a única mulher daquele ano e a primeira filipina a ganhar um Nobel da Paz, e meu prêmio jogou luz não só sobre o meu país, mas sobre o Sul global.

Foi uma vitória também para jornalistas filipinos em busca de esperança e de incentivo para seguir em frente apesar das dificuldades. Ryan Macasero, o chefe do nosso escritório em Cebu, nos lembrou[5] de Frenchie Mae Cumpio, de 23 anos, que estava na prisão havia mais de um ano,[6] e do jornalista Rex Cornelio, cuja esposa, Coleen, estava na garupa da moto do marido quando ele foi assassinado a tiros, em maio de 2020.[7]

"Enquanto houver pessoas boas, haverá esperança", Coleen dissera. "Os que estão no poder não ficarão no poder para sempre. E o mal que eles vierem a cometer se voltará contra eles."

A busca pela justiça é o que nos leva a nos tornarmos jornalistas. Essa fé na bondade é essencial à minha visão de mundo. Ao dar tamanho reconhecimento a mim e a Dmitry Muratov, da *Novaya Gazeta*, o Comitê do Nobel disse a todos os jornalistas do mundo que vê suas dores, sacrifícios e sofrimentos. Foi um reconhecimento de que a devastação que sentimos pessoalmente, causada pela bomba atômica invisível que explodiu em nosso ecossistema de informação, também foi vista e sentida por outras pessoas.

Estamos do seu lado, disse o Comitê do Nobel, e juntos podemos fazer alguma coisa.

Pouco depois do anúncio do Nobel e da proibição de fato às minhas viagens, os tribunais filipinos me deram autorização para ir a Boston e ficar um mês em Harvard. Foi uma glória ser Hauser Leader no Center for Public Leadership da Harvard Kennedy School[8] e bolsista de seu Shorenstein Center on Media, Politics and Public Policy.[9] Pude me concentrar no que me obcecava cada vez mais: a maneira como a tecnologia e o jornalismo moldam a política e as políticas públicas, bem como o significado disso para a liderança pública. Quando os comportamentos errados são sempre recompensados, como os líderes do futuro decidem quais são seus princípios? Como fica a liderança em um mundo virado de ponta-cabeça?

Embora sentisse a pressão constante do Rappler e dos processos jurídicos, vivendo como uma mistura de Sísifo com Cassandra, o Nobel me obrigou a repensar e a reformular o que eu queria dizer a um mundo que me dava ouvidos. Revisitei ideias dentro desse novo contexto, mergulhando nas conversas e análises revigorantes de Harvard. Um dos pontos altos foi o tempo que passei com Shoshana Zuboff, cuja obra teve enorme influência sobre mim. Fazia mais de um ano que trabalhávamos juntas virtualmente no Real Facebook Oversight Board, entre outros lugares, mas agora ela podia me convidar para ir à casa dela, com vista para um lago pitoresco do Maine. Fazíamos caminhadas juntas enquanto ela me explicava meticulosamente sua visão de mundo, que abarcava vários pioneirismos, tal como ser a primeira professora titular numa Harvard Business School dominada por homens. Como professora emérita, ela estudava e lecionava os padrões e as tendências que moldaram — e destruíram — a perspectiva de uma internet inclusiva.

Para Shoshana, todos os outros problemas são abstrações e subprodutos do pecado original da "extração primária" — até essas expressões foram inventadas por ela. Ela usa o termo para definir como as empresas de mídia social se apropriaram de nossos atos e das nossas vidas particulares — usando o aprendizado de máquina e a inteligência artificial para coletar e organizar nossos dados pessoais e construir modelos para cada um de nós — e em seguida declararam publicamente que agora eram donas desses ativos empresariais, depois usados para criar os algoritmos que nos manipulam insidiosamente em troca de lucro. Elas não oferecem recompensas e não precisam nos pedir autorização. A extração primária é uma prática que Shoshana compara à escravidão. Reprovável do ponto de vista moral, ela exige que essa conduta também seja proibida por lei. Se esse pecado original for corrigido, todos os problemas que ele gerou, a cascata de falhas que possibilitou, seriam enfrentados. Isso abarca segurança,[10] competição e privacidade.

Ela me lembrou da teoria do primeiro seguidor e de como os que seguem muitas vezes assumem os riscos do líder. Embora muitos de nós soássemos o alarme já em 2016, foi necessário que Shoshana entrasse em cena para ligar a tecnologia aos negócios e dar um nome a isso — capitalismo de vigilância —, trazendo assim o poder e o dinheiro e nos levando a um ponto eletrizante. Ela sentia que agora estávamos na terceira etapa e me lembrou até onde o debate público já tinha chegado, sobretudo depois dos documentos internos assombrosos divulgados pela delatora do Facebook Frances Haugen. Porém isso não bastava para nós que estávamos na linha de frente. Cada dia de inação é um dia de injustiça para mim e para outras pessoas como eu.

Minha temporada com Shoshana foi de trocas e de embates de ideias constantes, revigorantes. Discutimos o quadro geral versus a experiência atomizada, o momento atual versus a próxima década. Passamos nosso último dia juntas no solário dela, diante de uma fogueira, concentradas na minha questão a respeito do que o mundo deveria estar fazendo. Eu procurava passos rápidos, fáceis, que poderíamos pressionar plataformas como Facebook e YouTube a adotar. Ela pegava todas as sugestões e mostrava por que aquilo que eu recomendava era insuficiente e por que a única coisa que poderia provocar uma mudança genuína seria o ataque direto ao modelo de negócios. A obstinação dela é tão grande quanto a minha teimosia.

"O jornalismo como instituição precisa ser reinventado para o século XXI", Shoshana me disse. "Como fazer jornalismo no mundo digital? Não é pelo capitalismo de vigilância — pois você não está competindo com os capitalistas de vigilância pelo mesmo dividendo da vigilância. Que é o que eles estão fazendo no momento. É só assim que eles sabem agir."

"E nós alimentamos esse comportamento usando os botões de compartilhamento deles, dando a eles nosso recurso mais valioso — nossas relações", respondi, pensando em voz alta. "Isso também rebaixa a qualidade do nosso jornalismo." Fazia tempos que eu dizia que reduzir o jornalismo ao número de acessos a páginas transformava nosso trabalho em mercadoria, e, como o nosso jornalismo era distribuído nas redes sociais, que recompensava os incentivos opostos, o público que alcançávamos era limitado porque jamais conseguiríamos competir com base em escândalos. Iríamos contra nossas normas e manuais de ética.

"O jornalismo é coagido à auto-otimização para estar nas redes sociais", Shoshana completou meu pensamento. As mídias sociais estavam moldando o jornalismo, assim como tinha acontecido quando o Facebook dissera a anunciantes e editores que vídeos teriam uma melhor distribuição,[11] fazendo com que órgãos de imprensa do mundo inteiro demitissem equipes editoriais e contratassem equipes de vídeo e publicitários pusessem seus anúncios em vídeos de Facebook. Mas o Facebook havia mentido: ele inflacionava em até 900% o número de visualizações dos vídeos,[12] e, segundo a documentação interna, havia mentido sobre o erro, guardando segredo por mais de um ano.

"No final das contas, é o capitalismo de vigilância que está decidindo qual jornalismo sobrevive", Shoshana martelava.

As plataformas tecnológicas não estão satisfeitas apenas com a destruição da democracia; se não forem contidas, são capazes de destruir muito mais.

Enquanto eu literalmente lutava pela minha liberdade e segurança, as operações de informação seguiam em frente, reescrevendo o passado do meu país. A olhos vistos, a História morria através de milhares de pequenos cortes: a semeadura de metanarrativas e de mentiras deslavadas jamais teria um papel mais perturbador ou proeminente quanto na ascensão do filho de um ditador.

No dia 8 de fevereiro de 2022, uma terça-feira, 36 anos depois de a família Marcos ser forçada ao exílio em decorrência do movimento Poder do Povo, Ferdinand Marcos Jr., o líder nas pesquisas para as eleições presidenciais, lançou sua campanha[13] usando palavras, slogans e canções do governo repressor do pai. Em um palco colossal, diante de enormes telas de LED, o hino de Marcos em favor da lei marcial, da década de 1970, Bagong Lipunan (Nova Nação),[14] recebeu uma nova batida[15] e foi apresentado a uma nova geração: "Há um novo nascimento; há uma nova vida; um novo país; um novo caminho em uma Nova Sociedade".[16] O pai chamava isso de um "autoritarismo constitucional" necessário para fazer reformas e criar uma "nova sociedade". Até hoje, ele continua no *Guinness* pelo recorde mundial de "maior roubo por parte de um governo", pois saqueou cerca de 10 bilhões[17] por meio de uma cleptocracia complexa, cujo maior símbolo é a coleção de sapatos de Imelda. A partir do final de 2020, só 3,4 bilhões tinham sido recuperados. No quesito dos direitos humanos, foram 70 mil detidos, 34 mil torturados e 3240 mortos.

Do único filho homem de Ferdinand e Imelda Marcos, duas imagens ficaram gravadas na minha memória, datadas de pouco antes de embarcarem para o exílio: o jovem Marcos Jr., apelidado Bongbong, na sacada do palácio, uma arma enfiada no uniforme de campanha; e um Marcos Jr. festejando no iate presidencial com a bandeira filipina pintada na bochecha. Agora, ali estava o homem de 64 anos, literalmente vestido com as roupas do pai, uma calça e uma camiseta estilo anos 1960, arrematado com o mesmo corte de cabelo. O evento de quase três horas corrompia a história passada e presente. Marcos pouco disse de substancioso, mas usou clichês agradáveis pedindo "união", palavra que repetiu 21 vezes em vinte minutos, incluindo frases que eu já tinha ouvido sua mãe dizer. O momento atual do passado é horrendo porque demonstra exatamente como nossa tecnologia de informação pode ajudar qualquer populista digital a ascender, principalmente um que tenha vínculos com um passado repressivo.

Então, quais são as qualificações de Bongbong? Até o pai dele reclamou em seu diário do jeito perdulário e indisciplinado do filho.[18] Porém o pai permitiu que aos 22 anos Bongbong fosse eleito governador da província natal da família, Ilocos Norte, a cerca de 440 quilômetros de Manila. Brincando, a irmã mais velha, Imee, se queixou do irmão desempregado,[19] e, além de ocupar cargos políticos, ele parece ter passado catorze anos sem trabalho nenhum.[20] A primeira vez que ganhou um assento no Congresso foi em 1992, antes de virar governador. Em 1995, ele se candidatou a seu primeiro cargo nacional, perdendo a disputa, mas em 2010 tornou-se senador.

Em 2016, Bongbong concorreu à vice-presidência, perdendo por apenas 200 mil votos, mas com isso criou o terreno ideal para vencer a presidência. A mãe, Imelda, não faz rodeios: diz que Bongbong está "destinado"[21] a virar presidente, sua ascensão ao poder foi meticulosamente arquitetada na base, por meio de alianças movidas pelo clientelismo, que nunca se dissiparam, e com um último empurrãozinho das redes sociais.

Até hoje, Marcos nega qualquer conexão com os "trolls",[22] apesar dos dados expostos pelo Rappler em uma série, dividida em três partes, sobre as propagandas de Marcos, em 2019. Sem muita sutileza, as mensagens em suas contas de redes sociais começaram mudando o passado. Para começar, Marcos mentia reiteradamente sobre sua formação na Universidade de Oxford e em Wharton. Depois de ser pego na mentira por uma matéria exclusiva do Rappler,[23] seu gabinete alterou na surdina o currículo registrado no site do Senado, mas dobrando a aposta na mentira,[24] que, como muitos já sabiam, inclusive Donald Trump e Mark Zuckerberg, era amplamente facilitada pelas redes sociais.

Sua rede de desinformação também sequestrou páginas populares e de órgãos de imprensa com comentários do tipo "copia e cola", que aos poucos contestavam o legado da família Aquino, há muito vista como nêmesis da família Marcos — ao mesmo tempo que reabilitava a imagem e o papel dos Marcos. A rede, que interconectava sites a páginas e grupos do Facebook, canais de YouTube e influenciadores de mídias sociais, produzia enormes quantidades de propagandas, em escala colossal, para mentir cabalmente ou menosprezar os excessos, a cleptocracia e as violações aos direitos humanos do regime de Marcos, exagerar suas conquistas e vilipendiar críticos, rivais e a grande imprensa.

A criação das páginas sobre Marcos no Facebook começou a aumentar em 2014, pouco depois de Imelda Marcos insinuar uma volta da família à presidência.[25] Em uma postagem de 2014 de uma página popular de Facebook, a estação Pinoy Rap Radio, Marcos Jr. alegava não haver provas do roubo dos Marcos e dizia que sua mãe tinha "vencido todos os processos de corrupção" que havia contra ela. Essas duas declarações são mentirosas.

No entanto, essa postagem de Facebook foi compartilhada 331 mil vezes, teve mais de 38 mil comentários e mais de 369 mil reações antes de ser descoberta e checada pelo Rappler, em 15 de novembro de 2018. Havia sido difundida, sem averiguação nenhuma, durante quatro anos, no que se tornou uma câmara de eco que agora acredita na mentira. A checagem de fatos tem uma distribuição digna de pena: 3500 compartilhamentos e 2100 comentários.

É por isso que essas redes de propaganda são tão eficazes na reescrita da História: o índice de difusão da mentira é bem maior do que o da checagem de fatos que se segue, e quando a mentira é desmascarada, aqueles que já acreditam nela geralmente se recusam a mudar de opinião. O impacto das redes sociais sobre o comportamento das pessoas é igual em outras partes do mundo.[26]

As redes de Marcos andavam de mãos dadas com as redes de desinformação e propaganda de Duterte, usando temas em comum para seus objetivos em comum. Em 2018, o centro do ecossistema de informação do Facebook nas Filipinas era dominado pelas redes Marcos-Duterte, empurrando os órgãos de imprensa para os cantos. A falsidade de muitas das alegações dessas redes foi comprovada pelas checagens de fatos, e em 2018 partes delas foram derrubadas pelo Facebook por "comportamento inautêntico coordenado".[27] Um dos sites que mais cresceu no Facebook naquele ano foi o Daily Sentry; seus vínculos com a desinformação russa foram expostos pelo Rappler[28] (não era coincidência que fosse o site que mais atacava o Rappler) antes de ser derrubado. Em 2020, o Facebook também derrubaria operações da China que burilavam a imagem de Marcos e faziam ataques a mim e a outros jornalistas. Contudo, a rede de Marcos continua crescendo, produzindo e difundindo conteúdos numa escala que supera em muito os da grande imprensa filipina.[29]

Quando Marcos declarou que concorreria à presidência, em 2021, suas redes já dominavam as mídias sociais. Talvez por isso não tenha gastado nada em anúncios de Facebook no começo da campanha e por isso recusasse debates e entrevistas com jornalistas que imaginava que fariam perguntas difíceis.[30] Não precisava conquistar ninguém, pois já tinha um público cativo. Afinal, ele dizia, a época para se falar de questões de 35 anos atrás estava encerrada. Seu discurso de vinte minutos, que dava o pontapé inicial na campanha, não tinha plataformas, nem quês, nem porquês, e é claro que não fazia menção aos milhares de mortos sob o regime de seu pai, aos milhões que perderam seus empregos, aos trilhões de pesos filipinos em dívidas públicas e aos escândalos de corrupção que vieram junto. Ele, contudo, descrevia repetidas vezes um futuro glorioso e prometia tornar as Filipinas grandiosas outra vez.

Àquela altura, o problema global do nosso ecossistema de informação era evidente: eu tinha passado boa parte de 2020 tentando entender como lutar contra a tecnologia que virava nosso mundo de cabeça para baixo. Eu me dei conta de que o restante do mundo poderia, mais uma vez, olhar para a experiência do Rappler nas Filipinas, usá-la para entender os próprios contextos e situações políticos e descobrir como revidar.

Minha esperança é de que outros consigam replicar nossos três pilares — tecnologia, jornalismo e comunidade — para lutar e progredir.

Primeiro, precisamos exigir que a tecnologia assuma sua responsabilidade.[31] É preciso partir de ações do governo, já que as empresas proprietárias das redes sociais consideram a pressão e o clamor do público algo que pode ser ignorado sem perigo nenhum. Mas, além da legislação, a única forma de lutar contra a tecnologia é com tecnologia. Uma coisa que fizemos no Rappler foi inventar e lançar o Lighthouse, uma plataforma tecnológica feita por jornalistas para tentar preservar o discurso público em torno dos fatos.

O segundo pilar é proteger e fomentar o jornalismo investigativo. Uma iniciativa global que ajudei a conduzir foi a International Fund for Public Interest Media, uma solução de curto, médio e longo prazos para a queda na receita oriunda de anunciantes em órgãos de imprensa no mundo inteiro. Um governo que acredita na democracia deve investir seu dinheiro no lugar onde mandam seus princípios — bom, é essa a ideia: aumentar os 0,3% de fundo de assistência oficial ao desenvolvimento, achando-se novos financiadores para o jornalismo.[32]

Havendo financiamento, os jornalistas precisam de proteção, a começar pela legislação. A impunidade tem que acabar. A parceria com Amal, Caoilfhionn e a equipe de Covington me mostrou como são frágeis os respaldos jurídicos aos jornalistas mundo afora. Em muitos sentidos, advogados também estão de mãos atadas, e, assim como no caso dos fundos de assistência oficial ao desenvolvimento das nações democráticas, é preciso haver um esforço sistêmico conjunto em prol de uma lei internacional. Faz sentido que sem fatos não possamos ter leis, e assim não seja possível haver democracia.

Além da legislação, existem os riscos do mundo de antigamente: assédio físico e violência, misoginia e discursos de ódio. Autocratas fazem uso mais proveitoso da tecnologia, espionando impunemente jornalistas e ativistas pelos direitos humanos. E eles aprendem uns com os outros, aperfeiçoando o manual dos ditadores, uns defendendo os outros contra gestos antiquados tirados da caixa de ferramentas do Ocidente.[33] Sanções econômicas perdem a força quando países como Rússia e China correm para acudir outros como Bielorrússia, Mianmar, Venezuela e Turquia. É aí que países que aderem a valores democráticos precisam de novos paradigmas, pois essas nações iliberais estão usando o poder coletivo que têm para enfraquecer entidades internacionais como a Organização das Nações Unidas e a Unesco.

Quanto ao nosso terceiro pilar, continuamos estabelecendo comunidades de ação cada vez maiores. O mantra: colaboração, colaboração, colaboração. Primeiro, colaboração global para proteger a linha de frente: os jornalistas. É por isso que o Comitê para a Proteção dos Jornalistas, o International Center for Journalists e o Repórteres Sem Fronteiras juntaram forças com mais de oitenta grupos pela liberdade de imprensa, da mídia e da sociedade civil do mundo inteiro na chamada Coalizão #HoldTheLine[34] — de início, para ajudar o Rappler, mas também outros jornalistas do mundo que necessitem de amparo. Mais tarde, a iniciativa se expandiria, ajudando a chamar a atenção para injustiças sofridas por ativistas pelos direitos humanos.

Continuamos criando coalizões em 2021: a #CourageON conectou grupos pelos direitos humanos, muitos dos quais tinham visto ataques virtuais se transformar em violência no mundo real. Com mais de 85 grupos, provamos que a união faz a força. Em meados de 2021, nos preparamos para as eleições com nossa coalizão #PHVote, mas em novembro de 2021 percebemos que teríamos de fazer algo mais. Precisávamos de uma medida de "quebrar o vidro". Portanto, com base nos dados e nas pesquisas que examinamos e no que havíamos enfrentado, comecei a sonhar com uma abordagem global da sociedade que batizamos de #FactsFirstPH,[35] com um chamado à ação às nossas comunidades.

Começamos pelos fatos. Fazemos algo pelo que luto desde 2016: grandes órgãos de imprensa colaboram numa defesa comum dos fatos. A competição impediu que isso acontecesse nas Filipinas, para o prejuízo de todos, permitindo que órgãos de imprensa fossem marginalizados pelas redes de desinformação Duterte-Marcos, que haviam transformado as operações de comunicação em guerra de informações. A meta é tentar juntarmos nossas pegadas.

Essa ideia surgiu com uma mudança de mentalidade do Rappler: em vez de agirmos só em prol dos interesses da nossa empresa, pegamos as lições que aprendemos e as compartilhamos com nossas concorrentes — é um risco para nossa empresa, mas, na batalha pela democracia, essa nos pareceu a opção correta do ponto de vista moral. Nisso se inclui como alcançar mais de 64% do nosso público através de mecanismos de busca.[36] Passamos do social para a busca depois de nos darmos conta de que as redes sociais estavam aviltando o jornalismo de qualidade.

Portanto, trabalhando juntos, criamos quatro camadas, conectadas por um fluxo de dados que diminuiria o tempo necessário para corrigir mentiras, para fazer com que a sociedade civil agisse e para que o sistema jurídico ajudasse a prevenir a impunidade. Estabeleci três objetivos: escala, impacto, dissuasão.

Na base está o cerne do jornalismo, algo que já não se encontra presente na mesma escala — a checagem de fatos. Quatro grandes órgãos de imprensa das Filipinas cimentaram a coalizão: ABS-CBN, News5, Interaksyon e Rappler. A eles se juntaram órgãos rurais e provincianos, para aumentar a distribuição geográfica e de hiperlocais. Quando cada um desses órgãos termina uma

checagem de fatos, passa à segunda camada, a que dei o apelido de "malha". Cada membro do grupo pode pegar a checagem de fatos e repostar ou adaptar, dando créditos do trabalho ao primeiro órgão de imprensa. Também prometemos compartilhar a postagem desse órgão nas redes sociais. Com isso, atingimos duas metas: os links de cada um de nossos sites junta todos nós nas buscas do Google e nossos compartilhamentos enviam sinais algorítmicos que nos ajudam na distribuição.

A segunda camada desse processo do #FactsFirstPH envolve grupos da sociedade civil, grupos pelos direitos humanos, ONGs, grupos de empresas, a Igreja — ao todo, são mais de cem grupos que divulgam os fatos para suas comunidades com instruções de compartilhar com emoção. A malha colaborativa não só nos possibilitaria discutir e trabalhar juntos em tempo real como também fortaleceria a amplificação algorítmica que ajudaria todos nós a ascendermos juntos, garantindo uma difusão maior das checagens dos fatos.

A terceira camada é composta de pelo menos sete grupos de pesquisas de desinformação que pegariam os dados, os analisariam e fariam um relatório semanal que nos diria como a esfera pública está sendo manipulada. A inspiração para essa ideia foi o Election Integrity Partnership formado nos Estados Unidos para as eleições de 2020.[37] Minha esperança era de que, ao ligar esta às duas primeiras camadas, não só encurtaríamos o tempo de ação como incentivaríamos a colaboração e aumentaríamos ainda mais a distribuição. De março a maio de 2020, os grupos de pesquisa produziram dezenove relatórios semanais informando à nossa comunidade como ela estava sendo manipulada, quem se beneficiava disso e quem estava sob ataques.

Por fim, há a última camada, crucial e há muito tempo silenciada: os advogados — grupos dedicados à manutenção do estado de direito e à exigência de responsabilização. Do Movement Against Democracy ao Integrated Bar of the Philippines, da Philippine Bar Association ao Free Legal Assistance Group, a camada jurídica daria proteção aos que estão sob ataques e encontraria soluções jurídicas contra escolhas no design de plataformas, entrando com processos litigiosos táticos e estratégicos.

Vai funcionar? Não sei, mas eu tampouco sabia quando fundamos o Rappler como página de Facebook em agosto de 2011. Sem nenhuma solução verdadeira vinda das plataformas tecnológicas, não poderíamos simplesmente lavar nossas mãos. Não com a integridade das eleições em jogo. Sabíamos que nenhuma solução surgiria num passe de mágica. Portanto, fizemos o possível com o que tínhamos à mão: agimos e continuamos agindo todo dia. Esta, por enquanto, é a nossa única defesa coletiva. O único jeito de buscar uma solução é agir.

Começamos cerca de cem dias antes da eleição presidencial, quando estava claro que as mentiras se espalhavam bem mais rápido do que os fatos. Mais de 140 grupos da imprensa, da sociedade civil, da Igreja, da academia, do meio empresarial e de advogados se uniram — era uma iniciativa da sociedade como um todo para lutar contra a desinformação e garantir a integridade de nossas eleições.

Apesar de termos precisado de quase três meses para nos organizarmos, foi empolgante, pois já não éramos apenas vítimas. Foi como criar uma startup nacional, e tivemos ajuda, pudemos contar com a Google News Initiative e a startup Meedan, de San Francisco, que oferecia uma plataforma, de dados e tecnologia, para conectar todas as camadas da pirâmide.[38] O lançamento foi animador, e todos mergulhamos de cabeça.

O primeiro sinal de sucesso veio duas semanas depois do que passei a chamar de momento "Vingadores, reúnam-se", quando o procurador-geral Jose Calida, que tinha encabeçado a transformação da lei em arma, entrou com uma solicitação à Suprema Corte contra o Rappler e o Comitê pelas Eleições, acusando o Rappler de manipular as eleições e chamando a checagem de fatos de "censura prévia".[39] Enfrentamos essa provocação de frente e continuamos expandindo nossas comunidades, obtendo êxito na criação da malha orgânica e do sistema de divulgação de fatos.

Funcionou? Plenamente. É o que os dados mostram. Caso sua nação esteja prestes a passar por um processo eleitoral, organize sua pirâmide de #FactsFirst um ano antes. O mínimo de tempo necessário é de seis meses.

Então, o mundo sofreu uma mudança drástica. Em 24 de fevereiro de 2022, a Rússia invadiu a Ucrânia. Um dia depois, no 36º aniversário do Poder do Povo, o feriado que marca a derrocada da ditadura Marcos, os comícios de campanha de Leni Robredo começaram a atrair públicos enormes. Tanto a Ucrânia como Robredo eram havia tempos alvos de desinformações, mas nas semanas seguintes ações coletivas de pessoas de verdade começaram a fazer a maré virar, abrindo fissuras para a entrada de feixes de esperança e de luz.

Vladimir Putin havia invadido a Crimeia em 2014, anexando esse território da Ucrânia com a mesma estratégia dupla que mais tarde seria usada em outros lugares do mundo: suprimir e reprimir fatos desfavoráveis e depois substituí-los pela metanarrativa desejada. Nesse caso, era a ideia de que os inimigos da Rússia eram fascistas antissemitas impedindo crimeios e ucranianos de fazer o que queriam — se unirem à Rússia.

Oito anos depois, Putin usaria essa mesma metanarrativa para invadir a Ucrânia, destruindo a realidade para russos e ucranianos. Mas ele não contava com o comediante transformado em presidente Volodymyr Zelensky, que se recusou a abandonar a Ucrânia e conclamou sua nação à luta. A decisão de um homem frustrou os planos de Putin, inspirando não só os ucranianos, mas gente do mundo inteiro.

Nas Filipinas, os comícios de Leni Robredo começavam a reunir entre dezenas e centenas de milhares de pessoas, cidade após cidade, despertando um espírito de voluntariado que nosso país nunca tinha visto.[40] Para lutar contra a desinformação, as pessoas começaram a bater de porta em porta.

Esses acontecimentos fizeram de março um mês de ação. Nossa pirâmide #FactFirstPH cresceu, paralelamente à mobilização palpável de Robredo.

Mas não foi suficiente.

A paixão não basta quando se defronta com a execução sistemática sustentada por décadas de preparo — da máquina política aos aliados em um sistema político feudal, norteado pelo clientelismo. A guerra na Ucrânia avançava a duras penas, com a morte de milhares de ucranianos e o desalojamento de milhões. E as operações de informação e redes virtuais criadas desde 2014 levaram Marcos, junto com sua parceira de chapa, Sara Duterte, de volta ao poder nas Filipinas.

Em 9 de maio de 2022, o inevitável aconteceu nas Filipinas.

Não se esqueça: para onde nós formos, você também vai.

* * *

"A luta do homem contra o poder é a luta da memória contra o esquecimento", escreveu Milan Kundera.

Rimos de memes e nos esquecemos de nossa história. Até a nossa biologia, nossos cérebros e corações têm sido sistemática e perfidamente atacados pela tecnologia que nos dá as notícias e prioriza a distribuição de mentiras em vez dos fatos — de propósito.

Já vivi alguns ciclos da história, registrando as grandes oscilações do pêndulo que mais cedo ou mais tarde se estabilizaria e acharia um novo equilíbrio. Quando os jornalistas filtravam o nosso ecossistema de informação público, essas oscilações demoravam décadas para se completar. Depois que a tecnologia assumiu o comando e abdicou da responsabilidade pela nossa segurança emocional, tornou-se possível mudar a história em questão de meses. Ficou muito fácil transformar nossa memória através de nossas emoções.

Quando isso aconteceu, destruiu o velho sistema de freios e contrapesos dos poderes e nosso mundo se modificou. Elegemos populistas incompetentes que atiçam nossos medos, nos dividindo e botando uns contra os outros, alimentando e jogando combustível na raiva e no ódio. Nomearam funcionários iguais a eles: o objetivo não era uma boa administração, mas o poder. Assim como cupins que corroem a madeira, não percebemos que o chão onde pisávamos poderia desabar a qualquer instante. Preocupados com disputas pelo poder, esses líderes ignoraram os problemas existenciais que exigiam uma reação global.

A tecnologia não agiu sozinha: foi o catalisador que ateou fogo a gravetos acumulados por décadas de progresso liberal. Afinal, para cada ação há uma reação equivalente e contrária, segundo a terceira lei de Newton. Quanto mais progressistas nos tornamos — com os direitos das mulheres, casamento gay, sociedades mais plurais —, maior é a nostalgia de uma simplicidade que na verdade jamais existiu. A eleição de Barack Obama teve uma reação equivalente e contrária, a tempestade perfeita incitando o ressurgimento do fascismo sob um novo nome: teoria da substituição. Para saber do que se trata, basta ouvir alguma audiência do comitê selecionado para investigar o ataque ao Capitólio, de 6 de janeiro de 2021.

Hoje, uma nova onda emergente de líderes populistas de direita usa as redes sociais para questionar e fragmentar a realidade, desencadeando a raiva e a paranoia sobre um leito de mentiras exponenciais. É assim que o fascismo é normalizado e é onde a revolta política encontra o terrorismo, a vanguarda da violência em massa.

Essas ideias são recorrentes na história e sempre têm consequências violentas, de Mussolini ao Ku Klux Klan passando por Adolf Hitler, que escreveu em *Mein Kampf*: "Essa adulteração pestilenta do sangue, que centenas de milhares dos nossos não levam em consideração, é praticada sistematicamente pelo judeu de hoje em dia. Sistematicamente, esses parasitas pretos no organismo nacional corrompem nossas meninas inocentes de cabelos loiros e assim destroem algo que já não pode ser reposto neste mundo".

Essa fala ecoa nos dias modernos, no discurso do primeiro-ministro da Hungria Viktor Orbán, que inclui a teoria da substituição na ideologia de Estado: "Eu vejo o grande intercâmbio de população europeia como uma tentativa de suicídio que visa substituir as poucas crianças europeias, cristãs, por adultos de outras civilizações — migrantes".[41]

Na mesma semana, em maio de 2022, ele fez o discurso de abertura da Conferência pela Ação Política Conservadora da América (CPAC), pela primeira vez organizada na Hungria, unindo a extrema direita dos dois lados do Atlântico. Em uma pesquisa de opinião feita então, 59% dos membros do Partido Republicano dos Estados Unidos disseram que votariam em Donald Trump caso as primárias republicanas acontecessem naquele momento.[42]

Qual é o prenúncio? Matanças. A teoria da substituição é incorporada nos manifestos dos autodeclarados fascistas, radicalizados pela internet, de Oslo, na Noruega, até Christchurch, na Nova Zelândia, passando por Buffalo, em Nova York.

A situação vai piorar antes de melhorar.

Pois bem, como enfrentar um ditador?

Através de princípios, definidos logo no começo — eles são os subtítulos dos capítulos que você leu: honestidade, vulnerabilidade, empatia, deixar de lado as emoções, aceitar o medo, acreditar no bem. É impossível fazer isso sozinho. É preciso criar uma equipe, fortalecer sua área de influência. Depois conecte esses pontos de luz e os entrelace para criar uma malha.

Evite pensar em termos de "nós contra eles". Ponha-se no lugar dos outros. E não faça com os outros o que não gostaria que fizessem com você. A tecnologia já mostrou que seres humanos têm muito mais coisas em comum do que diferenças: as plataformas manipulam insidiosamente nossa biologia, independentemente da nacionalidade ou cultura. A ideologia fascista, seja ela chamada de "grande substituição" ou não, opõe a homogeneidade aos inimigos domésticos, que inevitavelmente defendem a democracia e seus ideais. Isso está acontecendo não só no Ocidente, como na Índia, em Mianmar, no Sri Lanka, nas Filipinas. Todos temos nossos Pol Pots, que fustigam a violência baseada no nós contra eles.

Em 2018, em Washington, DC, fiz um apelo em nome do futuro. A governos e políticos: não manipulem a pior faceta da natureza humana em busca de poder, pois isso prejudica a próxima geração. Eles não me deram ouvidos. Por que abrir mão de um caminho certeiro rumo ao poder? Às plataformas de redes sociais, eu disse: "Seu modelo de negócios tem dividido sociedades e enfraquecido democracias. A personalização diz que minha realidade é diferente da sua e que cada um pode ter a própria realidade. Mas todas essas realidades precisam coexistir na esfera pública. Não é possível que nos separem a ponto de não conseguirmos concordar sobre os fatos". Eles não me ouviram, e hoje em dia a situação está ainda pior. Aos jornalistas e ativistas, pedi que perseverassem, e nós perseveramos — fazendo enormes sacrifícios.[43]

Quanto a mim, há momentos em que enfrento dificuldades. Como me recuso a parar de fazer meu trabalho, perdi a liberdade de viajar. Não tenho como planejar minha vida porque ainda há sete processos que poderiam me mandar para a cadeia pelo resto da vida. No entanto, me recuso a viver em um mundo como este. Exijo que as coisas melhorem. Nós merecemos que melhorem.

No discurso do Nobel, pedi uma defesa pessoal de nossas democracias — de nossa liberdade, da igualdade. Tentei detalhar como fazê-la neste livro: como ela vai do pessoal ao político, dos princípios individuais à pirâmide de ação coletiva. Soluções existem: no longo prazo, o mais importante é a educação, portanto comece agora; no médio prazo, leis e políticas para restabelecer o estado de direito no mundo virtual — criar uma perspectiva da internet que nos una ao invés de nos afastar. No curto prazo, agora, somos apenas nós: colaboração, colaboração, colaboração. E para isso precisamos de confiança.

Não será fácil. Você vai sentir vontade de desistir, de enfiar a cabeça na areia, mas, se agir assim, vai contribuir para assegurar a ruína do nosso mundo, a manipulação dos seus filhos, a destruição dos seus princípios e a devastação da nossa terra. Vivemos um momento existencial.

Quando tive vontade de desistir, foi o texto de Twink que me despertou. Ela estava à beira da morte e escolheu lutar: por mim, pelos filipinos, por um bem maior. Não podemos sentir pena de nós mesmos. Agora é hora de agirmos.

Eu acredito em *você*.

Eu acredito em *nós*.

Epílogo

Às vezes temos que patinar pela vida, só deslizando na superfície, porque sentir é duro demais. Assim seguimos em frente. Nos ocupamos. Preenchemos os dias, as horas e os minutos, na esperança de chegar ao outro lado. Paramos de tentar compreender o *porquê*, pois isso dói demais. Revisitar o passado, pensei eu ao aceitar o convite para voltar a Toms River, minha cidade natal, me ajudaria a enfrentar tudo isso. Tal qual as eleições, era voltar para o futuro.

E foi um encontro e tanto! Cada pessoa da minha família e cada um dos meus amigos entrou no seu "eu" de antigamente; e aos poucos todos foram se expandindo, passando a ser quem somos agora. A última vez em que todos estivemos juntos foi quarenta anos antes, quando me formei no ensino médio, em 1982. No domingo, dia 22 de maio de 2022, fui homenageada entrando no hall da fama das escolas da minha cidade. Na segunda de manhã, a equipe da Toms River High School North inaugurou uma enorme placa azul acima da entrada principal, um espaço recém-reformado — mas ainda assim bem familiar para mim —, dando-lhe o nome de Auditório Maria Ressa. Ali cabem mais de mil pessoas.

Conheço bem o auditório, e foi incrível cantar primeiro o hino nacional dos Estados Unidos e em seguida o hino das Filipinas, unindo assim meus dois mundos. Meus pais e minha família estavam na primeira fila; atrás deles, uns trinta dos meus antigos colegas de classe. Olhei para todos aqueles estudantes ali sentados — mais de seiscentos, segundo o diretor Ed Keller, alunos não só da minha escola, a do norte, mas também das outras escolas da cidade, a do sul e a do leste. Decidi falar sobre *significado* — e por que eles não estavam conseguindo encontrá-lo nas redes sociais.

"Aquilo que chama a nossa atenção é o que dá significado à nossa vida", comecei. "O lugar onde passamos o nosso tempo é o que determina o que vamos realizar e no que vamos nos aperfeiçoar. A batalha para conquistar nossa cabeça — e esta é uma batalha pela cabeça *de vocês* — é travada e é vencida, mas isso não acontece porque estão ajudando vocês a pensar. A batalha é vencida manipulando as suas emoções. A raiva e o ódio estão literalmente moldando as pessoas, as pessoas em que vamos nos tornar, como povo. Eles estão nos bombeando com uma torrente de esgoto, uma lama tóxica que nos atravessa. Assim, se você sentir raiva, ou sentir que odeia outro grupo, dê um passo para trás e respire fundo."

Eu tinha dito quase a mesma coisa no jantar em família na nossa primeira noite em Toms River. Das dez ou doze pessoas sentadas à mesa, apenas três eram democratas. Estávamos na casa do meu primo Vinnie, que antigamente vivia passando de bicicleta para cima e para baixo em frente à nossa casa. Agora ele não é mais um garotinho de cabelo escuro encaracolado; é capitão da polícia de Manchester. Seu irmão, Peter, é ex-fuzileiro naval, ex-bombeiro e policial, agora aposentado por invalidez. Falamos sobre ações afirmativas na polícia. Segundo eles, os critérios foram rebaixados três vezes para atingir a cota de diversidade obrigatória, e isso não era justo. Falaram sobre imigração, dizendo que todo mundo é obrigado a se sacrificar por causa daqueles que não querem trabalhar (sem levar em conta que somos uma família de imigrantes da Itália e das Filipinas). Meus pais moram na Flórida, votaram em Bill Clinton, mas passaram para Trump depois que o Obamacare aumentou o preço dos remédios. Meus irmãos e eu sentimos que a raiva deles estava sendo atiçada por alguma coisa. Quando o Facebook derrubou as operações russas de desinformação, as contas deles também caíram. Quando as vozes começaram a se elevar em volta da mesa, falei à minha família que nós devemos nos proteger do ódio. Vinnie me disse que Toms River, com seus 95 mil moradores, fora citada pelo atirador de Buffalo em seu manifesto de 180 páginas, uma semana antes, devido à crescente comunidade hassídica da cidade.[1] A polícia havia aumentado a segurança da área e o promotor do Condado de Ocean procurou acalmar os ânimos: "Posso declarar, inequivocamente, que não há provas de que o atirador tivesse alguma intenção ou inclinação para viajar para qualquer lugar do Condado de Ocean". E acrescentou: "O documento inclui memes e tropos desprezíveis, de teor racista e antissemita, em prol da supremacia branca e com repetidas referências à 'teoria da substituição'".[2]

Olhei para os alunos no auditório. Daria para ouvir um alfinete cair no chão. Abandonei o papel com meu discurso já preparado e comecei a improvisar. Como deve ser difícil a vida para eles hoje em dia, quando a insegurança de descobrir quem você é precisa ser revelada em público, sob a luz dos holofotes, com uma multidão à espera, pronta para cair em cima de você; quando tudo na vida gira em torno do desempenho, e não da descoberta, e os erros podem parecer fatais quando ficam encharcados de raiva e de ódio. Mencionei que as duas escolas de Toms River, a do norte e a do sul, podem competir nos esportes e os alunos podem continuar amigos, mas a política se tornou tão radicalizada que hoje é como uma batalha de gladiadores — vida ou morte.

"Minha geração fracassou", falei. "Estamos entregando a vocês um mundo quebrado, o que significa que vocês precisam ser mais fortes e mais inteligentes do que nós." Mentalmente, me perguntei se eles eram capazes de apontar o que há de errado no mundo deles hoje. Afinal, é tudo o que eles conhecem. Assim, pedi-lhes que pensem por si mesmos, sejam céticos em relação às mídias sociais e procurem sempre se colocar no lugar do outro. Guardem o celular, falei, porque no fim o que importa são as pessoas que você ama. A gente encontra significado escolhendo onde passar nosso precioso tempo. "O que você vai se lembrar são as pessoas cuja vida você tocou e aquelas que mudaram a sua vida."

No dia seguinte à cerimônia no auditório, um atirador em Uvalde, no Texas, cidade com grande população latina, matou 21 pessoas: duas professoras e dezenove alunos adolescentes.[3] Naquela noite o Condado de Ocean anunciou que iria reforçar a segurança e a presença policial na minha antiga escola.[4]

Agradecimentos

A bondade dos estranhos. Foi o que esses últimos anos me mostraram. No meio de tantas coisas ruins, é o gesto inesperado de generosidade que nos faz seguir. É um pequeno milagre que nosso pequeno Rappler tenha sobrevivido a seis anos de Rodrigo Duterte, e conseguimos isso com o apoio de tantas pessoas nas Filipinas — muitas pedindo para ficar discretamente nos bastidores, outras correndo para a linha de frente e nos ajudando a atacar. O que mais me surpreendeu foi o quanto nossas batalhas reverberaram pelo globo e o apoio que recebemos do mundo inteiro. Muito obrigada às centenas de jornalistas e empresas de comunicação que decidiram contar nossa história.

Se não conheço você, e você nos apoiou, eu agradeço! Meu otimismo ganha força com sua energia, pois sua bondade e sua atenção nos fizeram continuar: aquela torrente de generosidade atenuou o ódio e avivou nossa esperança em um futuro melhor.

Isso fortalece minha fé na nossa humanidade coletiva — o que faz toda a diferença.

Quando estamos de cabeça para baixo, lutando para virar as coisas para o lado certo, o tempo é nosso bem mais escasso. Assim, permita-me começar pelo antídoto mais importante para o ódio: o amor.

Para todos os rapplers, passados e presentes: vocês deixaram sua marca em cada um de nós, pois tínhamos um sonho e juntos abraçamos o espírito da criação. O que somos hoje inclui uma parte de todos vocês.

Para minha família: meus pais, Peter e Hermelina, minhas irmãs Mary Jane, Michelle e Nicole, meu irmão Peter Ames, minhas sobrinhas e sobrinhos — Gia, Miguel, Diego, Gelli, Anthony, Michael e Jessica. Não digo para vocês "Eu te amo" tantas vezes quanto deveria. Obrigada por serem tão pacientes, porque eu trabalho o tempo todo.

Para aqueles que nunca nos deixaram: Benjamin Bitanga; nossos verdadeiros anjos, Benjamin e Jenalyn So, Manny Ayala; nossos acionistas e membros do conselho, e nossos parceiros que continuam corajosamente participando da nossa pirâmide #FactsFirstPH e nossas coalizões #CourageOn e #PHVote. Obrigado por nos ajudar a continuarmos firmes na nossa posição — #HoldTheLine.

Para Stephen King, Nishant Lalwani, Marcus Brauchli, Stuart Karle e Sasa Vucinic, obrigada por acreditarem nas ideias que pusemos em prática no Rappler. Para Jim Risen do Fundo de Defesa da Liberdade de Imprensa: sua sabedoria e empatia me ajudaram a enfrentar os problemas inesperados que encontramos.

Para os principais organizadores e as mais de oitenta organizações da Coalizão Global #HoldTheLine: agradeço ao Comitê de Proteção aos Jornalistas, aos Repórteres Sem Fronteiras e ao Centro Internacional de Jornalistas, por organizarem tudo isso e por tudo o que vocês fazem.

Para meus amigos de Princeton, sobretudo Olivia Hurlock e Leslie Tucker, que desde a faculdade é minha parceira de escrita. As duas criaram um GoFundMe para a nossa alimentação, estendendo seus esforços para além dos oceanos para dizer que não estávamos sozinhos e que, mesmo durante um lockdown, poderíamos nos sentar à mesa para comer e tomar um vinho juntos. Para Kathy Kiely, que saiu do nada e organizou tantas campanhas, uma após a outra, para nos dar apoio, com os jornalistas de Princeton tomando a frente. Para nossa turma de 1986 e a presidente da nossa classe, Elisabeth Rodgers, e para as centenas de alunos de Princeton ao longo dos anos, que nos deram sua voz e sua energia.

Para Ramona Diaz, Leah Marino e a equipe Frontline, liderada por Raney Aronson, que registraram toda a nossa experiência. Obrigada por nos ajudar a jogar luz nos acontecimentos. O documentário *A Thousand Cuts* faz parte das mais de oitocentas horas que eles passaram junto conosco.

Para meus amigos nas empresas de tecnologia: Google, Facebook (agora Meta), Twitter e TikTok, entre elas Richard Gingras, Kate Beddoe, Madhav Chinnappa, Irene Jay Liu, Kathleen Reen, Nathaniel Gleicher, Brittan Heller e muitos outros que tentaram ajudar.

Para meus amigos na ONU e na Unesco, que nunca falharam conosco, incluindo o ex-relator especial pela liberdade de opinião e expressão, David Kaye, e sua sucessora, Irene Khan.

Para as pessoas que tornaram possível este livro: a partir de um e-mail um tanto frio com as ideias de Hana Terai-Wood, me lembrando que eu deveria escrever, até a fase em que reatei o contato com Rafe Sagalyn e trabalhei com Amanda Urban. Obrigada, Suzy Hansen, pelas muitas horas que passamos discutindo o que — e como — consertar, e para Jonathan Jao, por suas interferências no texto. Obrigada às equipes da Harper Collins e da Penguin Random House por transformar este livro em realidade.

Para nossos advogados, que foram muito além dos seus deveres: nas Filipinas, John Molo e Mosveldtt; nossa formidável equipe ACCRALaw, liderada por Francis Lim, ex-presidente da Bolsa de Valores das Filipinas, e Eric R. Recalde, Jacqueline Tan, Patricia Tysmans-Clement e Grace Salonga; o ex-porta-voz da

Suprema Corte, Theodore Te, e o Grupo de Assistência Jurídica Gratuita; e para muitos outros que ofereceram ajuda em momentos cruciais.

Para Amal e George Clooney, que focaram seus poderosos holofotes na nossa batalha e, inesperadamente, abriram sua casa e seu coração para mim. Amal trouxe seus brilhantes colegas da Doughty Street e seu codiretor para a nossa equipe jurídica internacional, Caoilfhionn Gallagher KC, assim como Can Yeginsu e Claire Overman. A atenção e os conselhos que nos deram, sempre pensando muitos passos à frente, me permitiram ficar focada no meu trabalho. Para Peter Lichtenbaum, meu colega de classe de Princeton, que nos ofereceu a ajuda *pro bono* da Covington e Burling, LLP, trazendo Dan Feldman, Brad McCormick e o falecido Kurt Wimmer.

Para Jonas Gahr Støre, que me indicou para o Nobel da Paz, e depois que Dmitry Muratov e eu fomos anunciados como ganhadores, se tornou primeiro-ministro da Noruega. E eu estava falando justamente da bondade dos estranhos! E para o Comitê Norueguês do Nobel e sua presidente, Berit Reiss-Andersen. Sua análise presciente do impacto da liberdade de imprensa na democracia lembrou aos jornalistas do mundo todo que não estamos sozinhos.

Para as *manangs*, Glenda, Chay e Beth, por compartilharem toda a dor e por me ensinarem coisas que eu nunca poderia aprender sem vocês. Por sempre estarem firmes ao meu lado. Por reforçarem minha convicção de que é possível confiar. Mesmo quando sentimos medo, ficamos firmes. Mesmo quando está escuro, seguimos em frente, aos tropeços. E, como estamos juntas, sei que outros nos seguirão.

Senti esse amor em agosto de 2022, no velório de um dos pilares do Rappler, o fotógrafo e ativista Melvyn Calderon, companheiro de Glenda e pai de Leona, que foi para o seu primeiro dia de aula na faculdade no dia seguinte à cremação. Melvyn foi preso no governo de Marcos pai e defendeu a todos nós, como o galante espadachim que era, durante os piores ataques que sofremos. E, quando terminou o lockdown da pandemia, ele nos deixou, nos fazendo lembrar que a vida é curta.

A morte é devastadora, e já tivemos que enfrentar muitas perdas. Mas sempre encontramos um jeito de seguir em frente. E quanto mais horríveis as coisas vão ficando, mais nos voltamos para o amor.

Isso nos sustenta na luta contra forças esmagadoras.

Notas

INTRODUÇÃO: A BOMBA ATÔMICA INVISÍVEL [pp. 15-22]

1. Howard Johnson e Christopher Giles, "Philippines Drug War: Do We Know How Many Have Died?". BBC, 12 nov. 2019. Disponível em: <https://www.bbc.com/news/world-asia-50236481>. [Todos os links disponibilizados nesta seção foram verificados e estavam disponíveis em 26 de setembro de 2022.]
2. Kyle Chua, "PH Remains Top in Social Media, Internet Usage Worldwide — Report". Rappler, 28 jan. 2021. Disponível em: <https://www.rappler.com/technology/internet-culture/hootsuite-we-are-social-2021-philippines-top-social-media-internet-usage>. O relatório anual global pode ser acessado aqui: <https://wearesocial.com/digital-2021>.
3. Craig Silverman, "The Philippines Was a Test of Facebook's New Approach to Countering Disinformation. Things Got Worse". Buzzfeed, 7 ago. 2019. Disponível em: <https://www.buzzfeednews.com/article/craigsilverman/2020-philippines-disinformation>.
4. Peter Dizikes, "Study: On Twitter, False News Travels Faster than True Stories", *MIT News*, 8 mar. 2018. Disponível em: <https://news.mit.edu/2018/study-twitter-false-news-travels-faster-true-stories-0308>.
5. Maria Ressa, "Maria Ressa, Nobel Lecture". The Nobel Prize, Oslo, 10 dez. 2021. Disponível em: <https://www.nobelprize.org/prizes/peace/2021/ressa/lecture/>.
6. Trago aqui um exemplo concreto de como um funcionário do governo pode consolidar uma realidade fabricada. Em 3 de maio de 2014, o ministro das

Relações Exteriores da Rússia, Sergey Lavrov, declarou ao Conselho de Segurança da ONU: "Todos sabemos quem criou a crise na Ucrânia e como eles fizeram isso... As cidades do Oeste ucraniano foram ocupadas por radicais nacionalistas armados, que usaram slogans extremistas, anti-Rússia e antissemitas... Recebemos pedidos para restringir ou punir o uso do nosso idioma".

O que ele não disse é que, um dia antes, um perfil falso, amplificado por outros perfis, semeou exatamente a mesma narrativa. Uma conta no Facebook que não tinha seguidores nem amigos, criada em 2 de maio de 2014, no momento em que eclodiram violentos confrontos entre separatistas pró-Rússia e partidários de uma Ucrânia independente, imitou quase palavra por palavra o que o ministro falaria um dia depois. O post — publicado por um perfil sob o nome de dr. Igor Rozovskiy, que também alegava que nacionalistas ucranianos o impediram de tratar um homem ferido e ameaçavam que "os judeus em Odessa teriam o mesmo destino" — viralizou e foi traduzido para outros idiomas. Para completar, Rozovskiy escreveu: "Nada disso aconteceu na minha cidade, mesmo sob ocupação fascista". Pessoas de todo o mundo acreditaram. Essa postagem falsa e combinada com o discurso de Lavrov mostrou o poder dos esforços para moldar a realidade globalmente.

7. "2022 National Results". Rappler, 2022. Disponível em: <https://ph.rappler.com/elections/2022/races/president-vice-president/results>.

8. Ben Nimmo, C. Shawn Eib e Lea Ronzaud, "Operation Naval Gazing". Graphika, 22 set. 2020. Disponível em: <https://graphika.com/reports/operation-naval-gazing>.

1. A REGRA DE OURO: ESCOLHA APRENDER [pp. 27-44]

1. As bases norte-americanas nas Filipinas renegociaram os termos da cessão depois que, em 1992, nacionalistas se negaram a prorrogar o acordo. Em 1999, a Biblioteca do Congresso dos Estados Unidos trocou "insurreição" por "guerra filipino-americana".

2. Stanley Karnow, *In Our Image: America's Empire in the Philippines*. Nova York: Ballantine, 1990, p. 18.

3. Merge C. Enriquez, "Remembering Conchita Sunico: The Philippine Society's First 'It Girl' And Grand Dame". *Tatler Asia*, 22 set. 2020. Disponível em: <https://www.tatlerasia.com/the-scene/people-parties/conchita-sunico-philippine-societys-first-it-girl-and-grand-dame>.

4. "Raul M. Sunico: Pianist". Disponível em: <https://raulsunico.com>.

5. Logo após anunciarem os vencedores do Nobel, recebi um e-mail da srta. Ugland, que agora mora na Noruega.

6. Éramos presença constante nos shows de música pop realizados no auditório que, como minha escola anunciou em 2021, iria receber meu nome.

2. O CÓDIGO DE HONRA: TRACE A LINHA [pp. 45-55]

1. Alice Miller, *The Drama of the Gifted Child: The Search for the True Self*. Nova York: Basic Books, 1996. Kindle, 5.
2. Ibid., 6.
3. Extraí essa expressão do livro *The Empty Mirror*, de Janwillem van de Wetering, utilizado em meu curso de religiões.
4. "Apartheid Protesters Arrested at Princeton". *The New York Times*, 24 maio 1985.
5. Artemio V. Panganiban, "Who masterminded Ninoy's murder?". *Philippine Daily Inquirer*, 26 ago. 2018. Disponível em: <https://opinion.inquirer.net/115635/masterminded-ninoys-murder>.
6. "How Filipino People Power Toppled Dictator Marcos". BBC, 16 fev. 2016. Disponível em: <https://www.bbc.com/news/av/magazine-35526200>.
7. Mark R. Thompson, "Philippine 'People Power' Thirty Years On". *The Diplomat*, 9 fev. 2016. Disponível em: <https://thediplomat.com/2016/02/philippine-people-power-thirty-years-on/>. "Czech President Ends Philippine Visit", UPI Archives, 7 abr. 1995. Disponível em: <https://www.upi.com/Archives/1995/04/07/Czech-president-ends-Philippine-visit/9128797227200/>.

3. A VELOCIDADE DA CONFIANÇA: SEJA VULNERÁVEL [pp. 56-80]

1. Pessoas incríveis fizeram parte dessa unidade quando éramos jovens. Algumas delas se tornaram líderes de seus setores, como Mike Alcazaren, diretor de cinema e *motion designer*, e Jojie Dingcong, também diretor de cinema e agente de talentos.
2. "Secretary Delfin L. Lazaro", Department of Energy, Republic of the Philippines. Disponível em: <https://www.doe.gov.ph/secretary-delfin-l-lazaro?ckattempt=1>.

4. A MISSÃO DO JORNALISMO: SEJAMOS HONESTOS [pp. 81-107]

1. Entrevista da autora com Eason Jordan em 13 de maio de 2021.
2. Piers Robinson, "The CNN Effect: Can the News Media Drive Foreign Policy?". *Review of International Studies*, v. 25, n. 2, pp. 301-9, 1999. Disponível em: <http://www.jstor.org/stable/20097596>.
3. Grande parte disso escrevi ou falei logo após os ataques de 11 de setembro. Algumas das ideias expostas na sequência estão num discurso que fiz na Conferência de Segurança Aérea (AVSEC) em Hong Kong, em 11 de maio de 2011.

4. Maria Ressa, "The Quest for SE Asia's Islamic, 'Super' State". CNN, 29 ago. 2002. Disponível em: <http://edition.cnn.com/2002/WORLD/asiapcf/southeast/07/30/seasia.state/>.

5. Documentado em meu primeiro livro, *Seeds of Terror: An Eyewitness Account of Al-Qaeda's Newest Center*, bem como num documentário que gravei, redigi e produzi para a ABS-CBN: *9/11: The Philippine Connection*, disponível em: <https://www.youtube.com/watch?v=BX7ySYJXel8>.

6. "Plane Terror Suspects Convicted on All Counts". CNN, 5 set. 1996. Disponível em: <http://edition.cnn.com/US/9609/05/terror.plot/index.html>.

7. Maria Ressa, "U.S. Warned in 1995 of Plot to Hijack Planes, Attack Buildings". CNN, 18 set. 2001. Disponível em: <https://edition.cnn.com/2001/US/09/18/inv.hijacking.philippines/>.

8. Passei anos rastreando todas as pessoas envolvidas nesses eventos, e em meu primeiro livro escrevi sobre Aida Fariscal, a policial cuja persistência levou a frustrar os planos de Murad. Encontramo-nos várias vezes antes de sua morte, em abril de 2004. Cf. Maria A. Ressa, "How a Filipino Woman Saved the Pope". Rappler, 15 jan. 2015. Disponível em: <https://www.rappler.com/newsbreak/80902-filipino-woman-save-pope/>.

9. As pistas documentais que segui, além de entrevistas com investigadores de ao menos três países diferentes, levaram a várias matérias exclusivas para a CNN. Grande parte desse material foi posteriormente incorporada ao Relatório da Comissão 11 de Setembro, lançado em 22 de julho de 2004. Cf. "The 9/11 Commission Report: Final Report of the National Commission on Terrorist Attacks upon the United States: Executive Summary", 9/11 Commission. Disponível em: <https://www.9-11commission.gov/report/911Report_Exec.pdf>.

10. Em 2005, o ano em que voltei para as Filipinas para comandar o ABS-CBN News, reuni as informações que possuía num documentário que foi ao ar naquele ano, descrevendo as conexões terroristas com as Filipinas. Era uma maneira de contar a história destacando o que era importante para os filipinos de uma maneira que eu não poderia ter feito no *9/11: The Philippine Connection*.

11. Um exemplo das várias matérias que Kelli Arena e eu fizemos juntas: "Singapore Bomb Plot Suspect Held" (CNN, 27 jul. 2002. Disponível em: <http://edition.cnn.com/2002/WORLD/asiapcf/southeast/07/26/us.alqaeda.arrest/index.html>). Ela esteve nas Filipinas em 2014 como oradora na Cúpula do Bem Social da Rappler. Cf. Jee Y. Geronimo, "PH+SocialGood: Good Journalism, and the Power of the Crowd" (Rappler, 16 set. 2014. Disponível em: <https://www.rappler.com/moveph/69241-good-journalism-crowdsourcing/>). As coisas pareciam tão mais simples naquela época...

12. Como repórteres, aprendemos a criar uma base de dados própria da Rappler, para ter registro dos ataques digitais numa escala que eu não conseguiria acompanhar na época anterior às redes sociais.

13. Imagine-se numa sala com seis outras pessoas. Um pesquisador lhe mostra um cartão com uma linha e compara com outro cartão, com linhas de vários

comprimentos marcadas "A", "B" e "C". Ele, então, lhe pede para comparar os dois cartões e escolher qual a linha de comprimento mais semelhante à do primeiro cartão. Você tem certeza de que a resposta certa é "C", mas se surpreende ao ver que todos os outros, antes de você, dizem "B". O pesquisador se aproxima de você, o último a responder, e lhe pede a resposta. Agora, apesar de sua certeza anterior, você começa a duvidar de si mesmo. Sente-se tentado a acompanhar o grupo. Você mantém sua resposta inicial ou segue o grupo? Asch instruiu assim os atores contratados para induzir os participantes do teste, e seus estudos mostraram que 75% cedem à pressão do grupo. Quando sozinhos, esses mesmos participantes responderam corretamente em quase 100% das vezes. O experimento de Asch, porém, mostrou um bom aspecto: 25% das pessoas eram totalmente independentes. Nunca seguiam os padrões de conformidade.

14. No estudo de Milgram, o objeto em teste é a pessoa que recebe o poder de ministrar um choque elétrico num experimento que supostamente ajudaria outras pessoas a aprender. Quando o "aprendiz", oculto por uma tela, não consegue decorar pares de palavras com rapidez suficiente, o "auxiliar", isto é, o indivíduo sendo testado, aplica um choque elétrico, aumentando a voltagem a cada resposta errada. Milgram descobriu que a maioria das pessoas segue as instruções de dar choques que seriam potencialmente letais, apesar dos gritos e súplicas do "aprendiz".

15. Nesse estudo, pedia-se que os estudantes se dividissem entre prisioneiros e guardas para um experimento que deveria durar duas semanas. Foi interrompido em menos de sete dias, porque os guardas se tornaram sádicos.

16. Nicholas Christakis e James Fowler, "Links". Connected, 2011. Disponível em: <http://connectedthebook.com/pages/links.html>.

17. Cf. Connected. Disponível em: <http://connectedthebook.com>.

18. John T. Cacioppo, James H. Fowler e Nicholas A. Christakis, "Alone in the Crowd: The Structure and Spread of Loneliness in a Large Social Network". *Journal of Personality and Social Psychology*, v. 97, n. 6, pp. 977-91, 2009. Disponível em: <https://www.ncbi.nlm.nih.gov/pmc/articles/PMC2792572/>.

19. James H. Fowler e Nicholas A. Christakis, "Dynamic Spread of Happiness in a Large Social Network: Longitudinal Analysis over 20 Years in the Framingham Heart Study", *British Medical Journal*, v. 337, 2008. Disponível em: <https://www.bmj.com/content/337/bmj.a2338>. SOBRE TABAGISMO: Nicholas A. Christakis e James H. Fowler, "The Collective Dynamics of Smoking in a Large Social Network", *New England Journal of Medicine*, v. 358, pp. 2249-58, 2008. Disponível em: <https://www.nejm.org/doi/full/10.1056/nejmsa0706154>. SOBRE DOENÇAS SEXUALMENTE TRANSMISSÍVEIS: Elizabeth Landau, "Obesity, STDS Flow in Social Networks", CNN, 24 out. 2009. Disponível em: <https://edition.cnn.com/2009/TECH/10/24/tech.networks.connected/index.html>. SOBRE OBESIDADE: Nicholas A. Christakis e James H. Fowler, "The Spread of Obesity in a Large Social Network over 32 Years". *New England Journal of Medicine*, v. 375, pp. 370-9, 2007. Disponível em: <https://www.nejm.org/doi/full/10.1056/nejmsa066082>.

20. Debati essa questão numa troca de e-mails com Nicholas Christakis, que disse que a tese devia funcionar, mas que não dispunha de um conjunto de dados para prová-la em caráter tão definitivo quanto os que James e ele usaram para formular a regra dos três graus de influência.
21. Em 2011, fui pesquisadora visitante na Naval Postgraduate School, na Califórnia. Meu projeto, junto com outros, era mapear as redes terroristas no Sudeste Asiático.
22. Maria Ressa, "Spreading Terror: From bin Laden to Facebook in Southeast Asia". CNN, 4 maio 2011. Disponível em: <https://edition.cnn.com/2011/OPINION/05/03/bin.laden.southeast.asia/>.
23. "Threat Report: The State of Influence Operations 2017–2020". Facebook, maio 2021. Disponível em: <https://about.fb.com/wp-content/uploads/2021/05/IO-Threat-Report-May-20-2021.pdf>.

5. OS EFEITOS DA REDE: PASSO A PASSO ATÉ O PONTO DE VIRADA [pp. 111-30]

1. Minha segunda equipe da CNN em Manila: Boying Palileo na câmera; Armand Sol na edição; Judith Torres como produtora. Para os sistemas e fluxos de trabalho de uma redação, pedi a Lynn Felton — que morava em Atlanta e era minha assistente de longa data na CNN — para ir nos visitar e organizar alguns treinamentos. Fiz também um acordo com a recém-criada Al-Jazeera English: eles poderiam ter um escritório dentro do complexo da ABS-CBN se Marga Ortigas, uma jornalista e ex-investigadora deles, também nos desse algumas aulas. Como complemento, recebemos o direito de exibir mensalmente um conteúdo limitado da Al-Jazeera. Pensando nos produtores de notícias e o ciclo de 24 horas do ANC, o ABS-CBN News Channel, pedi a Hope Ngo, outra ex-colega da CNN HK, que reformulasse e treinasse essa equipe.
2. Carlos H. Conde, "Arroyo Admits to 'Lapse' During Election". *New York Times*, 28 jun. 2005. Disponível em: <https://www.nytimes.com/2005/06/28/world/asia/arroyo-admits-to-lapse-during-election.html>.
3. Pauline Macaraeg, "Look Back: The 'Hello, Garci' Scandal". Rappler, 5 jan. 2021. Disponível em: <https://www.rappler.com/newsbreak/iq/look-back-gloria-arroyo-hello-garci-scandal/>.
4. "Proclamation Nº 1017 s. 2006". *Official Gazette*, 24 fev. 2006. Disponível em: <https://www.officialgazette.gov.ph/2006/02/24/proclamation-no-1017-s-2006/>.
5. "States of Rebellion, Emergency Under Arroyo Administration". *Philippine Daily Inquirer*, 4 set. 2016. Disponível em: <https://newsinfo.inquirer.net/812626/states-of-rebellion-emergency-under-arroyo-administration>.
6. Raissa Robles, "Coronavirus: Is Covid-19 Task Force Duterte's 'Rolex 12' in Plan for Marcos-Style Martial Law in the Philippines?". *South China Morning Post*,

28 abr. 2020. Disponível em: <https://www.scmp.com/week-asia/politics/article/3081939/coronavirus-covid-19-task-force-dutertes-rolex-12-plan-marcos>.

7. Korina Sanchez, Henry Omaga-Diaz e Ces Oreña-Drilon foram os âncoras fundadores da *Bandila*.

8. Cooptamos duas ideias básicas: crowdsourcing, de James Surowiecki, que escreveu o livro *The Wisdom of Crowds*, e "ponto de virada", do livro *The Tipping Point*, escrito mais de uma década antes por Malcolm Gladwell.

9. Armand Sol, "Ako ang Simula". YouTube, 20 out. 2009. Disponível em: <https://www.youtube.com/watch?v=Kbm1HfW9HYs>.

10. Joseph Campbell estava certo em relação ao poder do mito, e pensamos em verdades universais que iriam repercutir nas Filipinas.

11. Vídeo do chamado à ação disponível no canal de YouTube "Bravenewworldressa". "Boto Mo, iPatrol Mo Maria Ressa Stand Up and Say AKO ANG SIMULA!". YouTube, 6 jan. 2011. Disponível em: <https://www.youtube.com/watch?v=D13Q23BXpZg>.

12. Notícia sobre esse evento extraordinário: "Boto Patrollers Rock with Famous Artists, Bands" (ABS-CBN News, 20 fev. 2010. Disponível em: <https://news.abs-cbn.com/video/entertainment/02/20/10/boto-patrollers-rock-famous-artists-bands>). O título "Himig ng Pagbabago" significa "o som (ou melodia/música) da mudança".

13. Alia Ahmed, "CPJ's Press Freedom Awards Remember Maguindanao". Committee to Protect Journalists, 24 nov. 2010. Disponível em: <https://cpj.org/2010/11/cpjs-press-freedom-awards-remember-maguindanao/>. Elisabeth Witchel, "Ten Years for Justice in Maguindanao Case Is Too Long: We Can Do Better". Committee to Protect Journalists, 19 dez. 2019. Disponível em: <https://cpj.org/2019/12/ten-years-justice-maguindanao-massacre-impunity-journalists/>.

14. A mensagem aparece como enviada ao ABS-CBN por um jornalista em 23 de novembro de 2009.

15. Em 2010 o Facebook estava começando, e na época essas eram as únicas métricas disponíveis.

16. Maria Ressa, "#MovePH: How Social Media and Technology Are Changing You". Rappler, 10 ago. 2014. Disponível em: <https://www.rappler.com/moveph/65802-moveph-how-social-media-and-technology-are-changing-you/>.

17. É apropriado porque Ging Reyes, como chefe da sucursal da América do Norte havia mais de uma década, foi a primeira pessoa a entrar na minha redação como coordenadora de notícias. Ex-produtora do noticiário do horário nobre, ela veio da ABS-CBN, onde costumávamos nos esbarrar pelos corredores em 1987.

18. Maria Ressa, "Maria Ressa's Letter to ABS-CBN News and Current Affairs", ABS-CBN News, 11 out. 2010. Disponível em: < https://news.abs-cbn.com/insights/10/11/10/maria-ressas-letter-abs-cbn-news-and-current-affairs-team>.

6. CRIANDO ONDAS DE MUDANÇA: FORME UMA EQUIPE
[pp. 131-52]

1. Escritora, produtora, fotógrafa e cinegrafista Beth Frondoso trabalhou na ABS-CBN como supervisora de Notícias e Atualidades. Hoje ela lidera a área de Estratégia e Crescimentos Multimídia e Crescimento no Rappler. O estilo de Beth é como o de um general: recolha informações, atribua e distribua. Fazia sentido porque a produção é o motor do tráfego em nossas redes sociais, o que significa que nossa equipe precisava encontrar o equilíbrio para atrair espectadores e fazer as reportagens e os documentários com qualidade — o que nos trouxe prêmios e experimentos com vídeos 360 (bom, isso também ganhou um prêmio).

Entre os editores e fundadores do Rappler, Chay Hofilena é a editora-chefe. Anteriormente, ela foi chefe do Investigative Desk do Rappler e era responsável pelos treinamentos. Antes de se juntar ao Rappler, ela foi uma das fundadoras da Newsbreak Magazine, em 2001. Ela escreveu sobre questões de mídia e é autora do livro News for Sale: The Corruption and Commercialization of the Philippine Media. Ela é pós-graduada em jornalismo pela Universidade de Columbia, em Nova York, e é professora de graduação da Universidade Ateneo, de Manila. O jornalismo lhe atrai porque permite que ela escreva histórias que têm o potencial de fazer a diferença. Chay é nossa professora, um dos motivos pelo qual cada membro da equipe cresce tão rapidamente. Todos nós dividimos nossas fontes e análises, incutindo uma cultura que não existia fora do Rappler ou em muitas empresas de notícias: o compartilhamento. Chay também é a recrutadora que identifica os melhores alunos de suas turmas — queríamos pessoas que fizessem perguntas e cujos egos pudessem ficar em segundo plano nessa missão.

Glenda Gloria é cofundadora do Rappler e atuou como gerente editorial até 16 de novembro de 2020, quando foi nomeada editora executiva. Ela terminou a graduação em jornalismo na Universidade de Santo Tomas, em Manila, em 1985, um ano antes do fim da ditadura de Marcos. Ela trabalhou para o *Philippine Daily Inquirer*, o *Manila Times*, o Philippine Center for Investigative Journalism e para agências internacionais de notícias. Nos últimos dias do governo Estrada, ela cofundou a principal revista investigativa das Filipinas, Newsbreak, que começou como um semanário de notícias. De 2008 a janeiro de 2011, ela gerenciou o ANC (o ABS-CBN News Channel) como diretora de operações. Acadêmica britânica de Chevening, é mestre em sociologia política pela London School of Economics and Political Science (1999). Em maio de 2018, Glenda terminou sua Nieman Journalism Fellowship na Universidade de Harvard. Os livros que ela escreveu incluem Under the Crescent Moon: Rebellion in Mindanao, com Marites Danguilan Vitug, o trabalho inovador e vencedor do National Book Award sobre o conflito em Mindanao; e The Enemy Within: An Inside Story on Military Corruption, com Aries Rufo e Gemma Bagayaua-Mendoza. Glenda é minha parceira na construção da organização, é a policial má da minha policial boa, a disciplinadora que expõe nossas expectativas e ai de quem decepcioná-la. Ela equilibra o médio e longo prazo com o cotidiano, o âmago da questão das histórias que constroem um repórter e um site de notícias.

2. O conselho fundador do Rappler contava com Manny Ayala (um ex-repórter da *Probe* que foi fazer MBA em Harvard e se tornou banqueiro de investimentos), o empreendedor digital Nix Nolledo e Raymund Miranda, que acabara de deixar seu emprego em Cingapura como chefe da NBC Universal para voltar para as Filipinas. Esse grupo era nosso cérebro para negócios e internet. Com exceção de Nix, todos já tínhamos trabalhado com grandes empresas de mídia, então entendíamos de jornalismo e entretenimento. Em 2014, acrescentamos três membros ao conselho: Felicia Atienza, ex-banqueira de investimentos que projetou a aquisição alavancada do Merrill Lynch Filipinas; o ex-diretor da IBM nas Filipinas, James Velasquez; e o advogado e investidor de risco James Bitanga.

3. Cf. página do Facebook da Move.PH. Disponível em: <https://www.facebook.com/move.ph>.

4. Naquele dia, nossas duas câmeras para a transmissão ao vivo foram operadas pelas repórteres multimídia Patricia Evangelista e Katherine Visconti. Os alunos na plateia fizeram perguntas sobre elas (e para elas), pois, por serem mulheres, elas rompiam o velho estereótipo de que atrás do tripé há uma pessoa do sexo masculino.

5. Simon Kemp, "Digital 2011: The Philippines". Datareportal, 30 dez. 2011. Disponível em: <https://datareportal.com/reports/digital-2011-philippines>.

6. Parte desse texto apareceu pela primeira vez em um artigo que submeti em setembro de 2011 ao Centro Internacional de Pesquisa sobre Violência Política e Terrorismo, reproduzindo a apresentação que tinha feito uma semana antes em Baguio e em Cingapura, na Conferência Internacional sobre Engajamento Comunitário. Cf. Maria A. Ressa, "The Internet and New Media: Tools for Countering Extremism and Building Community Resilience" (In: Rohan Gunaratna, Jolene Jerard e Salim Mohamed Nasir, *Countering Extremism*, 2013. Disponível em: <https://doi.org/10.1142/9781908977540_0010>).

7. Muito já foi escrito e dito sobre isso. Cf., por exemplo, William Saletan, "Springtime for Twitter: Is the Internet driving the revolutions of the Arab Spring?" (*Slate*, 18 jul. 2011. Disponível em: <http://www.slate.com/articles/technology/future_tense/2011/07/springtime_for_twitter.html>); e D. Hill, "Op-Ed: The Arab Spring Is Not the Facebook Revolution" (*Ottawa Citizen*, 16 nov. 2011).

8. Marshall McLuhan, "The Medium Is the Message". 1964. Disponível em: <https://web.mit.edu/allanmc/www/mcluhan.mediummessage.pdf>.

9. Suw Charman Anderson, "The Role of Dopamine in Social Media". ComputerWeekly.Com, 26 nov. 2009.

10. Jack Fuller, *What Is Happening to News: The Information Explosion and the Crisis in Journalism*. Londres: University of Chicago Press, 2010, p. 46.

11. Suzanne Choney, "Facebook Use Can Lower Grades by 20%, Study Says". NBC News, 7 set. 2010. Disponível em: <https://www.nbcnews.com/id/wbna 39038581>.

12. O lançamento para usuários selecionados aconteceu nos Estados Unidos em agosto de 2015. O lançamento mundial foi em abril do ano seguinte.

13. "Rappler Is PH's 3rd Top News Site". Rappler, 6 set. 2013. Disponível em: <https://www.rappler.com/nation/rappler-third-top-news-site-alexa/>.

14. O Rappler lançou em 2011 o medidor de humor e o navegador de humor em modo alfa. Dois exemplos de análises acadêmicas sobre a relação entre humor e viralidade: Marco Guerini e Jacopo Staiano, "Deep Feelings: A Massive Cross-Lingual Study on the Relation Between Emotions and Virality" (arXiv, 16 mar. 2015. Disponível em: <https://arxiv.org/pdf/1503.04723.pdf>); Nathan McAlone, "There Is a Specific Sociological Reason Why Facebook Introduced Its New Emoji 'Reactions'" (Insider, 9 out. 2015. Disponível em: <https://www.businessinsider.com/the-reason-facebook-introduced-emoji-reactions-2015-10>).

15. Edmund T. Rolls, "A Theory of Emotion and Consciousness, and Its Application to Understanding the Neural Basis of Emotion". In: Michael S. Gazzaniga (ed.), *The Cognitive Neurosciences*, Cambridge, MA: MIT Press, 1995, pp. 1091-106.

16. Christine Ma-Kellams e Jennifer Lerner, "Trust Your Gut or Think Carefully? Examining Whether an Intuitive, Versus a Systematic, Mode of Thought Produces Greater Empathic Accuracy". *Journal of Personality and Social Psychology*, v. 111, n. 5, pp. 674-85, 2016. Disponível em: <https://www.apa.org/pubs/journals/releases/psp-pspi0000063.pdf>. Jennifer S. Lerner, Ye Li, Piercarlo Valdesolo e Karim Kassam, "Emotions and Decision Making". *Annual Review of Psychology*, 16 jun. 2014. Disponível em: <https://scholar.harvard.edu/files/jenniferlerner/files/annual_review_manuscript_june_16_final.final_.pdf>.

17. Nós reunimos os humores do ano em relatórios anuais: "2012 in Moods" (YouTube, 31 dez. 2012. Disponível em: <https://www.youtube.com/watch?v=dRXYP7zZTtE>); "2013 in Moods" (YouTube, 28 dez. 2013. Disponível em: <https://www.youtube.com/watch?v=-PTjYFldhes>); "2014 in Moods" (YouTube, 29 dez. 2014. Disponível em: <https://www.youtube.com/watch?v=9kDW72xbCEo>); "2015 in Moods" (YouTube, 26 dez. 2015. Disponível em: <https://www.youtube.com/watch?v=UJXNzwXh0_Q>).

18. Nas Filipinas, o Rappler está tentando descobrir o papel emocional das notícias. Marco Guerini e Jacopo Staiano, em um estudo como esse, usaram dados do nosso medidor de humor em suas pesquisas. Cf. Marco Guerini e Jacopo Staiano, "Deep Feelings"; "Study Uses Rappler to See Relationship Between Emotion, Virality" (Rappler, 30 mar. 2015. Disponível em: <https://www.rappler.com/science/88391-rappler-corriere-guerini-staiano-study/>). Um estudo semelhante foi realizado por pesquisadores norte-americanos: Jessica Gall Myrick e Bartosz W. Wojdynski, "Moody News: The Impact of Collective Emotion Ratings on

Online News Consumers' Attitudes, Memory, and Behavioral Intentions" (*New Media & Society*, v. 18, n. 11, pp. 2576-94, 2016).

19. "Vice Ganda Gets Flak for 'Rape' Joke". Rappler, 28 maio 2013. Disponível em: <https://www.rappler.com/entertainment/30116-vice-ganda-jessica-soho-rape-joke/>.

20. Rappler #BudgetWatch. Disponível em: <https://www.rappler.com/topic/budget-watch/>.

21. "Slides and Ladders: Understand the Budget Process". Rappler, 20 jul. 2013. Disponível em: <https://r3.rappler.com/move-ph/issues/budget-watch/27897-slides-ladders-philippine-budget-process>.

22. "[Budget Game] Did Congressmen Favor Your Budget Priorities?". Rappler, 11 jun. 2015. Disponível em: <https://r3.rappler.com/move-ph/issues/budget-watch/33857-national-budget-game>.

23. Rappler #ProjectAgos. Disponível em: <https://r3.rappler.com/move-ph/issues/disasters>.

24. Rappler, "How to Use the Project Agos Alert Map". YouTube, 15 out. 2014. Disponível em: <https://www.youtube.com/watch?v=TfD47KXaFMc>.

25. "Checklist: What Cities and Municipalities Should Prepare for an Earthquake". Rappler, 28. jul. 2018. Disponível em: <https://r3.rappler.com/move-ph/issues/disasters/knowledge-base/>.

26. Rappler, "Agos: Make #ZeroCasualty a Reality". YouTube, 18 maio 2015. Disponível em: <https://www.youtube.com/watch?v=Dvrubwbeypk>.

27. Rappler, "#HungerProject". Disponível em: <https://r3.rappler.com/move-ph/issues/hunger>.

28. David Lozada, "#HungerProject: Collaboration Key to Ending Hunger in the ph". Rappler, 4 mar. 2014. Disponível em: <https://www.rappler.com/moveph/52036-hunger-project-launch-collaboration-ph-hunger/>.

29. Rappler "#WhipIt". Disponível em: <https://r3.rappler.com/brandrap/whipit>.

30. Bea Cupin, "#whipit: Can Women Have It All?". Rappler, 12 dez. 2013. Disponível em: <https://www.rappler.com/brandrap/44663-whip-it-ncr-survey-women-issues/>.

31. Libay Linsangan Cantor, "#whipit: The (En)gendered Numbers Crunch". Rappler, 16 jan. 2014. Disponível em: <https://www.rappler.com/brandrap/profiles-and-advocacies/47950-whip-it-engendered-numbers-crunch/>.

32. Libay Linsangan Cantor, "#whipit: A Filipino Campaign Goes Global and Viral". Rappler, 18 mar. 2016. Disponível em: <https://www.rappler.com/brandrap/profiles-and-advocacies/46129-whipit-gets-international-mileage/>.

33. Smartmatic, *Automated Elections in the Philippines, 2008-2013*. Disponível em: <https://www.par liament.uk/globalassets/documents/speaker/digital-democracy/CS_The_Philippine_Elections_2008-2013_v.9_ING_A4.pdf>; e Business Wire, "Philippine Votes Transmitted in Record Time in Largest Ever Electronic

Vote Count", 9 maio 2016. Disponível em: <https://www.businesswire.com/news/home/20160509006516/en/Philippine-Votes-Transmitted-in-Record-Time-in-Largest-Ever-Electronic-Vote-Count>.

34. Ibid.

35. Para fotos e vídeos desse protesto, ver Bea Cupin, "Scrap Pork Barrel! Punish the Corrupt" (Rappler, 26 ago. 2013. Disponível em: <https://www.rappler.com/nation/37282-pork-barrel-protests-nationwide/>), e Ted Regencia, "'Pork-Barrel Protests' Rock the Philippines" (Al Jazeera, 27 ago. 2013. Disponível em: <https://www.aljazeera.com/features/2013/8/27/pork-barrel-protests-rock-the-philippines>).

36. Dominic Gabriel Go, "#MillionPeopleMarch: Online and Offline Success". Rappler, 11 set. 2013. Disponível em: <https://www.rappler.com/nation/37360-million-people-march-social-media-protest-success>.

37. Para fotos e vídeos desse protesto, ver Bea Cupin e Ted Regencia (op. cit.).

38. Rappler "#NotOnMyWatch". Disponível em: <https://ph.rappler.com/campaigns/fight-corruption#know-nomy>.

39. Michael Bueza, "#NotOnMyWatch: Reporting Corruption Made Easier". Rappler, 26 set. 2016. Disponível em: <https://www.rappler.com/moveph/147340-notonmywatch-chat-bot-report-corruption-commend-good-public-service/>.

40. Na Índia, IPaidABribe.com [Eu paguei suborno] estava à nossa frente quanto a relatórios de corrupção feitos por crowdsourcing, mas não tinha as parcerias governamentais capazes de transformar os relatórios em ação. Claro que isso são agora águas passadas, com Modi transformando as mídias sociais em armas.

41. "WATCH: Duterte: Say 'No' to Corruption". Rappler, 2 jan. 2017. Disponível em: <https://www.rappler.com/moveph/157170-not-on-my-watch-fighting-corruption-rodrigo-duterte-call/>.

42. "#TheLeaderIWant: Leadership, Duterte-style" (Rappler, 29 out. 2015. Disponível em: <https://www.rappler.com/nation/elections/111096-leadership-duterte-style/>); "#TheLeaderIWant: Leadership, Duterte-style" (YouTube, 29 out. 2015. Disponível em: <https://www.youtube.com/watch?v=ow9FUAHCclk>).

43. Maria Ressa, "Duterte, His 6 Contradictions and Planned Dictatorship". Rappler, 26 out. 2015. Disponível em: <https://www.rappler.com/nation/elections/110679-duterte-contradictions-dictatorship/>.

44. Euan McKirdy, "Philippines President Likens Himself to Hitler". CNN, 30 set. 2016. Disponível em: <https://www.cnn.com/2016/09/30/asia/duterte-hitler-comparison>.

45. "Philippines Presidential Candidate Attacked over Rape Remarks". Guardian.com, 17 abr. 2016. Disponível em: <https://www.theguardian.com/world/2016/apr/17/philippines-presidential-candidate-attacked-over-remarks>.

46. "Philippines President Rodrigo Duterte in Quotes". BBC.com, 30 set. 2016. Disponível em: <https://www.bbc.com/news/world-asia-36251094>.

7. COMO OS AMIGOS DOS AMIGOS DERRUBARAM A DEMOCRACIA: PENSE DEVAGAR, NÃO PENSE RÁPIDO [pp. 153-84]

1. Terence Lee, "Philippines' Rappler Fuses Online Journalism with Counterterrorism Tactics, Social Network Theory". Tech in Asia, 21 maio 2013. Disponível em: <https://www.techinasia.com/how-rappler-is-applying-counter-terrorism-tactics-into-an-online-news-startup>.
2. "Leveraging Innovative Solutions to Create Economic Dividends: Case Studies from the Asia Pacific Region". National Center for Asia-Pacific Economic Cooperation, 2014. Disponível em: <ttps://trpc.biz/old_archive/wp-content/uploads/NCAPEC2013_StoriesOfInnovationAndEnablementFromAPEC_14Mar2014.pdf>.
3. "Free Basics Partner Stories: Rappler". Facebook, 12 abr. 2016. Disponível em: <https://developers.facebook.com/videos/f8-2016/free-basics-partner-stories-rappler/>.
4. David Cohen, "Facebook Opens Philippines Office". Adweek, 22 abr. 2018. Disponível em: <https://www.adweek.com/performance-marketing/facebook-philippines/>.
5. Mong Palatino, "Free Basics in Philippines". Global Voices, mar.-abr. 2017. Disponível em: <https://advox.globalvoices.org/wp-content/uploads/2017/07/PHILIPPINES.pdf>.
6. Globe Telecom, Inc., "Facebook CEO Mark Zuckerberg: Philippines a Successful Test Bed for Internet.org Initiative with Globe Telecom Partnership". Cision, 24 fev. 2014. Disponível em: <https://www.prnewswire.com/news-releases/facebook-ceo-mark-zuckerberg-philippines-a-successful-test-bed-for-internetorg-initiative-with-globe-telecom-partnership-247184981.html>.
7. Miguel R. Camus, "MVP Admits PLDT Losing to Globe in Market Share". Inquirer.net, 13 jan. 2017. Disponível em: <https://business.inquirer.net/222861/mvp-admits-pldt-losing-globe-market-share>.
8. "Value of Connectivity". Deloitte, fev. 2014. Disponível em: <https://www2.deloitte.com/content/dam/Deloitte/uk/Documents/technology-media-telecommunications/deloitte-uk-tmt-value-of-connectivity-tmt.pdf>.
9. Vídeo disponível em: <https://developers.facebook.com/videos/f8-2016/free-basics-partner-stories-rappler/>.
10. Segundo dados das Nações Unidas, a população das Filipinas em 3 de julho de 2022 era de 112 579 898 habitantes. Dados disponíveis em: <https://www.worldometers.info/world-population/philippines-population/>.
11. David Dizon, "Why Philippines Has Overtaken India as World's Call Center Capital". ABS-CBN News, 2 dez. 2010. Disponível em: <https://news.abs-cbn.com/nation/12/02/10/why-philippines-has-overtaken-india-worlds-call-center-capital>.

12. Um exemplo desse tipo de negócio é o site de compartilhamento de arquivos Megaupload, de Kim Dotcom, que, segundo documentos do FBI, operava parcialmente nas Filipinas. Cf. David Fisher, "Free but $266 Million in Debt: The Deal That Gave the FBI na Inside Man Who Could Testify Against Kim Dotcom" (*New Zealand Herald*, 27 nov. 2015. Disponível em: <https://www.nzherald.co.nz/business/news/article.cfm?c_id=3&objectid=11551882>).

13. Doug Bock Clark, "The Bot Bubble: How Click Farms Have Inflated Social Media Currency". *New Republic*, 21 abr. 2015. Disponível em: <https://newrepublic.com/article/121551/bot-bubble-click-farms-have-inflated-social-media-currency>.

14. Chris Francescani, "The Men Behind QAnon". ABC News, 22 set. 2020. Disponível em: <https://abcnews.go.com/Politics/men-qanon/story?id=73046374>.

15. Doug Bock Clark, op. cit.

16. Ibid.

17. Jennings Brown, "There's Something Odd About Donald Trump's Facebook Page". Insider, 18 jun. 2015. Disponível em: <https://www.businessinsider.com/donald-trumps-facebook-followers-2015-6>.

18. Nicholas Confessore, Gabriel J. X. Dance, Richard Harris e Mark Hansen, "The Follower Factory". *New York Times*, 27 jan. 2018. Disponível em: <https://www.nytimes.com/interactive/2018/01/27/technology/social-media-bots.html>.

19. Jonathan Corpus Ong e Jason Vincent A. Cabanes, "Architects of Networked Disinformation: Behind the Scenes of Troll Accounts and Fake News Production in the Philippines". Newton Tech4Dev Network, 5 fev. 2018. Disponível em: <http://newtontechfordev.com/wp-content/uploads/2018/02/ARCHITECTS-OF-NETWORKED-DISINFORMATION-FULL-REPORT.pdf>.

20. Glen Arrowsmith, "Arkose Labs Presents the Q3 Fraud and Abuse Report". Arkose Labs, 18 set. 2019. Disponível em: <https://www.arkoselabs.com/blog/arkose-labs-presents-the-q3-fraud-and-abuse-report/>.

21. "Software Management: Security Imperative, Business Opportunity: BSA Global Software Survey". BSA, jun. 2018. Disponível em: <https://gss.bsa.org/wp-content/uploads/2018/05/2018_BSA_GSS_Report_en.pdf>.

22. Heather Chen, "'AlDub': A Social Media Phenomenon About Love and Lip-Synching". BBC, 28 out. 2015. Disponível em: <https://www.bbc.com/news/world-asia-34645078>.

23. Pia Ranada, "ULPB Students to Duterte: Give Us Direct Answers". Rappler, 12 mar. 2016. Disponível em: <https://www.rappler.com/nation/elections/125520-up-los-banos-students-duterte-forum/>.

24. "#AnimatED: Online Mob Creates Social Media Wasteland". Rappler, 14 mar. 2016. Disponível em: <https://www.rappler.com/voices/editorials/125615-online-mob-social-media-wasteland/>.

25. "Duterte to Supporters: Be Civil, Intelligent, Decent, Compassionate". Rappler, 13 mar. 2016. Disponível em: <https://www.rappler.com/nation/elections/125701-duterte-supporters-death-threats-uplb-student/>.

26. Gemma B. Mendoza, "Networked Propaganda: How the Marcoses Are Using Social Media to Reclaim Malacanang". Rappler, 20 nov. 2019. Disponível em: <https://www.rappler.com/newsbreak/investigative/245290-marcos-networked-propaganda-social-media>.

27. "#SmartFREEInternet: Anatomy of a Black Ops Campaign on Twitter". Rappler, 8 out. 2014. Disponível em: <https://www.rappler.com/technology/social-media/71115-anatomy-of-a-twitter-black-ops-campaign/>.

28. Uma única conta tinha o alcance de uma emissora de televisão. Mutya Bautista, que entrou em mais de uma centena de grupos no Facebook, pode ter espalhado informações falsas para milhões de pessoas.

29. Chay F. Hofilena, "Fake Accounts, Manufactured Reality on Social Media". Rappler, 9 out. 2016. Disponível em: <https://www.rappler.com/newsbreak/investigative/148347-fake-accounts-manufactured-reality-social-media/>.

30. As três principais páginas do Facebook que criaram conteúdo direcionado para determinados grupos foram Sass Sasot, ThinkingPinoy e Mocha Uson Blog.

31. "Twitter Map: No Real Party System". Rappler, 25 fev. 2013. Disponível em: <https://www.rappler.com/nation/elections/22454-twitter-map-of-political-coalitions-at-start-of-national-campaigns/>.

32. Rappler Research, "Volume of Groups Tracked by Sharktank". Flourish, 3 out. 2019. Disponível em: <https://public.flourish.studio/visualisation/590897/>.

33. Catherine Tsalikis, "Maria Ressa: 'Facebook Broke Democracy in Many Countries Around the World, Including in Mine'". Centre for International Governance Innovation, 18 set. 2019. Disponível em: <https://www.cigionline.org/articles/maria-ressa-facebook-broke-democracy-many-countries-around-world-including-mine/>.

34. "Explosion Hits Davao Night Market". Rappler, 2 set. 2016. Disponível em: <https://www.rappler.com/nation/145033-explosion-roxas-night-market-davao-city/>.

35. "Duterte Declares State of Lawlessness in PH". Rappler, 3 set. 2016. Disponível em: <https://www.rappler.com/nation/145043-duterte-declares-state-of-lawlessness-ph/>.

36. Editha Caduaya, "Man with Bomb Nabbed at Davao Checkpoint". Rappler, 26 mar. 2016. Disponível em: <https://www.rappler.com/nation/127132-man-bomb-nabbed-davao-checkpoint/>.

37. A matéria do Rappler reaproveitada de forma enganosa foi publicada em sites como Pinoytribune.com, SocialNewsPH.com e NewsTrendPH.com, todos inativos no momento.

38. Rappler Research, "Davao Bombing". Flourish, 8 jul. 2019. Disponível em: <https://public.flourish.studio/visualisation/230850/>.

39. Ralf Rivas, "Gambling-Dependent Philippines Allows POGOs to Resume Operations". Rappler, 1º maio 2020. Disponível em: <https://www.rappler.com/business/259599-gambling-dependent-philippines-allows-pogos-resume-operations-coronavirus/>.

40. O link para a postagem do Rappler no Facebook que foi retirada está disponível em: <https://www.facebook.com/rapplerdotcom/posts/1312782435409203>.

41. John Naughton, "The Goal Is to Automate Us: Welcome to the Age of Surveillance Capitalism". *Guardian*, 20 jan. 2019. Disponível em: <https://www.theguardian.com/technology/2019/jan/20/shoshana-zuboff-age-of-surveillance-capitalism-google-facebook>.

42. Há quatro livros sobre o Facebook cuja leitura recomendo. O primeiro é *The Facebook Effect*, de David Kirkpatrick (Nova York: Simon & Schuster, 2010), que retrata o início e o desenvolvimento da marca de Mark Zuckerberg. O segundo, *The Age of Surveillance Capitalism* (Nova York: Public Affairs, 2019), de Shoshana Zuboff, trata do modelo de negócios da empresa. Foi a autora quem cunhou a expressão "capitalismo de vigilância". O terceiro, de Steven Levy, é *Facebook: The Inside Story* (Nova York: Blue Rider Press, 2020), que relata a queda da plataforma. Por fim, *The Hype Machine* (Nova York: Currency, 2020), de Sinan Aral, que apresenta alguns dos perigos, mas continua sendo uma visão favorável do Facebook, proporcionando a possibilidade de redenção.

43. John Naughton, op. cit.

44. James Bridle, "*The Age of Surveillance Capitalism* by Shoshana Zuboff Review — We Are the Pawns". *Guardian*, 2 fev. 2019. Disponível em: <https://www.theguardian.com/books/2019/feb/02/age-of-surveillance-capitalism-shoshana-zuboff-review>.

45. Shoshana Zuboff deseja abolir o mercado dos nossos dados comportamentais. Ela e eu, junto com Roger McNamee e outros críticos do Facebook, nos reunimos como parte do Real Facebook Oversight Board [Verdadeiro Conselho de Supervisão do Facebook, em tradução livre], criado pela jornalista Carole Cadwalladr, que divulgou a história da Cambridge Analytica em 2018. Foi quando lançamos o grupo. Cf. Olivia Solon, "While Facebook Works to Create an Oversight Board, Industry Experts Formed Their Own" (NBC News, 25 set. 2020. Disponível em: <https://www.nbcnews.com/tech/tech-news/facebook-real-oversight-board-n1240958>.

46. Ryan Mac e Craig Silverman, "'Mark Changed the Rules': How Facebook Went Easy on Alex Jones and Other Right-Wing Figures". BuzzFeed News, 22 fev. 2021. Disponível em: <https://www.buzzfeednews.com/article/ryanmac/mark-zuckerberg-joel-kaplan-facebook-alex-jones>. Sheera Frenkel et al., "Delay, Deny and Deflect: How Facebook's Leaders Fought Through Crisis". *New York Times*, 14 nov. 2018. Disponível em: <https://www.nytimes.com/2018/11/14/technology/facebook-data-russia-election-racism.html>.

47. Maria A. Ressa, "[ANALYSIS] As Democracy Dies, We Build a Global Future". Rappler, 13 out. 2020. Disponível em: <https://www.rappler.com/voices/thought-leaders/analysis-as-democracy-dies-we-build-a-global-future/>.

48. Maya Yang, "More Than 40% in US Do Not Believe Biden Legitimately Won Election — Poll". *Guardian*, 5 jan. 2022. Disponível em: <https://www.

theguardian.com/us-news/jan/05/america-biden-election-2020-poll-victory. Os números — 37% dos norte-americanos e 10% dos democratas — vieram de uma pesquisa privada compartilhada comigo.

49. "Is Facebook Putting Company over Country? New Book Explores Its Role in Misinformation". *PBS NewsHour*, 22 jul. 2021. Disponível em: <https://www.pbs.org/newshour/show/is-facebook-putting-company-over-country-new-book-explores-its-role-in-misinformation>.

50. Lora Kolodny, "Zuckerberg Claims 99% of Facebook Posts 'Authentic,' Denies Fake News There Influenced Election". TechCrunch, 12 nov. 2016. Disponível em: <https://techcrunch.com/2016/11/13/zuckerberg-claims-99-of-facebook-posts-authentic-denies-fake-news-there-influenced-election/>.

51. Alex Stamos, que tecnicamente se reportava a Sheryl Sandberg, cujas responsabilidades incluíam proteger os usuários.

52. Sheera Frenkel e Cecilia Kang, *An Ugly Truth: Inside Facebook's Battle for Domination*. Nova York: Harper, 2021.

53. Ibid. A política do Facebook, de acordo com as autoras e repórteres do *New York Times* Sheera Frenkel e Cecilia Kang, é demitir os funcionários depois que são pegos. Stamos argumentou que a empresa era responsável por impedir, logo de saída, que o fato acontecesse.

54. Daniela Hernandez e Parmy Olson, "Isolation and Social Media Combine to Radicalize Violent Offenders". *Wall Street Journal*, 5 ago. 2019. Disponível em: <https://www.wsj.com/articles/isolation-and-social-media-combine-to-radicalize-violent-offenders-11565041473>. Ver também, SOBRE TERRORISMO: "The Use of Social Media by United States Extremists" (Disponível em: https://www.start.umd.edu/pubs/START_PIRUS_UseOfSocialMediaByUSExtremists_ResearchBrief_July2018.pdf); SOBRE POLÍTICA: Robin L. Thompson, "Radicalization and the Use of Social Media" (*Journal of Strategic Security*, v. 4, n. 4, 2011. Disponível em: <https://digitalcommons.usf.edu/cgi/viewcontent.cgi?article=1146&context=jss>); SOBRE TERRORISMO NA EXTREMA DIREITA: Farah Pandith e Jacob Ware, "Teen Terrorism Inspired by Social Media Is on the Rise. Here's What We Need to Do" (NBC News, 22 mar. 2021. Disponível em: <https://www.nbcnews.com/think/opinion/teen-terrorism-inspired-social-media-rise-here-s-what-we-ncna1261307>).

55. Kyle Chua, "8Chan Founder Says Current Site Owner Jim Watkins Behind QAnon — Report". Rappler, 29 set. 2020. Disponível em: <https://www.rappler.com/technology/8chan-founder-fredrick-brennan-jim-watkins-behind-qanon/>.

56. Jim Holt, "Two Brains Running". *New York Times*, 25 nov. 2011. Disponível em: <https://www.nytimes.com/2011/11/27/books/review/thinking-fast-and-slow-by-daniel-kahneman-book-review.html>.

57. Peter Dizikes, "Study: On Twitter, False News Travels Faster Than True Stories". MIT News, 8 mar. 2018. Disponível em: <https://news.mit.edu/2018/study-twitter-false-news-travels-faster-true-stories-0308>.

58. "#NoPlaceForHate: Change Comes to Rappler's Comments Thread". Twitter, 26 ago. 2016. Disponível em: <https://twitter.com/rapplerdotcom/status/769085047915810816>.

59. "#NoPlaceForHate: Change Comes to Rappler's Comments Thread". Rappler, 26 ago. 2016. Disponível em: <https://www.rappler.com/voices/143975-no-place-for-hate-change-comes-to-rappler-comments-thread/>.

60. Se houver tempo para expor, através da discussão, a falsidade e as falácias, para evitar o mal por meio dos processos da educação, o remédio a aplicar é mais discurso, não silêncio forçado." *Whitney x People of State of California*, 274 US 357 (1927).

61. Raisa Serafica, "Collateral Damage: 5-Yr-Old Girl Latest Fatality in War on Drugs". Rappler, 25 ago. 2016. Disponível em: <https://www.rappler.com/nation/144138-five-year-old-killed-pangasinan-war-drugs/>.

62. Maria Ressa, "Propaganda War: Weaponizing the Internet". Rappler, 3 out. 2016. Disponível em: <https://www.rappler.com/nation/148007-propaganda-war-weaponizing-internet/>. Maria Ressa, "How Facebook Algorithms Impact Democracy". Rappler, 8 out. 2016. Disponível em: <https://www.rappler.com/newsbreak/148536-facebook-algorithms-impact-democracy/>.

63. Chay F. Hofileña, "Fake Accounts, Manufactured Reality on Social Media". Rappler, 9 out. 2016. Disponível em: <https://www.rappler.com/newsbreak/investigative/148347-fake-accounts-manufactured-reality-social-media/>.

8. COMO O ESTADO DE DIREITO DESMORONOU POR DENTRO: CALAR É SER CÚMPLICE [pp. 185-220]

1. Maria Ressa, "Propaganda War: Weaponizing the Internet". Rappler, 3 out. 2016. Disponível em: <https://www.rappler.com/nation/148007-propaganda-war-weaponizing-internet/>.

2. "Guerreiros do teclado" (*keyboard warriors*) era como a equipe de Duterte chamava seus "voluntários".

3. "Aquino: 'I Hope I Showed Best Face of PH to the World'". Rappler, 8 jun. 2016. Disponível em: <https://www.rappler.com/nation/135685-aquino-best-face-philippines-world/>.

4. Jodesz Gavilan, "Duterte's P10M Social Media Campaign: Organic, Volunteer-Driven". Rappler, 1 jun. 2016. Disponível em: <https://www.rappler.com/newsbreak/134979-rodrigo-duterte-social-media-campaign-nic-gabunada/>.

5. Gelo Gonzales, "Facebook Takes Down Fake Account Network of Duterte Campaign Social Media Manager". Rappler, 29 mar. 2019. Disponível em: <https://www.rappler.com/technology/226932-facebook-takes-down-fake-account-network-duterte-campaign-social-media-manager-march-2019/>.

6. Maria A. Ressa, "How Facebook Algorithms Impact Democracy". Rappler, 8 out. 2016. Disponível em: <https://www.rappler.com/newsbreak/148536-facebook-algorithms-impact-democracy/>.

7. Chay F. Hofileña, "Fake Accounts, Manufactured Reality on Social Media". Rappler, 9 out. 2016. Disponível em: <https://www.rappler.com/newsbreak/investigative/148347-fake-accounts-manufactured-reality-social-media/>.

8. Rambo Talabong, "At Least 33 Killed Daily in the Philippines Since Duterte Assumed Office". Rappler, 15 jun. 2018. Disponível em: <https://www.rappler.com/newsbreak/in-depth/204949-pnp-number-deaths-daily-duterte-administration/>.

9. "The Kill List". Inquirer.net, 7 jul. 2016. Disponível em: <https://newsinfo.inquirer.net/794598/kill-list-drugs-duterte>.

10. "Map, Charts: The Death Toll of the War on Drugs". ABS-CBN News, 13 jul. 2016. Disponível em: <https://news.abs-cbn.com/specials/map-charts-the-death-toll-of-the-war-on-drugs>.

11. Patricia Evangelista, "The Impunity Series". Rappler, 25 jul. 2017. Disponível em: <https://r3.rappler.com/newsbreak/investigative/168712-impunity-series-drug-war-duterte-administration>.

12. Amnesty International, "Philippines: Duterte's 'War on Drugs' Is a War on the Poor". 4 fev. 2017. Disponível em: <https://www.amnesty.org/en/latest/news/2017/02/war-on-drugs-war-on-poor/>.

13. "Philippines President Rodrigo Duterte in Quotes". BBC, 30 set. 2016. Disponível em: <https://www.bbc.com/news/world-asia-36251094>.

14. Essa mesma frase havia sido usada para atacar a mídia nos Estados Unidos, na Índia, no Brasil, na África do Sul e em outros países ao redor do mundo. Cf. Chryselle D'Silva Dias, "Female Journalists, Called 'Presstitutes,' Face Extreme Harassment in India" (Vice, 9 maio 2016. Disponível em: <https://www.vice.com/en/article/53n78d/female-journalists-called-presstitutes-face-extreme-harassment-in-india>).

15. "Atty. Bruce Rivera's Open Letter to the Biased Media Went Viral". PhilNews.xyz, 9 abr. 2016. Disponível em: <https://www.philnews.xyz/2016/04/atty-rivera-open-letter-bias-media.html>.

16. Mocha Usón falando em filipino. Vídeo agora indisponível: <https://www.facebook.com/Mochablogger/videos/10154651959381522/?_rdc=1&_rdr>.

17. Perfil da autora no Facebook. Disponível em: <https://www.facebook.com/media/set/?set=a.10209891686836139&type=3>.

18. "Corrupt, Coerce, Co-opt: Democratic Freedoms Hit Hard as Filipino Journalist Silenced by Authoritarian President". LittleLaw, 11 jul. 2020.

19. Pia Ranada, "Duterte Tags Roberto Ongpin as 'Oligarch' He Wants to Destroy". Rappler, 3 ago. 2016. Disponível em: <https://www.rappler.com/nation/141861-duterte-roberto-ongpin-oligarch/>.

20. Sofia Tomacruz, "Big Business Winners, Losers in Duterte's 1st Year". Rappler, 24 jul. 2017. Disponível em: <https://www.rappler.com/business/176500-sona-2017-philippines-big-business-winners-losers-in-dutertes-1st-year/>.

21. Ralf Rivas, "Dennis Uy's Growing Empire (and Debt)". Rappler, 4 jan. 2019. Disponível em: <https://www.rappler.com/newsbreak/in-depth/219039-dennis-uy-growing-business-empire-debt-year-opener-2019/>. Cliff Venzon,

"Philippine Tycoon Dennis Uy Eyes Asset Sale to Cut Debt". Nikkei Asia, 23 mar. 2021. Disponível em: <https://asia.nikkei.com/Business/Business-deals/Philippine-tycoon-Dennis-Uy-eyes-asset-sale-to-cut-debt>.

22. Bea Cupin, "Duterte Attacks 'Politicking, Posturing' De Lima". Rappler, 17 ago. 2016. Disponível em: <https://www.rappler.com/nation/143353-duterte-hits-leila-de-lima/>.

23. "De Lima Admits Past Relationship with Driver Bodyguard — Report". Rappler, 14 nov. 2016. Disponível em: <https://www.rappler.com/nation/152373-de-lima-admits-relationship-ronnie-dayan/>.

24. "De Lima Denies Starring in 'Sex Video,' Says Ex-Driver Under Threat". ABS-CBN News, 20 ago. 2016. Disponível em: <https://news.abs-cbn.com/news/08/20/16/de-lima-denies-starring-in-sex-video-says-ex-driver-under-threat>.

25. "Senate Ends Probe: Neither Duterte nor State Sponsored Killings". Rappler, 13 out. 2016. Disponível em: <https://www.rappler.com/nation/149086-senate-ends-extrajudicial-killings-investigation-gordon-duterte/>.

26. Jodesz Gavilan, "The House's 'Climax' Congressmen: Who Are They?". Rappler, 26 nov. 2016. Disponível em: <https://www.rappler.com/newsbreak/iq/153652-profiles-lawmakers-climax-ronnie-dayan-de-lima/>.

27. "'Kailan kayo nag-climax?': Nonsense Questions at the Bilibid Drugs Hearing". Rappler, 25 nov. 2016. Disponível em: <https://www.rappler.com/nation/153547-nonsense-questions-ronnie-dayan-house-probe-drugs/>.

28. "'Sen. De Lima Teases Jaybee Sebastian in a Pole Inside His Kubol' Witness Says". Pinoy Trending News. O material (<http://pinoytrending.altervista.org/sen-de-lima-teases-jaybee-sebastian-pole-inside-kubol-witness-says/>) estava disponível em 7 de outubro de 2016, mas não está mais.

29. Pauline Macaraeg, "Premeditated Murder: The Character Assassination of Leila de Lima". Rappler, 6 dez. 2019. Disponível em: <https://www.rappler.com/newsbreak/investigative/246329-premeditated-murder-character-assassination-leila-de-lima/.

30. Os fundadores da North Base Media sao Marcus Brauchli, Stuart Karle e Sasa Vucinic. Karle foi conselheiro geral do *Wall Street Journal* e COO da Reuters. Vucinic e um dos fundadores do Media Development Investment Fund. Cf. Natashya Gutierrez, "Top Journalists' Independent Media Fund Invests in Rappler" (Rappler, 31 maio 2015. Disponivel em: <https://www.rappler.com/nation/94379-top-journalists-independent-media-fund-invests-rappler/) e Jum Balea, "Rappler Gets Funding from Top Media Veterans Led by Marcus Brauchli" (Tech in Asia, 14 maio 2015. Disponivel em: <https://www.techinasia.com/rappler-funding-marcus-brauchli-sasa-vucinic>).

31. "Omidyar Network Invests in Rappler". Rappler, 5 nov. 2015. Disponível em: <https://www.rappler.com/nation/109992-omidyar-network-invests-rappler/>.

32. Kara Swisher, "A Journalist Trolled by Her Own Government". *New York Times*, 22 fev. 2019. Disponível em: <https://www.nytimes.com/2019/02/22/opinion/maria-ressa-facebook-philippines-.html>.

33. Natashya Gutierrez, "State-Sponsored Hate: The Rise of the Pro-Duterte Bloggers". Rappler, 18 ago. 2017. Disponível em: <https://www.rappler.com/newsbreak/in-depth/178709-duterte-die-hard-supporters-bloggers-propaganda-pcoo/>. Maria Ressa, "Americans, Look to the Philippines to See a Dystopian Future Created by Social Media". *Los Angeles Times*, 25 set. 2019. Disponível em: <https://www.latimes.com/opinion/story/2019-09-24/philippines-facebook-cambridge-analytica-duterte-elections>.

34. Rachel Hatzipanagos, "How Online Hate Turns into Real-Life Violence". *Washington Post*, 30 nov. 2018. Disponível em: <https://www.washingtonpost.com/nation/2018/11/30/how-online-hate-speech-is-fueling-real-life-violence/>. Ver também: "From Digital Hate to Real World Violence" (The Aspen Institute, 16 jun. 2021. Disponível em: <https://www.aspeninstitute.org/events/from-digital-hate-to-real-world-violence/>), e Morgan Meaker, "When Social Media Inspires Real Life Violence" (DW, 11 nov. 2018. Disponível em: <https://www.dw.com/en/when-social-media-inspires-real-life-violence/a-46225672>).

35. Rachel Hatzipanagos, op. cit.

36. "#LeniLeaks: Speculations Based on Fragmented Emails". Rappler, 9 jan. 2017. Disponível em: <https://www.rappler.com/newsbreak/inside-track/157697-leni-leaks-speculations-robredo-duterte-ouster/>.

37. Cf. Natashya Gutierrez, "State-Sponsored Hate: the Rise of the Pro-Duterte Bloggers" (Rappler, 18 ago. 2016. Disponível em: <https://www.rappler.com/newsbreak/in-depth/178709-duterte-die-hard-supporters-bloggers-propaganda-pcoo/>).

38. "Free Basics Partner Stories: Rappler". 12 abr. 2016. Vídeo disponível em: <https://developers.facebook.com/videos/f8-2016/free-basics-partner-stories-rappler/>.

39. Michael Scharff, "Building Trust and Promoting Accountability: Jesse Robredo and Naga City, Philippines, 1988-1998". Innovations for Successful Societies, jul. 2011. Disponível em: <https://successfulsocieties.princeton.edu/publications/building-trust-and-promoting-accountability-jesse-robredo-and-nagacity-philippines>. A transcrição e o áudio da entrevista com Jesse Robredo em 8 de março de 2011 estão disponíveis em: <https://successfulsocieties.princeton.edu/interviews/jesse-robredo>.

40. Natashya Gutierrez, "Blogger-Propagandists, the New Crisis Managers". Rappler, 20 ago. 2017. Disponível em: <https://www.rappler.com/newsbreak/in-depth/178972-blogger-diehard-duterte-supporters-crisis-manager/>.

41. Pia Ranada, "COA Hits PCOO for 'Massive, Unrestricted' Hiring of Contractual Workers". Rappler, 7 jul. 2021. Disponível em: <https://www.rappler.com/nation/pcoo-massive-unrestricted-hiring-contractual-workers-coa-report-2020/>.

42. "Gender in Focus: Tackling Sexism in the News Business — On and Offline". WAN-IFRA, 12 nov. 2014. Disponível em: <https://wan-ifra.org/2014/11/gender-in-focus-tackling-sexism-in-the-news-business-on-and-offline/>.

43. "Demos: Male Celebrities Receive More Abuse on Twitter Than Women". Demos, 26 ago. 2014. Disponível em: <https://demos.co.uk/press-release/demos-male-celebrities-receive-more-abuse-on-twitter-than-women-2/>.

44. Julie Posetti, "Fighting Back Against Prolific Online Harassment: Maria Ressa". In: Larry Kilman (ed.), *An Attack on One Is an Attack on All*. Paris: Unesco, 2017, pp. 37-40. Disponível em: <https://unesdoc.unesco.org/ark:/48223/pf0000250430>.

45. David Maas, "New Research Details Ferocity of Online Violence Against Maria Ressa". International Center for Journalists, 8 mar. 2021. Disponível em: <https://ijnet.org/en/story/new-research-details-ferocity-online-violence-against-maria-ressa>.

46. Finalmente conheci Nabeelah Shabbir e Felix Simon no Frontline Club em Londres, em novembro de 2019. Cf. "Democracy's Dystopian Future — with Rappler's Maria Ressa" (Frontline Club, 12 nov. 2019. Disponível em: <https://www.frontlineclub.com/democracys-dystopian-future-with-rapplers-maria-ressa/>).

47. Julie Posetti, Felix Simon e Nabeelah Shabbir, "What If Scale Breaks Community? Rebooting Audience Engagement When Journalism Is Under Fire". Reuters Institute for the Study of Journalism, out. 2019. Disponível em: <https://reutersinstitute.politics.ox.ac.uk/sites/default/files/2019-10/Posetti%20What%20if%20FINAL.pdf>.

48. Pia Ranada, "Duterte Claims Rappler 'Fully Owned by Americans'". Rappler, 24 jul. 2017. Disponível em: <https://www.rappler.com/nation/176565-sona-2017-duterte-rappler-ownership/>.

49. Bea Cupin, "Duterte Threatens 'Expose' vs Inquirer". Rappler, 1 jul. 2017. Disponível em: <https://www.rappler.com/nation/174445-duterte-prieto-inquirer-mile-long/>.

50. Pia Ranada, "Duterte to Block Renewal of ABS-CBN Franchise," Rappler, 27 abr. 2017. Disponível em: <https://www.rappler.com/nation/168137-duterte-block-abs-cbn-franchise-renewal/>.

51. Cf. post de Leloy Claudio no Facebook em 8 de outubro de 2021. Disponível em: <https://www.facebook.com/leloy/posts/10160062758639258>.

52. Maria Ressa, "President Duterte, You Are Wrong". Twitter, 24 jul. 2017. Disponível em: <https://twitter.com/mariaressa/status/889408648799076352?s=20>.

53. Carly Nyst, "Patriotic Trolling: How Governments Endorse Hate Campaigns Against Critics". *Guardian*, 12 jul. 2017. Disponível em: <https://www.theguardian.com/commentisfree/2017/jul/13/patriotic-trolling-how-governments-endorse-hate-campaigns-against-critics>.

54. "Lauren Etter, Projects and Investigations". Bloomberg. Disponível em: <https://www.bloomberg.com/authors/ASFjLS119J4/lauren-etter>.

55. Lauren Etter, "What Happens When the Government Uses Facebook as a Weapon?". Bloomberg, 7 dez. 2017. Disponível em: <https://www.bloomberg.com/news/features/2017-12-07/how-rodrigo-duterte-turned-facebook-into-a-weapon-with-a-little-help-from-facebook>.

9. SOBREVIVENDO A MILHARES DE FERIDAS: ACREDITE NO BEM [pp. 223-42]

1. Sob Duterte, o Ministério da Justiça foi encabeçado primeiro por Vitaliano Aguirre II, que logo depois foi substituído pelo advogado Menardo Guevarra. Guevarra se tornou um dos homens mais poderosos do governo Duterte depois que a lei antiterrorismo foi promulgada, em 2020.
2. Carmela Fonbuena, "SEC Revokes Rappler's Registration". Rappler, 15 jan. 2018. Disponível em: <https://www.rappler.com/nation/193687-rappler-registration-revoked/>.
3. "SEC Order Meant to Silence Us, Muzzle Free Expression — Rappler". Rappler, 29 jan. 2018. Disponível em: <https://www.rappler.com/nation/194752-sec-case-press-freedom-free-expression/>.
4. Olhei para aquela foto, e os sorrisos de nossa equipe me cativaram. Ela não chegou a entrar neste livro, mas você pode vê-la disponível em: <https://www.bqprime.com/opinion/nobel-winner-maria-ressa-on-embracing-fear-and-standing-up-to-strongmen>.
5. "Stand with Rappler, Defend Press Freedom". Rappler, 3 dez. 2018. Disponível em: <https://r3.rappler.com/about-rappler/about-us/193650-defend-press-freedom>.
6. Carmela Fonbuena, op. cit.
7. O resumo e o video de nossa coletiva de imprensa estao disponiveis em: <https://www.rappler.com/nation/193687-rappler-registration-revoked/>.
8. "Fear for Democracy After Top Philippine Judge and Government Critic Removed". *Guardian*, 11 maio 2018. Disponível em: <https://www.theguardian.com/world/2018/may/12/fear-for-democracy-after-top-philippine-judge-and-government-critic-removed>.
9. "Rappler's Pia Ranada Barred from Entering Malacanang Palace". Rappler, 20 fev. 2018. Disponível em: <https://www.rappler.com/nation/pia-ranada-barred-malacanang-palace/>. "Everything You Need to Know About Rappler's Malacanang Coverage Ban". Rappler, 22 fev. 2018. Disponível em: <https://www.rappler.com/nation/196569-rappler-malacanang-ban-pia-ranada-faq/>.
10. "Duterte Himself Banned Rappler Reporter from Malacanang Coverage". Rappler, 20 fev. 2018. Disponível em: <https://www.rappler.com/nation/196474-duterte-orders-psg-stop-rappler-reporter-malacanang/>.
11. Pia Ranada, "Duterte Admits Role in Navy–Bong Go Frigates Issue". Rappler, 19 out. 2018. Disponível em: <https://www.rappler.com/nation/214676-duterte-admits-role-philippine-navy-bong-go-frigates-issue/>.
12. Miriam Grace A Go, "'We're Not Scared of These Things': Rappler News Editor on How the Newsroom Continues Despite the Increasing Threats, Alongside Words from Their CEO Maria Ressa". *Index on Censorship*, v. 47, n. 2, pp. 48-51, jul. 2018. Disponível em: <https://journals.sagepub.com/doi/10.1177/0306422018784531>.

13. Lian Buan, "sc Allows Other Journalists to Join Rappler Petition vs Duterte Coverage Ban". Rappler, 15 ago. 2019. Disponível em: <https://www.rappler.com/nation/237722-supreme-court-allows-other-journalists-join-rappler-petition-vs-duterte-coverage-ban>.

14. Mark Zuckerberg, "One of our big focus areas…". Facebook, 11 jan. 2018. Disponível em: <https://www.facebook.com/zuck/posts/one-of-our-big-focus-areas-for-2018-is-making-sure-the-time-we-all-spend-on-face/10104413015393571/>.

15. Mike Isaac, "Facebook Overhauls News Feed to Focus on What Friends and Family Share". *New York Times*, 11 jan. 2018. Disponível em: <https://www.nytimes.com/2018/01/11/technology/facebook-news-feed.html>.

16. Alex Hern, "Facebook Moving Non-promoted Posts Out of News Feed in Trial". *Guardian*, 23 out. 2017. Disponível em: <https://www.theguardian.com/technology/2017/oct/23/facebook-non-promoted-posts-news-feed-new-trial-publishers>.

17. Filip Struhárik, "Biggest Drop in Facebook Organic Reach We Have Ever Seen". Medium, 21 out. 2017. Disponível em: <https://medium.com/@filip_struharik/biggest-drop-in-organic-reach-weve-ever-seen-b2239323413>.

18. Steve Kovach, "Facebook Is Trying to Prove It's Not a Media Company by Dropping the Guillotine on a Bunch of Media Companies". Insider, 13 jan. 2018. Disponível em: <https://www.businessinsider.com/facebooks-updated-news-feed-algorithm-nightmare-for-publishers-2018-1>.

19. Adam Mosseri, "Facebook Recently Announced a Major Update to News Feed; Here's What's Changing". Meta, 18 abr. 2018. Disponível em: <https://about.fb.com/news/2018/04/inside-feed-meaningful-interactions/>.

20. Sheera Frenkel, Nicholas Casey, e Paul Mozur, "In Some Countries, Facebook's Fiddling Has Magnified Fake News". *New York Times*, 4 jan. 2018. Disponível em: <https://www.nytimes.com/2018/01/14/technology/facebook-news-feed-changes.html>.

21. Mariella Mostof, "'The Great Hack' Features the Journalist Who Broke the Cambridge Analytica Story". Romper, 24 jul. 2019. Disponível em: <https://www.romper.com/p/who-is-carole-cadwalladr-the-great-hack-tells-the-investigative-journalists-explosive-story-18227928>.

22. "Philippines' Watchdog Probes Facebook over Cambridge Analytica Data Breach". Reuters, 13 abr. 2018. Disponível em: <https://www.reuters.com/article/us-facebook-privacy-philippines-idUSKBN1HK0QC>.

23. A Cambridge Analytica e sua matriz, scl, trabalharam nas Filipinas desde 2013. Cf. Natashya Gutierrez, "Did Cambridge Analytica Use Filipinos' Facebook Data to Help Duterte Win?" (Rappler, 5 abr. 2018. Disponível em: <https://www.rappler.com/nation/199599-facebook-data-scandal-cambridge-analytica-help-duterte-win-philippine-elections/>); Natashya Gutierrez, "Cambridge Analytica's Parent Company Claims Ties with Duterte Friend" (Rappler, 9 abr. 2018. Disponível em: <https://www.rappler.com/newsbreak/investigative/199847-cambridge-analytica-uk-istratehiya-philippines/>).

24. Gelo Gonzales, "The Information and Democracy Commission: Defending Free Flow of Truthful Info". Rappler, September 18, 2018. Disponível em: <https://www.rappler.com/technolog y/features/212240-information-democracy-commission-rsf-inform ation-operations/>.

25. "Forum Names 'Infodemics' Working Group's 17-Member Steering Committee". Forum on Information & Democracy, 6 jul. 2020. Disponível em: <https://informationdemocracy.org/2020/07/06/forum-names-infodemics-working-groups-17-member-steering-committee/>. Camille Elemia, "How to Solve Information Chaos Online? Experts Cite These Structural Solutions". Rappler, 14 nov. 2020. Disponível em: <https://www.rappler.com/technology/features/experts-cite-structural-solutions-online-information-chaos/>.

26. "Maria Ressa Receives Journalism Award, Appeals to Tech Giants, Government Officials". Rappler, 9 nov. 2018. Disponível em: <https://www.rappler.com/nation/216300-maria-ressa-acceptance-speech-knight-international-journalism-awards-2018/>.

27. Paige Occeñola, "Exclusive: PH Was Cambridge Analytica's 'Petri Dish' — Whistle-Blower Christopher Wylie". Rappler, 10 set. 2019. Disponível em: <https://www.rappler.com/technology/social-media/239606-cambridge-analytica-philippines-online-propaganda-christopher-wylie/>.

28. "Maria Ressa Receives Journalism Award, Appeals to Tech Giants, Government Officials". Rappler, 9 nov. 2019. Disponível em: <https://www.rappler.com/nation/216300-maria-ressa-acceptance-speech-knight-international-journalism-awards-2018/>.

29. Alexandra Stevenson, "Philippines Says It Will Charge Veteran Journalist Critical of Duterte". *New York Times*, 9 nov. 2018. Disponível em: <https://www.nytimes.com/2018/11/09/business/duterte-critic-rappler-charges-in-philippines.html?smid=url-share>.

30. Lian Buan, "DOJ Indicts Rappler Holdings, Maria Ressa for Tax Evasion". Rappler, 9 nov. 2018. Disponível em: <https://www.rappler.com/nation/216337-doj-indicts-rappler-holdings-tax-evasion-november-9-2018/>.

31. Rappler, "Maria Ressa at Champs-Elysees During 'Yellow Vest' Protest". YouTube, 18 dez. 2018. Disponível em: <https://www.youtube.com/watch?v=393JVj-oL-E>.

32. Rappler, "Maria Ressa Arrives in Manila amid Arrest Fears". Facebook, 2 dez. 2018. Disponível em: <https://www.facebook .com/watch/?v=1786538544788973>.

33. Rambo Talabong, "Maria Ressa Back in PH: Don't Let the Gov't Cross the Line". Rappler, 3 dez. 2006. Disponível em: <https://www.rappler.com/nation/218066-maria-ressa-back-philippines-arrest-fears/>.

34. Carlos Conde, "A New Weapon Against Press Freedom in the Philippines". *Globe and Mail*, 5 dez. 2018. Disponível em: <https://www.theglobeandmail.com/opinion/article-a-new-weapon-against-press-freedom-in-the-philippines/>.

35. Lian Buan, "Rappler to Pasig Court: Tax Charges 'Clear Case of Persecution'". Rappler, 6 dez. 2018. Disponível em: <https://www.rappler.com/nation/218340-rhc-maria-ressa-motion-quash-tax-evasion-case-pasig-rtc-branch-265/>.

36. Rappler, "Pasig Court Postpones Rappler, Maria Ressa Arraignment". YouTube, 6 dez. 2018. Disponível em: <https://www.youtube.com/watch?v=4_hPBu0FXXw/>.

37. Karl Vick, "Person of the Year 2018". *Time*, 11 dez. 2018. Disponível em: <https://time.com/person-of-the-year-2018-the-guardians/>.

38. "TIME Names 'the Guardians' as Person of the Year 2018". CNN. Disponível em: <https://edition.cnn.com/videos/tv/2018/12/11/news-stream-stout-ressa-time-person-of-the-year-2018-guardians.cnn>.

39. Cf. Paul Mozur, "A Genocide Incited on Facebook, with Posts from Myanmar's Military". *New York Times*, 15 out. 2018. Disponível em: <https://www.nytimes.com/2018/10/15/technology/myanmar-facebook-genocide.html>. Alexandra Stevenson, "Facebook Admits It Was Used to Incite Violence in Myanmar". *New York Times*, 6 nov. 2018. Disponível em: <https://www.nytimes.com/2018/11/06/technology/myanmar-facebook.html>.

10. NÃO VIRE UM MONSTRO PARA LUTAR CONTRA UM MONSTRO: ACEITE SEU MEDO [pp. 243-73]

1. Lian Buan, "'We'll Go After You': DOJ Probes Threat of NBI Agent vs Rappler Reporter". Rappler, 14 fev. 2019. Disponível em: <https://www.rappler.com/nation/223489-doj-probes-nbi-agent-verbal-threat-vs-reporter-during-ressa-arrest/>. Ver também Aika Rey, "The Arrest Warrant vs Maria Ressa Is Being Served at the Rappler HQ Now, an Officer Part of the Serving Party who Introduced Himself to Be Part of the NBI Tried to Prohibit Me from Taking Videos — WHICH IS PART OF MY JOB". Twitter, 13 fev. 2019. Disponível em: <https://twitter.com/reyaika/status/1095615339721834496>.

2. A dra. June Pagaduan-Lopez, professora do Departamento de Psiquiatria da Escola de Medicina da Universidade das Filipinas em Manila, foi escolhida para fazer parte, de 2012 a 2016, do subcomitê da ONU pela Prevenção da Tortura e Outros Tratamentos ou Penas Cruéis, Desumanos ou Degradantes. Ela faleceu em 20 de novembro de 2021.

3. "UP Fair: More Than Just a Concert". Rappler, 11 fev. 2019. Disponível em: <https://www.rappler.com/moveph/221524-up-fair-2019-more-than-just-concert/>.

4. Patricia Evangelista, "The Impunity Series". Rappler, 25 jul. 2017. Disponível em: <https://r3.rappler.com/newsbreak/investigative/168712-impunity-series-drug-war-duterte-administration>.

5. Rappler, "WATCH: Patricia Evangelista Reads the Statement of Rappler in UP Fair". Facebook, 13 fev. 2019. Disponível em: <https://www.facebook.com/

watch/?v=740171123044662>. "Rappler's Statement on Maria Ressa's Arrest: 'We Will Continue to Tell the Truth'". Rappler, 13 fev. 2019. Disponível em: <https://www.rappler.com/nation/223423-rappler-statement-maria-ressa-arrest-cyber-libel-february-2019/>.

6. Rappler, "Students, Journalists, Civil Society Groups Protest Ressa Arrest". Facebook, 13 fev. 2019. Disponível em: <https://www.facebook.com/watch/?v=2085260034888511>.

7. CNN Philippines Staff, "Rappler CEO Calls Arrest 'Abuse of Power,'" CNN, 14 fev. 2019. Disponível em: <https://www.cnnphilippines.com/news/2019/02/14/Rappler-CEO-Maria-Ressa-abuse-of-power.html>.

8. Cf. TrialWatch. Disponível em: <https://cfj.org/project/trialwatch/>.

9. Agência France-Presse, "Al Jazeera Reporter Renounces Egypt Citizenship in Bid for Release". Rappler, 3 fev. 2015. Disponível em: <https://www.rappler.com/world/82809-mohamed-fahmy-renounces-egypt-citizenship/>. "Rappler, The Investigative Journal to Partner on Investigative Reporting". Rappler, 9 jul. 2019. Disponível em: <https://www.rappler.com/nation/234921-partnership-with-the-investigative-journal-reporting/>.

10. Jason Rezaian, "Reporter Jason Rezaian on 544 Days in Iranian Jail: 'They Never Touched Me, but I Was Tortured'". *Guardian*, 18 fev. 2019. Disponível em: <https://www.theguardian.com/media/2019/feb/18/reporter-jason-rezaian-on-544-days-in-iranian-jail-they-never-touched-me-but-i-was-tortured>.

11. "Amal Clooney". Committee to Protect Journalists, 2020. Disponível em: <https://cpj.org/awards/amal-clooney/>.

12. Os advogados britânicos Caoilfhionn Gallagher, Can Yeginsu e Claire Overman. Eu os apresentei a Peter Lichtenbaum, um colega de Princeton que agora trabalha na prestigiosa firma Covington & Burling LLP e me ofereceu assessoria pro bono. "Caoilfhionn Gallagher QC". Doughty Street Chambers (disponível em: <https://www.doughtystreet.co.uk/barristers/caoilfhionn-gallagher-qc>); "Advisors". Daphne Caruana Galizia Foundation (disponível em: <https://www.daphne.foundation/en/about/the-foundation/advisors>).

13. "'Anger Drives a Lot of What I Do': Amal Clooney on Why She Fights for Press Freedom". Rappler, 20 nov. 2020. Disponível em: <https://www.rappler.com/world/global-affairs/reason-amal-clooney-fights-for-press-freedom/>.

14. "Rodrigo Duterte's Persecution of Maria Ressa Is Dangerous". Daphne Caruana Galizia Foundation, 16 jun. 2020. Disponível em: <https://www.daphne.foundation/en/2020/06/16/maria-ressa>.

15. Malou Mangahas, "The Duterte Wealth: Unregistered Law Firm, Undisclosed Biz Interests, Rice Import Deal for Creditor". Rappler, 3 abr. 2019. Disponível em: <https://www.rappler.com/newsbreak/investigative/pcij-report-rodrigo-sara-paolo-duterte-wealth/>.

16. Terry Gross, "Philippine Journalist Says Rodrigo Duterte's Presidency Is Based on 'Fear, Violence'". NPR, 6 jan. 2021. Disponível em: <https://www.npr.

org/2021/01/06/953902894/philippine-journalist-says-rodrigo-dutertes-presidency-is-based-on-fear-violence>.

17. Twink Macaraig, "When the Big C Sneaks Back". *Philippine Star*, 28 jun. 2016. Disponível em: <https://www.philstar.com/lifestyle/health-and-family/2016/06/28/1597196/when-big-c-sneaks-back>.

18. Twink Macaraig, "Why I Fight". *Philippine Star*, 24 mar. 2019. Disponível em: <https://www.philstar.com/lifestyle/sunday-life/2019/03/24/1903779/why-i-fight>.

11. DEFENDA A LINHA: O QUE NÃO MATA FORTALECE [pp. 274-97]

1. David Pegg, "Judge Makes Preliminary Ruling in Carole Cadwalladr Libel Case". *Guardian*, 12 dez. 2019. Disponível em: <https://www.theguardian.com/law/2019/dec/12/judge-makes-preliminary-ruling-in-carole-cadwalladr-libel-case>.

2. Nico Hines, "Award-Winning Reporter to Counter-sue Man Who Bankrolled Brexit for 'Harassment'" Daily Beast, 15 jul. 2019. Disponível em: <https://www.thedailybeast.com/carole-cadwalladr-award-winning-reporter-to-counter-sue-man-who-bankrolled-brexit-for-harassment>.

3. Ben Judah, "Britain's Most Polarizing Journalist". *Atlantic*, 19 set. 2019. Disponível em: <https://www.theatlantic.com/international/archive/2019/09/carole-cadwalladr-guardian-facebook-cambridge-analytica/597664/>.

4. Maria Ressa, "#HoldTheLine: Maria Ressa Talks to Journalist Carole Cadwalladr". Rappler, 10 maio 2021. Disponível em: <https://www.rappler.com/video/hold-the-line-maria-ressa-interview/carole-cadwalladr-may-2021>.

5. "Maria Ressa Future-Proofs Rappler for Digital Changes, Names Glenda Gloria Executive Editor". Rappler, 11 nov. 2020. Disponível em: <https://www.rappler.com/about/maria-ressa-future-proofs-rappler-for-digital-challenges-names-glenda-gloria-executive-editor/>.

6. Olivia Solon, "While Facebook Works to Create an Oversight Board, Industry Experts Formed Their Own". NBC News, 25 set. 2020. Disponível em: <https://www.nbcnews.com/tech/tech-news/facebook-real-oversight-board-n1240958>.

7. Roger McNamee and Maria Ressa, "Facebook's 'Oversight Board' Is a Sham. The Answer to the Capitol Riot Is Regulating Social Media". *Time*, 28 jan. 2021. Disponível em: <https://time.com/5933989/facebook-oversight-regulating-social-media/>.

8. Rob Pegoraro, "Facebook's 'Real Oversight Board': Just Fix These Three Things Before the Election". *Forbes*, 30 set. 2020. Disponível em: <https://www.forbes.com/sites/robpegoraro/2020/09/30/facebooks-real-oversight-board-just-fix-these-three-things-before-the-election/?sh=2cb2cb3c1e6c>.

9. "Is Big Tech the New Empire?". *Studio B: Unscripted*, Al Jazeera, 27 mar. 2020. Disponível em: <https://www.youtube.com/watch?v=7OLUfA6QJlE>.

10. Christopher Wylie, *Mindf*ck: Cambridge Analytica and the Plot to Break America*. Nova York: Random House, 2019.

11. "EXCLUSIVE: Interview with Cambridge Analytica Whistle-Blower Christopher Wylie". Rappler, 12 set. 2019. Disponível em: <https://www.rappler.com/technology/social-media/239972-cambridge-analytica-interview-christopher-wylie/>.

12. Ibid.

13. Raissa Robles, "Cambridge Analytica Boss Alexander Nix Dined with Two of Rodrigo Duterte's Campaign Advisers in 2015". *South China Morning Post*, 8 abr. 2018. Disponível em: <https://www.scmp.com/news/asia/southeast-asia/article/2140782/cambridge-analytica-boss-alexander-nix-dined-two-rodrigo>.

14. "EXCLUSIVE: Interview with Cambridge Analytica Whistle-Blower Christopher Wylie", op. cit.

15. Meghan Bobrowsky, "Facebook Disables Access for NYU Research into Political-Ad Targeting". *Wall Street Journal*, 4 ago. 2021. Disponível em: <https://www.wsj.com/articles/facebook-cuts-off-access-for-nyu-research-into-political-ad-targeting-11628052204>.

16. Jeff Horwitz e Deepa Seetharaman, "Facebook Executive Shut Down Efforts to Make the Site Less Divisive". *Wall Street Journal*, 26 maio 2020. Disponível em: <https://www.wsj.com/articles/facebook-knows-it-encourages-division-top-executives-nixed-solutions-11590507499>.

17. Mike Isaac e Sheera Frenkel, "Facebook Braces Itself for Trump to Cast Doubt on Election Results". *New York Times*, 21 ago. 2020. Disponível em: <https://www.nytimes.com/2020/08/21/technology/facebook-trump-election.html>.

18. Kevin Roose, Mike Isaac e Sheera Frenkel, "Facebook Struggles to Balance Civility and Growth". *New York Times*, 24 nov. 2020. Disponível em: <https://www.nytimes.com/2020/11/24/technology/facebook-election-misinformation.html>.

19. Em 2020, o Rappler começou a trabalhar com Sinan Aral e sua equipe no MIT e com pesquisadores de várias outras universidades locais e estrangeiras.

20. Bonz Magsambol, "Facebook Partners with Rappler, Vera Files for Fact--Checking Program". Rappler, 12 abr. 2018. Disponível em: <https://www.rappler.com/technology/social-media/200060-facebook-partnership-fact-checking-program/>.

21. Manuel Mogato, "Philippines Complains Facebook Fact-Checkers Are Biased". Reuters, 16 abr. 2018. Disponível em: <https://www.reuters.com/article/us-philippines-facebook-idUSKBN1HN1EN>.

22. Jordan Robertson, "Fake News Hub from 2016 Election Thriving Again, Report Finds". Bloomberg, 13 out. 2010. Disponível em: <https://www.bloomberg.com/news/arti cles/2020-10-13/fake-news-hub-from-2016-election-thriving-again-report-finds#xj4y7vzkg>.

23. "EXCLUSIVE: Russian Disinformation System Influences PH Social Media". Rappler, 22 jan. 2019. Disponível em: <https://www.rappler.com/newsbreak/

investigative/221470-russian-disinformation-system-influences-philippine-social-media>.

24. Craig Timberg, "Facebook Deletes Several Fake Chinese Accounts Targeting Trump and Biden, in First Takedown of Its Kind". *Washington Post*, 22 set. 2020. Disponível em: <https://www.washingtonpost.com/technology/2020/09/22/facebook-deletes-several-fake-chinese-accounts-targeting-trump-biden-first-takedown-its-kind>. Bem Nimmo, C. Shawn Elb e Lea Ronzaud, "Facebook Takes Down Inauthentic Chinese Network". Graphika, 22 set. 2020. Disponível em: <https://graphika.com/reports/operation-naval-gazing>.

25. "With Anti-terror Law, Police-Sponsored Hate and Disinformation Even More Dangerous". Rappler, 13 ago. 2020. Disponível em: <https://www.rappler.com/newsbreak/investigative/anti-terror-law-state-sponsored-hate-disinformation-more-dangerous>.

26. Ibid.

27. Nicole-Anne C. Lagrimas, "Tagged, You're Dead". GMA News Online, 13 out. 2020. Disponível em: <https://www.gmanetwork.com/news/specials/content/170/zara-alvarez-tagged-you-re-dead>.

28. Foi então que percebi a resiliência e coragem de todos os rapplers, e que descobri que nossa CFO, Fel Dalafu, sempre quis ser jornalista — e só não seguiu essa carreira porque seus pais mandaram que se formasse em uma área mais estável. Por isso, ela se tornou contadora e arrumou um emprego na ABS-CBN, onde trabalhamos juntas. Quando os ataques contra o Rappler começaram, ela declarou, cheia de orgulho, que estava se empenhando para garantir que "os melhores jornalistas possam fazer seu trabalho". Não teríamos conseguido sem a coragem de Fel, a chefe perfeita para nos ajudar a caminhar entre minas deixadas pelo governo, se certificando de que nossa empresa estivesse sempre preparada para o pior.

29. "Rappler Ends 2019 with Income: A Comeback Year". Rappler, 30 jun. 2020. Disponível em: <https://www.rappler.com/about/rappler-income-2019-comeback-year>.

30. Prestaram queixa em 10 de janeiro de 2019. Fui presa um mês depois (e a acusação foi tão inconsistente que revertia uma decisão anterior que a descartava). Cf. Despite NBI Flip-Flop, DOJ to Indict Rappler for Cyber Libel". Rappler, 4 fev. 2019. Disponível em: <https://www.rappler.com/nation/222691-doj-to-indict-rappler-cyber-libel-despite-nbi-flip-flop/>.

31. Sheila Coronel, "This Is How Democracy Dies". *Atlantic*, 16 jun. 2020. Disponível em: <https://www.theatlantic.com/international/archive/2020/06/maria-ressa-rappler-philippines-democracy/613102/>.

32. Marc Jayson Cayabyab, "Cybercrime Expert? Who Is Manila RTC Judge Rainelda Estacio-Montesa?". OneNews, 17 jun. 2020. Disponível em: <https://www.onenews.ph/articles/cybercrime-expert-who-is-manila-rtc-judge-rainelda-estacio-montesa>.

33. Rey Santos deixou o governo alguns meses antes do lançamento deste livro.

34. Maria Ressa, "We Can't Let the Coronavirus Infect Democracy". *Time*, 14 abr. 2020. Disponível em: <https://time.com/5820620/maria-ressa-coronavirus-democracy/>.

35. Ralf Rivas, "ABS-CBN Goes Off-Air After NTC Order". Rappler, 5 maio 2020. Disponível em: <https://www.rappler.com/nation/abs-cbn-goes-off-air-ntc-order-may-5-2020/>.

36. Ruben Carranza. Facebook, 19 ago. 2020. Disponível em: <https://www.facebook.com/ruben.carranza.14/posts/10157883975069671>.

12. POR QUE O FASCISMO ESTÁ VENCENDO: COLABORAÇÃO. COLABORAÇÃO. COLABORAÇÃO. [pp. 298-321]

1. Sofia Tomacruz, "What Prevents Swift COVID-19 Vaccine Deliveries to Philippines' Provinces?". Rappler, 1 fev. 2022. Disponível em: <https://www.rappler.com/newsbreak/investigative/what-prevents-swift-deliveries-provinces-analysis-philippines-covid-19-vaccination-drive-2022-part-2/>.

2. "Senate Halts Search for Yang, Lao, Pharmally-Linked Officials Due to COVID-19 Surge". Rappler, 18 jan. 2022. Disponível em: <https://www.rappler.com/nation/senate-halts-search-michael-yang-christopher-lao-pharmally-officials-due-covid-19-surge/>.

3. O exato momento em que fiquei sabendo, inclusive com minhas reações, foi captado neste vídeo do Freedom Film Fest: "Live Reaction: Maria Ressa Wins Nobel Peace Prize," Facebook, 9 dez. 2021. Disponível em: <https://www.facebook.com/freedomfilmfest/posts/10160060586766908>.

4. Guardian News, "Moment Maria Ressa Learns of Nobel Peace Prize Win During Zoom Call," YouTube, 8 out. 2021. Disponível em: <https://www.youtube.com/watch?v=UtjFwNiHUbY>.

5. Ryan Macasero, "[OPINION] Maria Ressa's Nobel Peace Prize Is About All of Us". Rappler, 12 out. 2021. Disponível em: <https://www.rappler.com/voices/rappler-blogs/maria-ressa-nobel-peace-prize-about-all-filipinos-media/>.

6. Lorraine Ecarma, "Tacloban Journalist Frenchie Mae Cumpio Still Hopeful a Year After Arrest". Rappler, 9 fev. 2021. Disponível em: <https://www.rappler.com/newsbreak/in-depth/tacloban-journalist-frenchie-mae-cumpio-still-hopeful-year-after-arrest-2021/>.

7. Ryan Macasero, "Remembering Dumaguete Radio Reporter Rex Cornelio". Rappler, 13 fev. 2021. Disponível em: <https://www.rappler.com/newsbreak/in-depth/remembering-dumaguete-city-radio-reporter-rex-cornelio/>.

8. "Announcing Harvard Kennedy School's Center for Public Leadership Fall 2021 Hauser Leaders". Harvard Kennedy School Center for Public Leadership, 30 ago. 2021. Disponível em: <https://cpl.hks.harvard.edu/news/announcing-harvard-kennedy-school's-center-public-leadership-fall-2021-hauser-leaders>.

9. "Maria Ressa and Sadhana Udapa Named Fall 2021 Joan Shorenstein Fellows". Harvard Kennedy School Shorenstein Center on Media, Politics and Public Policy, 3 set. 2021. Disponível em: <https://shorensteincenter.org/maria-ressa-sahana-udupa-named-fall-2021-joan-shorenstein-fellows/>.

10. A primeira vez que ouvi isso foi da boca do investidor do Vale do Silício Roger McNamee, um dos primeiros a investir no Facebook, que lançou um livro exigindo que a plataforma melhorasse em termos de segurança, competição e privacidade. Ver McNamee, "Facebook Will Not Fix Itself," *Time*, 7 out. 2021. Disponível em: <https://time.com/6104863/facebook-regulation-roger-mcnamee/>.

11. Chris Welch, "Facebook May Have Knowingly Inflated Its Video Metrics for Over a Year". The Verge, 17 out. 2018. Disponível em: <https://www.theverge.com/2018/10/17/17989712/facebook-inaccurate-video-metrics-inflation-lawsuit>.

12. "Facebook Lied About Video Metrics and It Killed Profitable Businesses". CCN, 23 set. 2020. Disponível em: <https://www.ccn.com/facebook-lied-about-video-metrics/>.

13. Lian Guan, "In Chilling Nostalgia, Marcos Loyalists Show Up Big for the Son of Dictator". Rappler, 8 fev. 2022. Disponível em: <https://www.rappler.com/nation/elections/loyalists-show-up-big-dictator-son-ferdinand-bongbong-marcos-jr-campaign-launch/>.

14. Lenarson Music & Vlogs, "The Original Version of Bağoňğ Ľipůňań 1973 — Lyrics (President Ferdinand Marcos Era 1965-1986)". YouTube, 25 nov. 2021. Disponível em: <https://www.youtube.com/watch?v=KssVXnAgW0Q>.

15. Plethora, "BBM — Bagong Lipunan (New Version)". YouTube, 7 nov. 2021. Disponível em: <https://www.youtube.com/watch?v=2-8lbAbGGww>.

16. "Martsa ng Bagong Lipunan (tradução em inglês)". Lyrics Translate. Disponível em: <https://lyricstranslate.com/en/bagong-lipunan-new-society.html>.

17. Christa Escudero, "Marcos' 'Greatest Robbery of a Government' Guinness Record Suddenly Inaccessible". Rappler, 11 mar. 2022. Disponível em: <https://www.rappler.com/nation/guinness-record-ferdinand-marcos-greatest-robbery-of-government-suddenly-inaccessible-march-2022/>.

18. Antonio J. Montalvan II, "The Marcos Diary: A Dictator's Honest, Candid Description of His Only Son". Vera Files, 27 jan. 2022. Disponível em: <https://verafiles.org/articles/marcos-diary-dictators-honest-candid-description-his-only-so>.

19. ANC 24/7, "Sen. Imee Marcos: Bongbong Marcos to Run in 2022, but Position Undecided Yet". YouTube, 25 ago. 2021. Disponível em: <https://www.youtube.com/watch?v=w4hO4RzNBxA>.

20. Marites Dañguilan Vitug, "Holes in Marcos Jr's Work Experience". Rappler, 7 fev. 2022. Disponível em: <https://www.rappler.com/plus-membership-program/holes-ferdinand-bongbong-marcos-jr-work-experience/>.

21. Patricio Abinales, "The Curse That Is Imelda Marcos: A Review of Lauren Greenfield's 'Kingmaker' Film". Rappler, 14 nov. 2019. Disponível em: <https://www.rappler.com/entertainment/movies/kingmaker-movie-review/>.

22. Lian Buan, "Marcos Insists He Has No Trolls, Says Fake News 'Dangerous'". Rappler, 7 fev. 2022. Disponível em: <https://www.rappler.com/nation/elections/ferdinand-bongbong-marcos-jr-claims-has-no-trolls-fake-news-dangerous/>.

23. Marites Dañguilan Vitug, "EXCLUSIVE: Did Bongbong Marcos Lie About Oxford, Wharton?" Rappler, 24 fev. 2015. Disponível em: <https://www.rappler.com/newsbreak/investigative/84397-bongbong-marcos-degrees-oxford-wharton/>.

24. "Bongbong Marcos: Oxford, Wharton Educational Record 'Accurate'". Rappler, 24 fev. 2015. Disponível em: <https://www.rappler.com/nation/84959-bongbong-marcos-statement-oxford-wharton/>; Cathrine Gonzales, "Bongbong Marcos Maintains He's a Graduate of Oxford". Inquirer.net, 5 fev. 2022. Disponível em: <https://newsinfo.inquirer.net/1550308/bongbong-marcos-maintains-he-graduated-from-oxford>.

25. "Imelda Marcos, Son Plot to Reclaim PH Presidency". Rappler, 2 jul. 2014. Disponível em: <https://www.rappler.com/nation/62215-imelda-marcos-son-philippines-presidency>.

26. Jianing Li and Michael W. Wagner, "When Are Readers Likely to Believe a Fact-Check?" Brookings, 27 maio 2020. Disponível em: <https://www.brookings.edu/techstream/when-are-readers-likely-to-believe-a-fact-check/>.

27. "Tip of the Iceberg: Tracing the Network of Spammy Pages in Facebook Takedown". Rappler, 27 out. 2018. Disponível em: <https://www.rappler.com/newsbreak/investigative/215256-tracing-spammy-pages-network-facebook-takedown>.

28. "EXCLUSIVE: Russian Disinformation System Influences PH Social Media". Rappler, 22 jan. 2019. Disponível em: <https://www.rappler.com/newsbreak/investigative/221470-russian-disinformation-system-influences-philippine-social-media/>.

29. Gemma B. Mendoza, "Networked Propaganda: How the Marcoses Are Using Social Media to Reclaim Malacanang". Rappler, 20 nov. 2019. Disponível em: <https://www.rappler.com/newsbreak/investigative/245290-marcos-networked-propaganda-social-media>.

30. Cherry Salazar, "Robredo Leads, Marcos Snubs Advertising on Facebook". Rappler, 16 jan. 2022. Disponível em: <https://www.rappler.com/nation/elections/robredo-leads-marcos-snubs-facebook-advertising-as-of-december-31-2021/>; "After Skipping Jessica Soho Interview, Marcos Accuses Award-Winning Journo of Bias". *Philippine Star*, 22 jan. 2022. Disponível em: <https://www.philstar.com/headlines/2022/01/22/2155660/after-skipping-jessica-soho-interview-marcos-accuses-award-winning-journo-bias>.

31. *Working Group on Infodemics Policy Framework*, Forum on Information & Democracy, nov. 2020. Disponível em: <https://informationdemocracy.org/wp-content/uploads/2020/11/ForumID_Report-on-infodemics_101120.pdfZ.

32. International Fund for Public Interest Media, "Maria Ressa and Mark Thompson to Spearhead Global Effort to Save Public Interest Media". ifpim.org, 30 set. 2021. Disponível em: <https://ifpim.org/resources/maria-ressa-and-mark-

thompson-to-spearhead-global-effort-to-save-public-interest-media/>. Maria Ressa, "As Democracy Dies, We Build a Global Future". Rappler, 13 out. 2020. Disponível em: <https://www.rappler.com/voices/thought-leaders/analysis-as-democracy-dies-we-build-global-future/>.

33. Anne Applebaum, "The Bad Guys Are Winning". *Atlantic*, 15 nov. 2021. Disponível em: <https://www.theatlantic.com/magazine/archive/2021/12/the-autocrats-are-winning/620526/>.

34. "Defend Maria Ressa and Independent Media in the Philippines". Committee to Protect Journalists. Disponível em: <https://cpj.org/campaigns/holdtheline/>.

35. Bea Cupin, "#FactsFirstPH: 'Groundbreaking Effort Against Discrimination'". Rappler, 26 jan. 2022. Disponível em: <https://www.rappler.com/nation/philippine-media-civic-society-groups-launch-facts-first-philippines-initiative/>.

36. Isabel Martinez, "Maria Ressa Brings the Readers. But Here's How Rappler Makes Them Stay". The Ken, 27 jan. 2022. Disponível em: <https://the-ken.com/sea/story/maria-ressa-brings-the-readers-but-heres-how-rappler-makes-them-stay/>.

37. "Election Integrity Partnership". Disponível em: <https://www.eipartnership.net>.

38. Para deixar bem claro: faço parte do conselho da Meedan. Disponível em: <https://meedan.com/team>.

39. Dwight De Leon, "Rappler Asks SC to Junk Calida Petition vs Fact-Checking Deal with Comelec". Rappler, 12 abr. 2022. Disponível em: <https://www.rappler.com/nation/elections/comment-supreme-court-junk-calida-petition-vs-fact-checking-deal-comelec/>.

40. Michelle Abad, "The Pink Wave: Robredo's Volunteer Movement Defies Traditional Campaigns". Rappler, 4 maio 2022. Disponível em: <https://www.rappler.com/nation/elections/leni-robredo-volunteer-movement-defies-traditional-campaigns/>. Sui-Lee Wee, "'We Want a Change': In the Philippines, Young People Aim to Upend an Election". *New York Times*, 1 maio 2022. Disponível em: <https://www.nytimes.com/2022/05/01/world/asia/philippines-election-marcos-robredo.html>.

41. Robert Tait e Flora Garamvolgyi, "Viktor Orban Wins Fourth Consecutive Term as Hungary's Prime Minister". *Guardian*, 3 abr. 2022. Disponível em: <https://www.theguardian.com/world/2022/apr/03/viktor-orban-expected-to-win-big-majority-in-hungarian-general-election>. Flora Garamvolgyi e Julian Borger, "Orban and US Rightto Bond at CPAC in Hungary over 'Great Replacement' Ideology". *Guardian*, 18 maio 2022. Disponível em: <https://www.theguardian.com/world/2022/may/18/cpac-conference-budapest-hungary-viktor-orban-speaker>.

42. Zeeshan Aleem, "Trump's cpac Straw Poll Shows He's Clinging On to Dominance of the gop". MSNBC, 28 fev. 2022. Disponível em: <https://www.msnbc.com/opinion/msnbc-opinion/trumps-s-cpac-straw-poll-shows-he-s-clinging-dominance-n1290274>.

43. "Maria Ressa Receives Journalism Award, Appeals to Tech Giants, Government Officials". Rappler, 9 nov. 2018. Disponível em: <https://www.rappler.com/nation/216300-maria-ressa-acceptance-speech-knight-international-journalism-awards-2018/>.

epílogo [pp. 323-6]

1. Anthony Johnson, "Buffalo Mass Shooting Suspect Mentioned 3 New Jersey Towns in 180-Page Document". ABC7 New York, Nova York, 17 maio 2022. Disponível em: <https://abc7ny.com/buffalo-mass-shooting-shooter-new-jersey/11861690/>.
2. Vin Ebenau, "Ocean County Prosecutor: 'No Implied or Explicit Threat' Following Buffalo, NY Shooter's Mention of Lakewood, NJ and Toms River, NJ". Beach Radio, Toms Rivers, 17 maio 2022. Disponível em: <https://mybeachradio.com/ocean-county-prosecutor-no-implied-or-explicit-threat-following-buffalo-ny-shooters-mention-of-lakewood-nj-and-toms-river-nj/>.
3. "'She Was My Sweet Girl': Remembering the Victims of the Uvalde Shooting," *New York Times*, Nova York, 16 jun. 2022. Disponível em: <https://www.nytimes.com/2022/06/05/us/uvalde-shooting-victims.html/>.
4. Karen Wall, "Ocean County Schools' Police Presence Increasing After Texas Shooting". Patch, 24 maio 2020. Disponível em: <https://patch.com/new-jersey/tomsriver/ocean-county-schools-police-presence-increasing-after-texas-shooting>.

ESTA OBRA FOI COMPOSTA POR OSMANE GARCIA FILHO EM MINION
E IMPRESSA PELA GRÁFICA SANTA MARTA EM OFSETE SOBRE PAPEL PÓLEN SOFT
DA SUZANO S.A. PARA A EDITORA SCHWARCZ EM NOVEMBRO DE 2022

A marca FSC® é a garantia de que a madeira utilizada na fabricação do papel deste livro provém de florestas que foram gerenciadas de maneira ambientalmente correta, socialmente justa e economicamente viável, além de outras fontes de origem controlada.